TECHNOLOGY AFFORDANCE AND
COLLABORATIVE INQUIRY

FROM THE PERSPECTIVE OF EMBODIED COGNITION

技术供给与合作探究
——基于具身认知的视角

王辞晓 著

北京师范大学出版集团
BEIJING NORMAL UNIVERSITY PUBLISHING GROUP
北京师范大学出版社

图书在版编目(CIP)数据

技术供给与合作探究——基于具身认知的视角/王辞晓
著. —北京：北京师范大学出版社，2022.8
ISBN 978-7-303-27559-5

Ⅰ.①技… Ⅱ.①王… Ⅲ.①教具-研究 Ⅳ.①G484

中国版本图书馆 CIP 数据核字(2021)第 266565 号

营 销 中 心 电 话　010-58802135　58802786
北师大出版社教师教育分社微信公众号　京师教师教育

JISHU GONGJI YU HEZUO TANJIU——JIYU JUSHEN
RENZHI DE SHIJIAO

出版发行：北京师范大学出版社　www.bnup.com
　　　　　北京市西城区新街口外大街 12-3 号
　　　　　邮政编码：100088
印　　刷：北京溢漾印刷有限公司
经　　销：全国新华书店
开　　本：730 mm×980 mm　1/16
印　　张：19
字　　数：270 千字
版　　次：2022 年 8 月第 1 版
印　　次：2022 年 8 月第 1 次印刷
定　　价：70.00 元

策划编辑：鲍红玉　　　　责任编辑：杨磊磊　葛子森
美术编辑：焦　丽　　　　装帧设计：王辞晓
责任校对：康　悦　　　　责任印制：马　洁　赵　龙

序　言

　　很高兴看到王辞晓对她的博士论文进行了修订与丰富并在此基础上出版本书。她在硕士、博士阶段皆求学于北京大学教育学院,作为她的导师,我欣然接受她的作序邀请。

　　王辞晓十分优秀,学业成绩与论文发表数量在同年级学生中遥遥领先,多次获得国家奖学金,是北京市优秀毕业生。在读书期间,她对于具身认知领域具有强烈的探究兴趣,最后将博士论文选题定位于此。她的博士论文《具身认知视角下技术供给对合作探究的影响研究》在毕业当年获得了"教育实证研究优秀学位论文奖",该奖在全国范围内评选,每年仅有10名研究生获此殊荣,可见她的研究论文具有相当的专业深度。

　　具身认知是认知科学的代表性理论,受到哲学现象学、认知心理学、生态心理学、语言学、神经科学等领域的影响,主要关注身体及经验对于认知过程的作用与影响。近年来,具身认知理论受到国内外学者的高度关注,影响着教育教学理论和实践的多元发展,具有国际前瞻性和重要的学术价值。在读博期间,王辞晓被国家留学基金委员会遴选以联合培养博士生身份前往加利福尼亚大学伯克利分校教育学院进行了为期一年的访学,接受国际知名的具身认知专家多尔·亚伯拉罕森(Dor Abrahamson)教授的指导,因而她的研究更加具有国际视野和科学实证的特征。

　　本书是国内该领域首部系统性、长时间跨度地探索具身认知与合作探究的教育实证研究,具有前沿的理论创新价值和现实的教育实践意义。本书系统地梳理了具身认知理论、人与技术的供给关系、虚拟教具与合作探究的理论脉络与应用进展,借助技术供给探讨合作探究中的小组协调模式和具身参与的体现形式,从信息交互的角度总结了技术供给作用于合作探究的本质规律。在纵向混合的研究范式下,研究借助教育实验法与认知民族志,并采用了重复测量方差分析、社会网络分析、行为转换分析、多模态会话分析、认知网络分析等数据处理与分析方法,全面、动态、多维度地剖析了具身认知在合作探究情境中的发生规律。本书开展了系列实证研究,得出了鲜活、生动、富有创新性的结论。

谨向从事学习科学研究、具身认知研究的学者及学生推荐本书,本书能够帮助大家系统理解技术供给与合作探究的学理关系和实践意涵。很高兴王辞晓在毕业之后到北京师范大学教育学部任教,她是一位认真、专业、勤奋的青年学者,假以时日,她一定能成为教育信息技术、学习科学领域的引领者。

吴峰

北京大学教育学院教授

导　言

在科学教育中，动手操作进行实验探究，离不开教具的支持和应用。以移动设备为载体的虚拟教具，为科学探究带来了新的设计形式。合作探究能够较大程度地为学生提供与他人交互、与人工制品交互的学习情境，被广泛地应用在小学阶段的科学课程中。然而，对虚拟教具的研究更多地发生在实验情境下，少有研究关注真实科学课堂中的合作探究，尤其是在小组成员探究过程中互动行为与学习成效的关联。认知具身于小组交互中，人类高阶心智能力的获得离不开人际的交互。在技术支持的合作学习领域，移动技术的人机比例影响着小组内部的交互与协调，虚拟教具的学习应用则涉及教学模拟、言伴手势等具身交互行为。在科学教育课堂中，采用基于移动设备的虚拟教具开展合作探究活动，资源配置与外部支持是学科教师在教学设计中需要思考的内容。身体及其经验在合作探究中的体现和作用尚未得到具身认知领域的充分探讨，探索具身认知理论对合作探究的解释作用，有助于加强具身认知与合作学习领域的联系。

本书以具身认知中人与技术的供给关系为研究视角，关注技术供给对合作探究的影响，重点讨论了技术调节下主体间的互动行为和认知协调规律，以及科学合作探究中身体及其经验的体现形式和作用。虚拟教具的供给比例（$1:1$ 和 $1:m$）和外部脚本的提供与否（是和否），共同构成本研究设计的技术供给。技术供给在合作探究活动中起到支持和约束作用，既是具身认知在本研究中的应用起点，也是研究设计中的主要自变量。通过前期调研和预实验，本研究确立了如下研究问题：①从合作效果来看，技术供给对合作探究有怎样的影响？②从互动过程来看，技术供给对合作探究的影响是如何发生的？研究问题①关注结果层面的影响，研究问题②关注过程层面的影响。

在纵向混合的研究范式下，本研究采用了教育准实验和认知民族志两种研究方法。研究设计了光的折射、简单电路、电磁感应三个探究主题以及相应的探究活动和工具。以北京市某小学五年级4个班的130名学生为研究对象，研究开展了三轮教育准实验。首先，为探讨技术供给对合作效果的影响，研究通过三因素混合设计的重复测量实验，收集了实验单、后测、量表测试、问卷调查等数据，采用重复测量方差分析方法对定量数据进行分析。其次，研究从协调模式、具身参与来分析小组探究中的互动过程。除问卷文本信息外，研究还从各实验情境中随机选择一个小组进行合作过程的视频录制，用以分析互动过程。具体地，研究采用了社会网络分析、行为转换分析、多模态会话分析、认知网络分析等数据分析方法进行认知民族志的资料分析，探讨技术供给作用下的小组协调模式和具身参与，并从小组互动所反映的行为与认知特征中对合作效果的产生进行原因分析。

合作效果包括学习成效和感知体验两个方面。学习成效包括探究过程中的概念理解和问题解决，以及合作后的知识获取。感知体验包括学生在实验期间的合作体验和实验前后对科学探究的态度感知。研究发现：1∶m条件对概念理解的正向促进显著高于1∶1条件，而对于问题解决，1∶m条件的优势并不明显。同时，对于概念理解，外部脚本对1∶m条件的正向促进作用随时间而减弱，对1∶1条件的负向促进作用也随时间而减弱，而问题解决则有相反的时序变化规律。此外，知识获取受技术供给影响，与概念理解规律相近，并且受心理努力的负面作用，而感知体验中仅有认知负荷和小组效能受到技术供给的影响。

协调模式指在合作过程中小组成员通过行动来获取信息以达成目标，具有一定规律和特征的交互行为。在本研究中，协调模式包括角色互动和行为模式两个方面。研究发现：角色互动受到虚拟教具和外部脚本的共同作用，反映了个体意识和群体规则的权衡结果。稳定的行动导向和遵循小组规则进行角色互动才会有更好的学习成效。适当的内部协调不会影响行动导向的稳定性，密切交互并不能反映高效合作。此外，使用研究编制的行动导向的合作探究编码表对视频进行编码分析可以发现，虚拟教具主要通过资源协调和信息交互来影响互动行为，外部脚本则通过合作氛围和任务意识来影响互动行为。

具身参与指身体及其经验在合作探究中的作用和体现。研究设计的合作探究中具身参与的认知框架包含合作探究和具身参与两个维度。其中，具身参与受到学生认知发展阶段和探究内容的影响，主要有四种体现形式：在线行动、离线认知、认知卸载、经验调取。基于认知框架对视频进行认知网络分析，可以发现：在认知网络建模所得的"离线整合—在线操作"和"任务协调—合作共享"二维空间中：1∶1条件下的小组的认知参与偏向于离线整合，而1∶m条件下的小组的认知参与偏向于在线操作。同时，外部脚本对认知网络的质心起到动力作用，使1∶1条件下的小组更偏向于合作共享，使1∶m条件下的小组更偏向于任务协调。

最后，基于科学合作探究特征，本书从信息交互的角度探讨了技术供给作用于合作探究的本质规律。从合作探究中的信息源和信息流出发，研究阐述了信息流通、信息滞留、信息异步在合作探究中的体现，以及个体认知与群体认知在信息交互过程中的动态演化。通过对各实验情境中信息交互情况的分析和讨论，有效的信息交互实现了信息从个体空间向群体空间的流动，使群体空间具备认知加工的条件，进而产生更好的合作效果。总的来说，技术供给对协调模式和具身参与的影响，最终都可以归结为一点——信息交互。研究指出，合理的技术供给有助于提高有效信息交互总量，进而对合作效果起正面促进作用。由此，认知才能完成它的最终使命——有意义学习的发生。

目　录

第一章 引 言

第一节 研究背景

一、现实需求：技术供给之于科学探究

近 10 年来，科学教育日益受到社会各界的重视。2006 年，国务院颁布了《全民科学素质行动计划纲要（2006—2010—2020 年）》，明确将公民科学素质建设列入政府行为。2011 年，教育部颁布了《义务教育初中科学课程标准（2011 年版）》，指出科学课程的宗旨是提高学生科学素养。科学教育应以探究为核心，探究既是目标，也是主要的学习方式。我国教育部 2017 年印发的《义务教育小学科学课程标准》强调了实验教学的重要性，要求学校创设良好的学习环境，注重引导学生动手与动脑相结合，培养学生的科学素养、创新精神和实践能力。《义务教育科学课程标准（2022 年版）》提出要以思维能力、科学探究和实践能力、科学态度与社会责任的培养为重点，促进学习能力、创新能力的发展。2019年，《教育部关于加强和改进中小学实验教学的意见》强调"实验教学是国家课程方案和课程标准规定的重要教学内容，是培养创新人才的重要途径"。2021 年，国务院的《全民科学素质行动规划纲要（2021—2035年）》指出要在"十四五"时期"倡导启发式、探究式、开放式教学"，提升基础教育阶段科学教育水平。

在科学教育中，实验探究一直扮演着重要的角色（Olympiou & Zacharia，2018）。上手活动（hands-on activities）是传授科学概念的重要教

学方法（Koning & Tabbers，2011）。探究性学习被证实能够有效地提高学习者的学习兴趣与动机，帮助学习者在复杂、无法预测的环境下发展能力，以成为具有批判性思维的学习者（Suárez，Specht，Prinsen et al.，2018）。通过上手活动进行科学探究，离不开教具的支持和应用。教具被越来越多地应用于学科教学中，美国国家数学教师理事会提倡把教具作为提高学生掌握基本数学概念的方法（西恩·贝洛克，2016，p. 37）。通过使用教具这一外部资源，认知系统能够通过卸载工作记忆的负荷来取得更好的学习效果（Pouw，van Gog，& Paas，2014）。虚拟教具通常是模拟实体教具开发而来，能够通过互联网或软件获取（Moyer，2001）。虚拟教具的易获取性使其在科学课堂中被广泛应用，尤其在学校资源有限的情况下（Bouck & Flanagan，2009）。

合作探究学习能够较大程度地为学生提供与他人交互、与人工制品交互的学习情境，被广泛地应用在小学阶段的科学课程中（Noroozi，Weinberger，Biemans et al.，2012）。在合作学习中，外部支持的类型与总量会影响小组任务的完成，也会影响组员的合作学习体验（Kirschner，Sweller，Kirschner et al.，2018）。在面对面的课堂环境中，教具能促进同伴的交互和共享知识的建构（construction of shared knowledge）（Cáceres，Nussbaum，Marroquín et al.，2018）。研究者对采用虚拟教具开展探究活动的学习成效进行了大量研究（例如，Kapici，Akcay，& de Jong，2019；Olympiou & Zacharia，2012；Yuan，Lee，& Wang，2010；Wang & Tseng，2018）。尽管在这些研究中，学生通常是以小组为单位合作学习的，但虚拟教具使用过程中的同伴交流与协调参与却少有研究关注，尤其是虚拟教具不同提供方式对组内交互的影响。而对交互过程进行分析，才能够厘清技术如何作用于学习成效，进而才能通过改进学习技术设计得到更好的教学效果。

随着互联网的普及、信息技术的创新以及移动设备在学校环境中的应用，一种新的使用教具的方式正在兴起（Min，Lin，& Tsai，2016）。移动技术在科学教育中的应用已具有全球范围内的流行趋势（Crompton，Burke，Gregory et al.，2016），以移动设备为载体的虚拟教具应运而生。相关综述性研究指出，移动技术支持的合作学习研究领域应更多地关注中小学群体（Fu & Hwang，2018；Yang，Hwang，& Sung，2018）。关于虚拟教具的研究更多地发生在实验情境下（例如，Olympiou & Zacharia，2018），少有研究关注真实科学课堂中发生的科学合作探究，尤其是对移动技术支持下真实小组的长期合作关系的探索（Fu & Hwang，2018）。受移动设备的便携性和空间灵活性的启发，前人研究关注了人机比例对合作成效的影响（例如，Looi，Ogata，& Wong，2010a；Lin，Wong，& Shao，2012）。科学探究涉及识别、预测、实验、观察、分析等环节（Bell，Urhahne，Schanze et al.，2010），小组内部的资源分配、任务协调、知识建构会受到人机比例在各环节中的影响。由此带来的小组互动不仅作用于科学探究的学习效果，而且与学生长期的社会化发展相关，但尚未有研究对这类问题进行充分探讨。在科学教育课堂中，采用基于移动设备的虚拟教具开展合作探究活动，如何进行资源配置与外部支持是学科教师在教学设计中需要思考的内容（Lazonder & Harmsen，2016），需要通过实证研究为相关设计提供参考。

二、理论关照：具身认知之于合作学习

学习科学（learning sciences）于1991年发源于美国，整合了认知科学、心理学、教育学、脑科学、计算机科学等学科领域的理论与方法，旨在揭示有效学习的认知和社会化过程，提升学习过程和学习环境设计，探索"人是如何学习的，怎样才能促进有效学习"的本质问题（尚俊杰，裴蕾丝，2018）。随着以胡塞尔、海德格尔、梅洛-庞蒂等哲学家关于身体和心智的讨论，以及维果茨基、皮亚杰等心理学家对感觉运动能力的探索，学者开始思考身体及其与环境的交互经验对于认知的作用，并提出了具身认知（embodied cognition）理论。学习科学领域重要期刊《学习科学杂志》（*Journal of the Learning Sciences*）在2012年推出了"数学活动与学习中的身体参与"特刊，2014年出版的《剑桥学习科学手册（第二版）》加入了"具身与具身设计"主题，均体现了近几年教育技术与学习科学对具身认知这一研究领域的关注。

当我们把学习作为一种心理现象来研究时，就容易把身体当作一种载体，而事实上，与习得动作技能的心智过程一样，其他类型的学习也

是建立在身体基础上的（克努兹·伊列雷斯，2017，p.9）。具身认知理论指导下的学习是具身的、情境的，具身认知理论强调身体及其经验对学习的影响。约翰·杜威（2005，p.5）认为"教育是经验继续不断的改造或改组"，"经验"这一概念包揽主体和客体、人和环境、精神和物质、知与行等内容。任何经验都是个体与环境相互作用的结果，个体与环境的交互形成了情境（situation），情境和交互作用这两个概念互不可分（约翰·杜威，2005，pp.260-262）。皮亚杰（1981a，p.21）也认为，认知始于主体和客体之间的相互作用。维果茨基则认为技术凝集着人的间接经验，改变了人与环境的交互（林崇德，2009，p.47）。技术在我们的生活世界中普遍存在，教学媒体、工具等人工制品作为技术在教学中扮演着重要角色。认知理论的演进影响着学习技术的发展（Lee，2014，p.3），具身认知理论强调身体及其经验在认知中的作用，并重视环境中人与技术的交互（Lee，2014，p.10）。

具身认知理论强调认知与行动密切相关。行动（action）影响知觉（perception），知觉又会影响未来行动，个体在环境中通过知觉—行动循环强化、拓展或重构新的图式（Fuster，2004）。随着年龄的增长，个体需要创建新的感知运动图式来与环境进行交互。可供性（affordance）连接了知觉和行动，反映了环境的属性与个体的能力之间的关系（Gibson，1979/1986）。环境为个体供给了行动的可能性，个体间对这种可能性具有不同的感知能力，因而会产生不同的学习效果。人与技术的供给关系影响着个体或群体对资源的感知和利用。学习活动的技术设计包括学习工具、环境与支持，使得学习者能够参与和生活世界密切相关的实践活动（Lee，2014，p.5）。知觉借助技术得以延伸，教学模拟和具身交互体现了个体将认知卸载到外部资源的可能性。触控平板涉及可触控的虚拟操作（在线），知觉和交互上的丰富性能带来更多任务相关认知行为与灵活的面对面的交互行为（Pouw，van Gog，& Paas，2014）。此外，即使技术不在场或脱离虚拟教具时（离线），人们也能借助想象来进行操作和思维，想象依赖于先前与技术进行交互的身体经验（约翰·杜威，2005，p.262）。

在具身认知领域中，相比于动作参与、技术增强，合作学习尚未受到广泛关注。在夏皮罗（Shapiro，2014）主编的《具身认知手册》中有两个章节对合作学习进行了讨论，虽未对合作中的具身交互进行深入分析，却体现了从具身视角看待合作学习的发展潜力。人类高阶思维活动是最初身体活动的内化（孟伟，2015，p. 14），认知也离不开人际的交互（Stahl，2014，p. 335）。认知发展心理学、社会文化理论均对具身认知的发展产生影响，并且与合作学习领域密切相关。此外，少有研究者关注先前合作经验和信息在合作者间的分布对人类知识结构的影响（Kirschner，Sweller，Kirschner et al.，2018）。学习者总是嵌入在文化中，在行动、谈话、协作和制造中（Shaffer，2018）。认知分布于规则、角色、语言、关系和协调活动中，并且具身于人工制品和物体中（Dubbels，2011）。合作学习涉及成员之间的交互，人与技术的供给关系影响着合作过程中的信息交流与任务协调。在科学探究活动中，使用基于移动设备的虚拟教具来进行合作探究，涉及动作参与、教学模拟、外部表征、言伴手势、群体认知等与具身认知密切相关的理论要点。借助技术供给探讨具身认知与合作学习的联系，在理论层面具有持续挖掘的空间，同时也需要实证研究来检验具身认知对合作学习的解释作用。

第二节 问题聚焦

当我们为合作学习活动提供技术，尤其是让小组自组织地使用技术时，小组成员如何利用技术展开合作学习，技术供给能否有效地支持小组互动，是研究者和实践者需要共同关注的。移动设备能够承载学习内容，也可以借助平台软件提供特定的学习流程。相比于远程的移动学习，在面对面课堂中引入移动设备时，会涉及人机比例的设计。一方面，移动设备支持的1∶1学习环境能够连接物理世界和数字化世界，有助于资源获取、知识整合和社会化知识建构（Looi，Seow，Zhang et al.，2010b；Wong & Looi，2011）。例如，平板电脑使科学探究活动更加灵活、便捷（Crompton，Burke，Gregory et al.，2016）。另一方面，也有学者对一对多、多对多等比例进行了探索，指出人机比例会影响小组互动和合作产出，因而应重视移动学习中多样化的人机比例设置（例如，Looi，Ogata，& Wong，2010a；Lin，Wong，& Shao，2012；Fokides &

Mastrokoukou，2018）（如图 1-1 所示）。

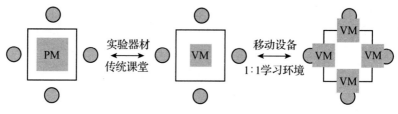

图 1-1　资源配置的设计问题

注：PM 指实体教具（physical manipulative），VM 指虚拟教具（virtual manipulative）

　　科学合作探究的独特之处在于，学习内容并不是从一开始就提供给小组的，而是由小组在合作过程中通过实验操作和现象分析来获得的。在传统科学探究活动中，小组合作的开展通常基于一套实体实验器材，成员结合探究任务进行实验器材的使用与任务分工。科学探究涉及预测、实验、观察、解释等多个环节（Olympiou & Zacharia，2018），小组成员围绕探究任务的互动可能会受到移动设备供给比例的影响。当基于移动设备的虚拟教具作为探究工具应用到科学课堂中，便会涉及资源配置的设计问题。对于教学设计者而言，倘若资源充足，小组中的每个学生都持有一台移动设备，是否会比每组一台的效果更好？对于学习者而言，小组内部互动协调与合作关系会受到资源配置怎样的影响，具身认知如何对互动过程进行解释？这样的思考和疑惑，是本研究最原初与朴素的出发点。

一、预实验的启示

　　在确定研究问题与内容前，本研究于 2018 年 10～12 月对实验学校开展了前期调研和预实验。研究所选的实验学校为学科信息化教学配备了数量充足的平板电脑。经调研，科学课堂中对平板电脑的利用率较低，在如何利用平板电脑促进科学合作探究学习方面缺乏经验。预实验研究重点关注了人机比例对合作探究的影响（Wang，Ma，& Wu，2020）。实验对象为来自实验学校的 3 个班级 80 名五年级学生，其中 X 班 28 人、Y 班 26 人、Z 班 26 人。

　　预实验的探究主题为"杠杆的平衡条件"，学生分小组基于相关虚拟教具开展 1 个课时的合作探究活动。其中，X 班的探究小组每人一台平板电脑（1∶1），Y 班的探究小组共用一台平板电脑（1∶m），Z 班作为对照组采用传统的教学方式，即教师通过显示屏演示虚拟教具的相关操作，全班观察后再分组进行合作探究。图 1-2 为预实验中各班小组在相应条件下的合作探究情境。

图 1-2　预实验中各班小组在相应条件下的合作探究情境

实验单和后测成绩均表明不同供给比例会影响小组的合作成效，具体来说，Y 班的实验单和后测表现均显著好于 X 班。同时，问卷收集了学生参与合作的任务投入、心流体验等情况，经分析表明：Y 班的任务投入要显著高于 X 班；平板电脑的使用能够提高学生对科学课程的兴趣和参与度，这说明将虚拟教具的使用主权交给小组，会带来更好的合作体验。通过对各班合作过程进行分析还发现，在不同供给比例下各班小组在资源分配、任务协调、角色分工等方面存在差异。此外，授课教师在访谈中也指出，即便是在实验中小组合作也存在较高程度的社会化互动行为，"跟我们的世界基本一样"。可见，对技术供给的研究不仅要关注结果层面的影响，而且应对小组互动过程中所体现的社会文化因素予以探讨。

预实验还发现，在使用虚拟教具进行探究任务时，教师提供的外部引导或提示也对合作过程有所影响。外部引导与虚拟教具均属于合作探究中的供给与约束，也是合作学习中技术设计的一部分。那么，当我们在合作探究中应用基于移动设备的虚拟教具时，技术供给会对小组合作产生什么样的影响？小组对技术供给的感知及相应行动如何？在合作过程中身体及其经验的作用（具身参与）如何体现，如何受到技术供给的作用是本研究所要关注的研究内容。

二、技术供给的解读

具身认知关注人与技术的供给关系。小组作为一个有机整体，对技术供给的感知与相应行动，正是具身于小组规则、角色、协调活动中的。基于前期调研和相关理论，本研究将从结果和过程层面关注技术供给对合作探究的影响。进一步地，针对科学课堂中探究工具的资源配置设计问题，本研究设计了 1∶1 和 1∶m 两种虚拟教具的人机比例，前者代表小组中的每个人都拥有一台平板电脑来操作虚拟教具，后者代表每组仅有一台平板电脑。同时，外部脚本以口头或文本的形式提供给小组，用以通过过程引导或流程建议影响合作探究的小组互动（King，2007）。虚拟教具的供给比例作为环境约束，外部脚本的提供与否作为任务约束，共同构成本研究设计的合作探究中的技术供给。

一方面，技术供给（虚拟教具的供给比例、外部脚本的提供与否）是研究设计与实施的自变量：1∶1 和 1∶m 反映了采用基于移动设备的虚拟教具设计合作探究活动时，需要考虑的资源配置问题；外部脚本的提供与否则反映了小组合作探究过程中教师提供的学习支持与外部引导程度。对于科学合作探究，虚拟教具不仅承载了学习内容，更是小组成员之间围绕实验现象进行信息交互与知识建构的认知工具。探讨技术供给对合作探究的影响，能够为学习活动的技术设计提供资源配置与外部支持的参考。

另一方面，技术供给在研究过程中扮演了"催化剂"的角色。将技术供给具体化，能够使研究着眼于技术调节下小组互动的差异化特征，有助于从资源协调、任务分配、角色发展上发掘小组的协调模式，探寻技术作用于合作探究的本质规律。具身认知理论强调认知与行动的密切关联，认知并不仅仅发生在大脑中，更嵌入在个体行动和小组交互中。从这种意义上来看，技术供给的具体设置，更像是在湖面上激起涟漪的一枚石子。抛出去的意义，不仅在于探讨技术作用下合作探究中行为与认知的相关规律，而且能够更为丰富地揭示具身认知在合作探究中的作用和体现形式。

三、研究问题的确立

综上，本研究主要关注的研究问题为：在具身认知视角下，技术供给如何影响以探究任务为导向的小组合作？

本研究聚焦于技术供给影响的合作探究，既关注合作效果，又关注小组互动的协调模式以及互动中所体现的具身参与。具体地，两个研究问题表述如下。

研究问题1：从合作效果来看，技术供给对合作探究有怎样的影响？

（1）技术供给对探究内容的学习成效有怎样的影响？

（2）技术供给对探究活动的感知体验有怎样的影响？

研究问题2：从互动过程来看，技术供给对合作探究的影响是如何发生的？

（1）小组成员是如何进行互动的，在技术供给的作用下形成了怎样的协调模式？

（2）身体及其经验（具身参与）在合作探究中是如何体现的，受到技术供给怎样的影响？

（3）协调模式和具身参与如何解释技术供给对合作效果的影响？

研究问题1从结果层面关注技术供给对合作探究的影响，研究问题2从过程层面关注技术供给对合作探究的影响。研究问题之间的关联如下：研究问题1假设技术供给会影响小组合作效果；研究问题2假设认知嵌入在小组互动中，认知与行动密切相关，小组协调模式和具身参与因技术供给而有所差异，并能够为合作效果提供解释依据。其中，协调模式主要关注具身认知理论强调的认知与行动的作用关系，具身参与则主要关注具身认知理论中具象化的身体参与。

四、具身认知理论视角的体现

尽管具身认知强调身体对认知的作用，但这并不意味着一定要借助身体动作来学习知识。身体动作的参与仅是具身认知在学习过程中的体现形式之一，当下和过往生活中的感知觉经验也能够帮助学习者理解相关概念，这种感知觉经验正是个体通过与环境（技术）互动来获得的。

在文献综述部分，本研究将在第二章进一步梳理具身认知的相关观点，以呈现具身认知这一理论视角如何被用来解释日常学习生活以及本研究设计的学习情境。

在本研究中，具身认知的理论视角，既体现在人与技术的供给关系上，也体现在对小组互动中认知与行动的解读上。小组成员间通过言语、身体动作、人工制品所发起的行动，以及小组协调互动中角色与规则所体现的社会文化因素，均与具身认知研究范畴相关。总的来说，具身认知的理论视角，将以技术供给的具体设置为起点，贯穿于后续的研究实施与资料分析中。

第三节　概念界定

概念化（conceptualization）是将不清晰的观点进行明确化以达成共识的思维过程，达成共识的结果便是生成"概念"（concept）（艾尔·巴比，2009，pp. 123-125）。概念的厘清是一个持续不断的过程，即便是开放式、探索性的研究，也应将概念赋予初始意义，以便在资料收集和解释的过程中进行推敲与斟酌（艾尔·巴比，2009，p. 129）。本研究的关键概念界定如下。

一、合作探究（cooperative/collaborative inquiry）

学习，指发生于有机体中导向持久性改变的过程（R. M. 加涅，W. W. 韦杰，K. C. 戈勒斯等，2007，p. 5；克努兹·伊列雷斯，2017，p. 3）。探究学习（inquiry learning）起源于科学探究的实践活动，其主要内容包括提出问题、收集和分析数据、得出基于证据的解释和论据（Looi，Song，Yun et al.，2013）。合作学习（cooperative learning）指学生以小组的形式在没有教师直接监督的情况下共同完成学习任务（Cohen，1994）。科恩（Cohen，1994）指出合作学习的含义广泛，包含了合作学习（cooperative learning）、协作学习（collaborative learning）和小组工作（group work）。一些学者认为这三者没有明确的在定义上的区分（大卫·约翰逊，罗杰·约翰逊，2012；克努兹·伊列雷斯，2017，pp. 128-

131），也有学者认为"collaborative learning"强调组员通过共同活动（joint activity）来引发社会认知过程（socio-cognitive processes），而"cooperative learning"则指小组成员根据任务分工分别活动，较少涉及能够引发社会认知过程的共同活动（King，2007）。

实际小组活动可能同时涉及共同活动和任务分工，因而本研究将不对合作与协作进行区分，而是参考前人研究（Johnson & Johnson，1999；Johnson，Johnson，& Smith，2007），使用合作学习来表述小组共同进行的学习活动。合作探究，则指学生以小组的形式共同完成探究活动。合作探究学习能够通过信息在成员间的分布和交互、问题的共同解决过程，来促进知识的生成（Bell，Urhahne，Schanze et al.，2010）。相比于教师带领的探究学习、学生个人的探究学习、基于网络的合作探究学习，面对面的合作探究学习具有更多的促进性互动（马兰，盛群力，2008），也更能够体现学生的参与程度、认知冲突、资源协调等过程性特征。

使用虚拟教具（virtual manipulative）进行科学合作探究学习，能够体现出学习者的三种过程性技能（skills）：建模技能（空间技能，如 Ha & Fang，2017）；操作技能（组装技能，如 Klahr，Triona，& Williams，2007）；探究技能（科学探究技能，如 Kapici，Akcay，& de Jong，2019）。从学习成效（learning performance）来看，则可以分为三个层面：知识获取层面（knowledge acquisition）（Wang & Tseng，2018；Kapici，Akcay，& de Jong，2019；Ha & Fang，2017）；概念理解层面（concept understanding）（如 Zacharia，Olympiou，& Papaevripidou，2008；Zacharia & Michael，2016；Kapici，Sweller，Kirschner et al.，2019；Ha & Fang，2017）；问题解决层面（problem-solving）（如 Yuan，Lee，& Wang，2010）。

二、技术供给（technology affordance）

具身认知关注技术对人与环境交互的影响，可供性是该领域的重要术语之一。可供性（affordance）由生态心理学家吉布森（J. J. Gibson）提出，指环境具有的某种属性，能够为个体的某种行为或状态提供机会（Gibson，1979/1986）。"affordance"虽然可以理解为"功能性"，如一些学者在研究中仅强调了物体所具备的功能，但这种理解忽视了个体能力差异对感知物体功能的影响（例如，Olympiou & Zacharia，2012；Olympiou & Zacharia，2018）。本书则强调"affordance"所代表的人与环境的双向互动关系，并将"affordance"翻译为"可供性"和"供给关系"。"可供性"用以强调"A 能够供给 B"的属性，"供给关系"则强调"A 与B 供给和被供给"的双向关系。个体因能力不同，所知觉到的技术供给具有差异。供给感知，则指个体或群体对技术供给的可能性的知觉。

技术凝集着人的间接经验，延伸了人的知觉，改变了人与环境的交互（林崇德，2009，p.47；唐·伊德，2012，pp.60 61）。技术既可以是工具、机器、软件等人工制品，也可以是包含技术的环境，或者是普遍的探究或解决问题的方法（唐·伊德，2017，p.60；庞月，2006，p.112）。技术及其所在的社会文化环境能够影响小组对供给的感知，进而影响合作方式、资源协调和学习体验（Vyas，Chisalita，& Veer，2006）。技术供给指为学习者提供的实体或虚拟的学习资源及相应的方法策略指导，对技术供给的感知受到学习者能力与先前经验的影响。在技术供给作用下开展学习活动时，学习者对技术可供性的感知会影响接下来的行动，行动带来新的知觉又会影响接下来的行动。

合作探究活动涉及工具和过程方面的设计（Reychav & Wu，2016），如基于移动设备的虚拟教具、用以引导合作过程的外部脚本等。在合作学习中，移动设备的人机比例会影响小组互动与学习成效（Looi，Ogata，& Wong，2010a；Lin，Wong，& Shao，2012）。外部脚本（external script）指对合作学习进行的结构化设计或为合作过程提供的流程引导，旨在通过促进小组交互来提升学习效果，通常由教师或其他教学促进者设计并提供给学生（King，2007）。综上，在本研究中，基于移动设备虚拟教具的供给比例，小组合作中外部脚本的提供与否，将共同作为合作探究的技术供给变量，构成具身认知理论在本研究中的应用起点。

三、协调模式（coordination pattern）

从现象中总结规律与特征，形成具有代表性的、统整性的、能够解释某类现象的一般方式，即为模式。具身认知强调个体通过"知觉—行动循环"与环境互动。如图 1-3 所示，纽厄尔（Newell，1996）提出了行动约束下的协调模式。纽厄尔指出，在个体学习过程中有三种促进行动的约束（constraint-based field of promoted action）：环境约束（environmental constraints）、任务约束（task constraints）和生物体约束（organismic constraints）。约束实质上是行动的资源，使学习者沿着有效的非线性路径行动（Newell，1996，p. 417）。在这三种约束构成的学习情境中，个体在"知觉—行动循环"中活动，通过感知可供性来进行以目标为导向的互动行为，逐渐形成协调模式（coordination pattern；Newell，1996，p. 417）。活动的定义是目标导向的努力，只有个体为了确定的目标而努力，才被视为活动（克努兹·伊列雷斯，2017，p. 60）。

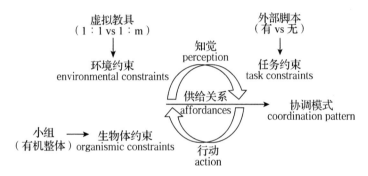

图 1-3　技术供给行动约束下的协调模式[①]

本研究将纽厄尔（Newell，1996）关注的个体协调模式用于小组合作中，将小组这一有机整体看作生物体约束。虚拟教具作为合作过程中的环境约束，是学习环境的组成要素；外部脚本作为任务约束，对任务起引导作用。合作探究中的协调模式，指在合作过程中，在特定的环境、任务、生物体约束条件下，为了完成小组任务，小组成员具有一定规律和特征的交互行为。以任务为导向的合作过程与技术供给有关（Suthers，2005），受到个体和群体特定领域知识的调节（Kalyuga，2013）。良好的约束条件降低了无效行为发生的可能性（Abrahamson & Sánchez-García，2016），使得学习者能够在合作中形成有效的协调模式。在本研究中，协调模式通过技术供给作用下小组中的角色互动和行为模式来描述。

―――――――――――――――

[①]　改编自 Abrahamson，Sánchez-García，& Smyth，2016。

有效的学习取决于学生如何协调认知活动，从而与身体和环境资源相适应。基于移动设备的虚拟教具在知觉和交互上的丰富性能够使学习者将认知活动嵌入环境中（Pouw，van Gog，& Paas，2014）。认知分布于规则、角色、语言、关系和协调活动中，并且具身于人工制品和物体中（Dubbels，2011）。行动与认知密切相关，在合作探究中，互动协调的行动背后体现着小组的具身参与。具身参与（embodied engagement）在本书中指在技术供给的作用下，小组以探究任务为导向行动时，具身认知所涉及的身体及其经验在合作中的体现。例如，借助身体的思维延展，或调取过去经验以理解当下的现象。

第四节　研究目的与意义

一、研究目的

（一）理论目的

第一，将具身认知应用于基于长期合作的小组探究活动，探索具身认知理论对合作探究学习的解释作用，加强具身认知理论与合作学习领域的联系；第二，从人与技术的供给关系视角，探讨技术供给对合作探究的影响，挖掘技术调节下主体间的认知与行为的相关规律；第三，从具身认知的角度来解读技术供给下学生在合作探究中的认知参与，探索并细化科学合作探究中身体及其经验的作用和体现形式。

（二）实践目的

第一，从真实教学情境中总结技术作用于合作过程的规律，为技术调节的合作活动提供设计依据；第二，探索基于移动设备的虚拟教具资源配置在科学合作探究活动中的适用性，为相应的教学活动和学习支持提供设计参考；第三，从长期的合作协调模式中，探讨技术对科学探究、人际交互的发展性作用，为技术整合的学科教学和学生发展的相关实践提供参考。

二、研究意义

（一）理论意义

1. 检验具身认知在合作学习中的解释作用

认知是具身的、情境的，身体及其经验、身体与环境的交互可以帮助我们更好地理解概念、发展思维。在具身认知领域，研究者通常以学习者个体为研究对象来开展研究，并探究身体及其经验对数学、科学、语言等学科的学习促进作用（例如，Black，2010；Koning ＆ Tabbers，2011；Abrahamson ＆ Lindgren，2014；Flood，2018），实证研究缺乏对合作学习中身体及其经验的认知作用和相应的主体间认知协调规律的探讨。从具身认知视角来关注合作学习具有一定程度的研究空间，尤其是本研究关注的技术供给作用下身体及其经验在合作过程中的作用和体现形式。将具身认知应用于合作学习实践领域，能够检验具身认知理论对合作学习的解释作用，还能够加强具身认知与学习科学实践领域的联系。

2. 探索技术供给下主体间的行为与认知规律

人类高阶思维活动离不开人际交互，主体间的意义获得受到人工制品的调节。探索学习者对技术的供给感知如何影响小组协调模式，体现了具身认知、技术哲学理论对人与技术关系的思考。合作过程的技术支持形式影响着小组合作的互动过程，也影响着小组内部成员的认知参与。通过人与技术的供给关系，具身认知与合作学习的联系得以强化。移动学习领域缺乏在合作学习中采用长期合作小组的研究（Fu ＆ Hwang，2018），探索在不同技术供给下基于长期合作的小组的互动行为及相关规律，有助于丰富合作学习领域对小组协调模式的理论建构。关注技术供给对小组协调模式的长期影响，则能够形成关于技术与学习关系的发展性理解，总结技术作用于合作探究中行为与认知的相关规律。

3. 发掘科学合作探究的具身参与体现形式

具身认知强调身体及其经验在认知过程中的重要作用，并呼吁人们在教学活动中重视具身交互对学习的促进作用。在合作探究中，具身参与是如何在主体间互动中体现的，基于移动设备的虚拟教具又在何种程度上促进具身交互，尚未得到具身认知领域的深入探讨。对科学探究主题下的小组合作过程性数据进行分析，能够将具身参与的体现形式具体化、实例化，有助于丰富具身认知在科学探究和合作学习中的理论内涵。借助差异化技术供给，结合学习情境和学生认知发展阶段的相关规律，揭示身体及其经验在合作探究中的作用和体现形式，能够发展具身认知在真实学习情境中的理论建构。

（二）实践意义

1. 为真实教学情境合作探究学习提供设计参考

实验探究活动是科学教育中的重要教学方法，借助教具的上手活动，有助于促进学生对科学概念的理解。信息技术的发展推动着教学方式的创新，科学探究活动需要灵活、便捷、安全的教具来支持实验操作过程。对于科学合作探究，技术设计需要重视小组的合作效果和互动过程，以及两者之间的关联。技术对于合作探究，不仅仅是个体学习材料或学习支持，更是小组成员之间进行信息交互与知识建构的认知工具。探索合作探究活动中技术供给对小组互动及合作效果的影响，能够从真实教学情境中为科学合作学习的活动设计与技术支持提供设计流程、教学干预、效果检验等方面的实践参考。

2. 对虚拟教具的资源配置进行教学适用性检验

在科学实验探究中，实验操作、现象分析、结论得出等环节均依赖于小组成员与实验工具的交互。基于移动设备的虚拟教具能够解决传统教具资源有限、操作干扰性强、资源分配灵活度低等问题。在科学课堂中，采用基于移动设备的虚拟教具来设计合作探究活动时，会涉及教学资源配置的设计问题。在教学和学习过程中采纳新的技术，需要经过长期的考察和不同教学内容适应性的探索。基于移动设备的虚拟教具对科学合作探究活动中小组互动和学习效果的影响，需要通过长期的教育实验研究和多维度数据的获取来进行深入分析。本研究设计的多轮纵向教育实验，能够从多个科学教学主题入手，揭示真实科学课堂中技术长期的调节与约束作用，对基于移动设备的虚拟教具在科学合作探究中的资源配置设计进行教学适用性检验。

3. 对长期合作互动关系与社会化发展予以关注

对真实教育情境中学习者长期的合作学习进行探索，能够较为全面地发掘技术调节的合作学习所存在的应用问题与发展潜力；长期合作的小组对学生的社会化发展具有重要作用，从真实课堂中关注探究任务导向下小组中的人际互动，有助于理解学生在资源利用、合作习惯、责任意识、问题解决能力等方面的发展情况；对合作探究过程中浮现的角色、规则、互动进行分析，能够为学生社会化能力培养等议题提供实证参考。

本章小结

本章首先对基于移动设备的虚拟教具在科学合作探究中的应用问题进行了探讨，接着指出了从具身认知理论看合作学习的研究空间，进而从具身认知理论中人与技术的供给关系出发，引出了技术供给对合作探究活动的影响这一研究关注点。技术供给在合作探究活动中起到支持和约束作用，既是具身认知在本研究中的应用起点，也是研究设计中的主要自变量。接着，通过预实验明确了本研究对技术供给的设计：虚拟教具的供给比例和外部脚本的提供与否。通过对技术供给的微观层面与宏观层面的意义解读，本章对研究问题进行了明确：研究问题1，从合作效果来看，技术供给对合作探究有怎样的影响？研究问题2，从互动过程来看，技术供给对合作探究的影响是如何发生的？研究问题1关注结果层面的影响，研究问题2关注过程层面的影响。

图 1-4 为本书的篇章结构设计。问题提出（第一章）后紧接着文献述评。文献述评部分（第二章）将从理论视角和研究场域对相关理论与实证研究进行梳理，为研究设计提供思路与参考。研究设计部分（第三章），通过对研究问题的进一步分析，明确了合作效果、协调模式、具身参与三部分研究内容；接着，对教育准实验、认知民族志的相关研究方法与过程进行系统介绍，并对三轮合作探究中的研究对象与工具进行具体阐述。

第四章到第六章为论文的实证分析部分，分别对应了研究内容的三个部分。第四章采用重复测量方差分析，探讨了技术供给对学习成效与感知体验的影响。第五章采用社会网络分析、行为转换分析、多模态会话分析等方法，从角色互动和行为模式两方面探讨了技术供给作用下合作探究的协调模式。第六章通过设计相关认知框架，采用认知网络分析方法，对合作探究中具身参与的认知网络进行建模与比较分析。第七章则对第四、第五、第六章的研究发现进行总结与讨论，从而回应研究问题并进行未来研究展望，如图 1-4 所示。

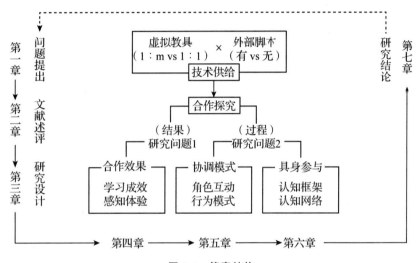

图 1-4　篇章结构

第二章 具身认知的理论视角与研究场域

本章的文献述评从六个部分展开，结构如图 2-1 所示。具身认知强调身体及其经验的作用，这种作用正是在知觉—行动循环中不断发展的。环境的可供性连接了个体的知觉与行动，学习技术的具身交互则能够延伸人的知觉，融入学习实践的具体参与形式中。具身的知觉—行动循环、人与技术的供给关系、虚拟教具的具身模拟，构成了本研究的理论视角。在合作探究中应用基于移动设备的虚拟教具是本研究所关注的研究场域。对虚拟教具在科学探究中的应用、移动技术支持下的合作学习，以及小组合作中的外部脚本和内部协调进行研究现状梳理与相关理论对话，有助于发现具身认知在合作学习中的研究空间，也能够从思路与方法上为研究设计提供参考依据。

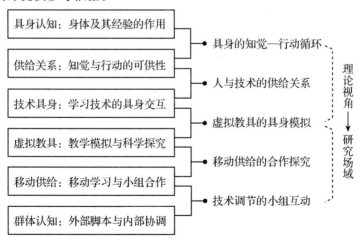

图 2-1 理论视角与研究场域

第一节 具身认知：身体及其经验的作用

传统认知科学关注的是可观察的刺激与行为的相关规律，或有机体内部的计算过程（Shapiro & Stolz，2019）。随着胡塞尔、海德格尔、梅洛-庞蒂等哲学家关于身体和心智的讨论，以及维果茨基、皮亚杰等心理学家对感觉运动能力的探索，学者们开始思考身体及其与环境的交互经验对于认知的作用，并提出了具身认知（embodied cognition）理论。近年来，教育技术与学习科学对具身认知研究领域给予了广泛的关注，如《学习科学杂志》中“数学活动与学习中的身体参与”特刊的设置、《剑桥学习科学手册（第二版）》中“具身与具身设计”主题的纳入等。本小节将对具身认知的起源、理论基础及各派观点进行梳理，以呈现身体及其经验对认知过程的重要作用。

一、具身认知的提出

具身认知是在哲学现象学、发展心理学相关理论基础上发展而来的。20 世纪，胡塞尔、海德格尔、梅洛-庞蒂对身体意象的探讨和对离身认知的批判，对具身认知的提出产生了重要的影响（徐献军，2009）。20 世纪上半叶，维果茨基指出身体与环境的相互作用对意识能力会产生作用，并认为高阶思维活动是人类最初身体活动的内化（转引自孟伟，2015，p. 14）；20 世纪 60 年代，皮亚杰提出儿童思维发展阶段，并指出身体动作是知识的基础，在感觉运动阶段（sensorimotor stage）中的儿童具有“感觉运动智力”，能够通过与环境交互来形成关于世界的概念（皮亚杰，1981a，pp. 31-35）。B. A. 苏霍姆林斯基（1984，pp. 116-117）在《给教师的建议》中也指出，将抽象思维与双手的动作相结合，有助于大脑创造性区域的激活，在这一过程中，信息在大脑与双手之间双向传递，身体也在“思考”并促进着观察力和推测力的思维发展。概念隐喻理论、知觉符号系统理论、镜像神经元理论、动力系统理论、技术现象学理论、生态知觉理论的相关观点为具身认知的发展提供了重要的理论基础（陈醒，王国光，2019）。20 世纪 80 年代，在现象学、认知心理学、语言学、神经科学等领域对身体及其经验与认知关系的探索基础上，大量学者开始关注身体与思维、认知的关系，具身认知这一理论逐渐走进认知科学研究的视野。

在具身认知研究领域中，生物学家与神经科学家瓦雷拉（Varela）、哲学家汤普森（Thompson）、认知科学家罗施（Rosch）于 1991 年出版的《具身心智：认知科学和人类经验》被视为原典（夏皮罗，2014，pp. 56-57）和领域催化剂（Shapiro & Stolz，2019）。瓦雷拉等人对"具身行动"（embodied action）一词的提出进行了解释（Varela，Thompson，& Rosch，1991，pp. 172-173），"使用具身这个词，意在突出两点：第一，认知依赖于体验的种类，这些体验来自具有多种感觉运动（sensorimotor）能力的身体；第二，这些个体的感觉运动能力本身是嵌入在（embedded）一个更广泛的生物、心理和文化情境中的。使用行动（action）这个词，我们意在强调感觉与运动（sensory and motor）、知觉与行动（perception and action）本质上是无法从鲜活的（lived）认知中分离的。认知与行动在个体中不是纯粹偶然地联结在一起的，而是通过演化（evolved）合为一体的。"

尽管具身认知领域内部尚未对概念内涵达成统一的认识，但研究者一般将强调身体及其经验对认知活动中具有影响作用的理论统称为具身认知理论。莱考夫和约翰逊（Lakoff & Johnson，1999）将认知科学范式区分为"离身认知科学"（disembodied cognitive sciences）和"具身认知科学"（embodied cognitive sciences）。传统的具身认知科学认为知识表征是计算得出的，经由大脑输入和输出，忽视了身体以及经验在情境中的作用（Lee，2014，pp. 6-7）。具身认知科学认为，心理活动体现了一种关系，在这种关系中，心智（mind）是由生物体与其所在环境的交互构成的；理解这种关系的本质正是认知科学的主要工作（Fingerhut & Heimann，2017）。具身认知理论认为"自我"（self）产生于身体和环境信息的融合中（Hoffmann，Borges，Bröker et al.，2018）。身体与环境相协调，能够使环境成为有机体行动、思考和交流的资源（Menary & Gillett，2016）。可见，具身认知理论一方面强调具有感觉运动能力的身体在行动中所获得的知觉体验对认知有重要的作用，另一方面也指出了环境对认知过程的影响。

二、具身的认知科学依据

(一) 认知科学的知识表征

认知（cognition）指获得知识或应用知识或进行信息加工的心理过程（mental process），包括记忆、情感、语言、思维、注意和意识等多种表现形式（Mesulam，1998）。"具身"（embodiment）这一术语强调了身体特定属性对于塑造认知能力的作用（Shapiro，2014，p.90）。理解具身认知，须厘清身体和认知的关系，以及在何种程度上身体对于认知是必要的（Shapiro，2014，p.90），并从认知科学中找到相关支持依据。概念是确定的意义，使我们的知识标准化，帮助我们认识未知事物（约翰·杜威，2005，pp.127-129）。概念或知觉是主体到客体、客体到主体之间起中介作用的中介物（皮亚杰，1981b，p.21）。表征是信息（包括概念）在心智中的存在方式，知识表征是认知科学的核心问题（皮连生，2000，pp.34-36）。理解具身认知，首先要从认知科学的知识表征谈起。

17世纪哲学家笛卡儿的身心二元论（body-mind dualism）认为研究心智不需要关注身体，身体与心智在功能上是完全不同的，且身体仅具有延展性却没有思维（转引自张铁山，2016，pp.20-21）。笛卡儿还指出主体和客体是"表征和被表征"的关系，这种主客二元论构成了传统认知心理学的认知论基础（转引自叶浩生，2017，p.30）。传统认知心理学关于认知有两个核心假设，分别是计算假设和表征假设（叶浩生，2017，pp.22-23）：计算假设认为心智过程是一种运算，是根据一定规则对信息的输入、编码、存储等进行加工的过程，这一过程发生在大脑内，身体是附属的、次要的，只是容纳信息加工装置的载体；表征假设认为计算过程处理的是符号而非具体实物，认知过程是对符号表征的运算。具身认知理论对知识表征的阐述则弥补了传统认知科学的不足，具体体现在对传统认知科学关于知识表征的补充。

传统认知科学关于认知的理论主要包括物理符号系统理论（physical symbol systems）和双重编码理论（dual coding theory）。物理符号系统理论（Newell，1980）主张大脑的计算机隐喻，认为概念意义以抽象的符号形式存储在大脑中，认知过程仅通过符号以及符号之间的连接操作来实现。该理论还认为知觉只是符号操作后的产物，身体感知经验并不参与认知过程（夏皮罗，2014，p. 105）。双重编码理论（Clark & Paivio，1991）认为个体同时使用语言编码系统（verbal code system）和表象编码系统（imagistic code system）来表征概念意义，这两种编码系统既在功能上相互独立又存在相互作用关系。按照双重编码理论的观点（Paivio，1991），具体概念的理解涉及两种编码系统的共同激活，而抽象概念的理解仅仅涉及语言编码系统的激活，即抽象概念需要通过间接概念才能使抽象意义具体化。

物理符号系统理论忽视了身体感知经验对认识的作用，双重编码理论对抽象概念如何获得意义的解释不够充分，具身认知理论的提出则解决了抽象概念的符号接地问题（symbol grounding problem）（Glenberg & Robertson，2000），即符号如何获得意义、如何与现实世界相对应的问题。具身认知理论认为符号可以通过身体经验而无须与其他符号相联系就能获得意义，并指出身体感知经验在认知活动中具有重要作用（夏皮罗，2014，pp. 105-107）。相应地，概念隐喻理论和知觉符号系统理论是具身认知理论关于知识表征具有重要贡献的理论。

（二）概念隐喻理论

认知语言学家乔治·莱考夫（George Lakoff）及其合作者认为，具身对人类概念系统的发展起到核心作用，这一观点能够通过人类思维和语言中的隐喻来佐证（Lakoff & Johnson，1980a）。概念隐喻理论（metaphor representation theory）（lakoff & Johnson，1980a）认为概念隐喻是一种修辞现象，抽象思维"大部分是隐喻的，它们利用了与管理身体相同的感官运动系统"。莱考夫和约翰逊（Lakoff & Johnson，1980b，p. 5）认为隐喻的本质就是通过另一种事物来理解和体验当前的事物，隐喻不仅是语言现象，更是一种认知思维方式。概念以隐喻的方式建构，活动也以隐喻的方式建构，故此，语言也以隐喻的方式建构（Lakoff & Johnson，1980b，p. 7）。隐喻最初和最基础的来源是身体及身体与世界的互动（叶浩生，2017，p. 64）。不依赖于其他概念、无须诉诸隐喻便可以习得的概念属于基本概念，对抽象概念的理解依赖于对基本概念的隐喻扩展

（夏皮罗，2014，p. 97）。

　　理解抽象概念的方式就是把它们落实到物理世界中。借助隐喻来理解抽象概念的方式主要有三种。第一种，非抽象动词。比如，"抓住概念"以及"思绪从脑中飞过"都是抽象概念，都包含非抽象动词"抓"和"飞"；再如，"时间溜走"和"时间飞逝"（西恩·贝洛克，2016，p. 89）。第二种，空间化隐喻也构成了日常生活中的多数概念。人们利用空间经验来表示时间的先后，如"上周""下周""后面还会有一件事"；再如，我们使用空间方位来表示事情的好坏，如"高兴""低迷""蒸蒸日上""每况愈下"（乔治·莱考夫和马克·约翰逊，2015，pp. 11-12）。第三种，借用实物的特征来表达抽象概念。例如，"友谊之树""时间就是金钱"是在用实物的"繁茂"和"宝贵"来表达抽象概念；再如，"一段关系的破裂""我们已经走了这么远"，是借助"纽带"和"旅程"来理解相应抽象概念的特征。隐喻并不是一种对语言的"修饰"，而是表达我们感想的一种方法（塞缪尔·早川，艾伦·早川，2015，p. 123）。隐喻用处很广，已经成为我们日常语言中的一部分，使得人们忽视了隐喻的存在，如"床头""山脚""主流""饱和"等（塞缪尔·早川，艾伦·早川，2015，p. 125），早已融入我们的生活背景中。

（三）知觉符号系统理论

　　劳伦斯·巴塞罗（Lawrence Barsalou）提出了与物理符号系统理论相对的知觉符号系统理论（perceptual symbol systems theory）。知觉符号系统理论（Barsalou，1999）认为，具体概念通过人与外部世界相互作用中的感知经验来表征，而抽象概念通过内省信息、事件以及两者之间的关系来表征。概念表征保留了概念意义获得过程中个体与世界相互作用时产生的感知觉痕迹（Barsalou，1999）。具身认知强调模拟对认知的作用（Barsalou，1999）。模拟是对过去在物理世界中获得的感觉运动状态的重新执行；在这些经验中，大脑激活模式涉及多种模态，并随后被整合到记忆中的多模态表征；当从记忆中提取经验时，多模态表征便被激活（Barsalou，1999）。记忆整合了身体经验，执行身体动作有助于激活大脑中存储的相关记忆（Shapiro，2014，p. 5）。

　　人类关于物体的表征不仅包含视觉特征，还包含与物体相关的操作动作，即操作动作表征。操作动作表征分为结构性操作（structure-based action）和功能性操作（function-based action）（於文苑，刘烨，傅小兰，2018）：结构性操作是对物体进行在线加工（online processing），依靠当前物体提供的视觉信息和空间信息；功能性操作需要从长时记忆和概念系统中提取信息，依靠物体的使用经验，提取使用物体的动作特征，是对物体进行离线加工（offline processing）。总的来说，对物体的表征是以多模态信息在大脑中存储的，包括了人在经历某类事物时听觉、触觉、味觉等模态的编码（Goldman & Vignemont，2009）。

　　认知神经科学的证据表明，人体动作系统与大脑负责语言和知觉的区域有一定联系（Azizzadeh & Damasio，2008）。语言理解是一种动作在精神上的模拟，词语能唤起动作，执行相应的动作，也能更好地理解语言（西恩·贝洛克，2016，p.81）。对关于动作的语言进行理解，涉及对这个动作的模拟，模拟指的是大脑负责感觉运动信息的脑区的激活，被激活的区域和主体执行这个动作时被激活的区域相同（Shapiro & Stolz，2019）。具身或模态符号直接与这种体验相联系，因为它们复制了遇到实际刺激时在大脑中发生的神经激活模式（Glenberg，2008）。模态符号是一种关于感官系统产生的信号的表征，非模态符号则不携带其知觉起源的信息。概念意义根植于感觉运动经验，语言理解系统和感觉运动系统享有共同的神经机制（西恩·贝洛克，2016，p.87）。脑科学相关研究还发现，对大脑中涉及运动控制的区域进行反磁性刺激，会干扰被试对描述动作的句子的理解（Pulvermüller，2005）。

　　总之，概念隐喻理论以我们对抽象概念的隐喻建构说明了身体及其经验对认知的作用，知觉符号系统理论以概念理解与感觉运动脑区的联系指出了认知科学应重视感觉运动经验。具身认知理论所强调的身体及其经验对认知过程具有重要影响，并能够从认知科学和神经科学中找到相应的证据。感知觉经验与概念理解的联系、认知能力与身体运动的联系都在一定程度上对传统认知科学形成了挑战，相应地，也为我们看待认知与学习提供了新的视角。

三、具身认知的理论交织

(一) 具身认知的多种观点

具身认知理论发展至今，多学科和跨学科性使其蒙上一层混沌的面纱。学者们的理论主张仍存在差异，并未得出一致观点或理论，这也促使我们需要从多种角度辩证地看待这一理论。目前具身认知领域较为熟知的观点有以下几种。

夏皮罗在《具身认知》一书中系统地总结了具身认知领域学者的观点，并将其梳理为三种假设：概念化（conceptualization）、替代（replacement）和构成（constitution）。

"概念化"假设主张个体的身体属性限制或约束了个体能够习得的概念（夏皮罗，2014，p. 97）。前面介绍的知觉符号理论和概念隐喻理论，均支持了"概念化"假设的观点，即个体的身体属性和感觉运动经验会对知觉与概念理解产生影响。这一主题对传统认知科学无法解释的"符号接地问题"进行了说明，并经由认知神经科学对具身认知的理论进行了论证。

"替代"假设从认知动力学的角度来阐释具身认知，认为脑、身体与环境三个成分之间存在一种耦合（couple）关系，并且每个成分都是一个动力系统。"替代"主张个体与环境进行交互作用的身体取代了被认为是认知核心的表征过程，认知不依赖于针对符号的算法过程，无须诉诸计算过程或表征状态就能够被解释。神经系统是具身的，而身体是情境的，具身性和情境性扩展了认知系统的边界；认知涌现于脑、身体和世界之间的动力交互作用（夏皮罗，2014，pp. 138-139）。

"构成"假设主张认知加工过程中身体或环境是认知的一个构成成分，而不仅仅是对作用于认知结果的影响因素。例如，人们在打电话时即使对方看不见也会使用手势，手势不仅是澄清交际意图的一种有用工具，还能够以某种方式参与思维过程（夏皮罗，2014，p. 192）。手势可以分为三种：指示类手势、表征类手势和隐喻类手势（Alibali & Nathan，2012；McNeill，1992）。哲学家安迪·克拉克（Andy Clark）是这一主题的代表性学者，他提出的延展性认知（extended cognition）认为，身体是认知过程中的真正成分而非仅仅发生在脑中认知过程的贡献者。认知者"在场,往往会以任何一种混合的方式调用解决问题的各种资源,只要它们能以最小努力产生可接受的结果"(Clark,2008,p.13)。基维斯坦(Kiverstein,2012)认为思维与理性是大脑与非神经体和环境结构协同工作的结果,大脑并不关心计算操作在哪里进行,有时计算在操作外界人工制品的过程中就已经完成了,而有时则完全是发生在大脑中的。

总的来说,"概念化"假设强调身体及其经验对概念理解的作用,并没有否定认知是对符号的算法操作的观点,主张具身认知是对传统认知科学的补充;"替代"假设主张认知依赖个体与环境的交互,而不需要进行符号操作,认为具身认知可以取代传统认知科学;"构成"假设主张身体或环境是认知的构成成分。"替代"被认为是激进的具身认知表征观,而"概念化"和"构成"则被认为是温和的具身认知表征观(张铁山,2016,pp.206-207)。

类似地,面对具身认知的多种观点,威尔逊(Wilson,2002)梳理了这一领域的六个主要观点:第一,认识是基于情境的,包含在真实情境中的感知与行动;第二,认识是有时间压力的,认知活动是与环境进行交互的;第三,认知工作可以卸载给环境(we off-load cognitive work onto the environment),良好开发的环境有助于我们降低认知负荷;第四,环境是认知系统的一部分(夏皮罗总结的"构成"假设);第五,认知是指导行为的;第六,离线认知是基于身体的(off-line cognition is body based),即使不处于情境中(离线),我们对抽象概念的理解也依赖于先前的感知经验。威尔逊(Wilson,2002)认为前三种观点和第五种观点至少是部分真实的,第四种观点最具争议,第六种观点则是六个观点中最广泛被认可也最有力的。基于此,威尔逊(Wilson,2002)主张从在线(online)和离线(off-line)两个层面来看待具身认知:从在线认知层面来看,认知活动是嵌入在与任务相关的外部情境中的,涉及将信息或认知工作卸载到环境中;从离线认知层面来看,当心智任务所涉及的指示物不在场时,需要主体调用感觉运动资源来进行认知活动。

也有学者直接从身体出发来阐释具身认知,如古德曼和维尼蒙(Goldman & Vignemont,2009)总结前人的思想,提出了具身的社会认知理论，并提出理解具身的四个维度：身体结构、身体互动、身体表征中的身体内容和身体形式。身体结构，主张身体的不同生理结构会带来不同的感知体验，如人类没有鹰的眼睛，因而与鹰所感知的世界不相同；身体互动，主张人的行为影响着认知活动，认知需要身体的参与；身体表征分为身体内容维度和身体形式维度，身体内容表征指带有身体内容的精神表征对人们的认知产生重要的关联作用，身体形式表征指身体表征具有视觉和听觉等形式。身体内容维度，指知觉和行动共同编码，如柠檬的"黄色"与吃的经验带来的"柠檬味"被"编码"在一起，再如网球不仅仅被知觉为一个球体，而且被知觉为用我们整个手可抓住的球形（夏皮罗，2014，pp. 121-122）；身体形式维度，指当个体觉知世界中的物体时，是通过不同的通道或模态来知觉它们的。例如，当我们看见红雀却没听见叫声时，是通过视觉模态知觉红雀；而听见红雀的叫声却没看见红雀，是通过听觉模态知觉它（夏皮罗，2014，pp. 109-110）。

综上，不同的主张关于身体及其经验与认知的关系有不同的理解，体现了这一领域仍处在探索中，但这些观点都在一定程度上反映了传统认知科学"离身认知"的不足。具身认知理论的意义并不在于讨论其是否能够替代传统认知科学，而是呼吁人们重视身体经验对认知的作用，借助具身认知的相关理论更好地认识人类的认知过程，从而以合适的方式促进学习。

本文将具身认知各流派普遍认同的观点总结如下：第一，认知需要感觉运动经验的参与，这种参与来自当下的身体活动或过去活动带来的经验；第二，身体的生理结构影响着有机体的认知过程，当从记忆中提取经验时，多模态表征便被激活；第三，身体及其所在的环境也是认知的一部分，个体能够将认知卸载到身体或外部环境中；第四，离线认知是基于身体的，当所谈论的对象不在场（离线）时，理解依赖于先前经验与想象能力。总之，对具身认知进行综合理解，即认知是具身的、情境的，身体及其经验、身体与环境的交互可以帮助我们更好地理解认知过程及相应的教学活动，并为具身认知理论落地到教育实践中起到指导作用。

（二）具身认知的相近理论

在认知科学领域，具身认知（embodied cognition）、情境认知（situated cognition）、嵌入式认知（embedded cognition）、生成认知（enactive cognition）、延展性认知（extended cognition）等是第二代认知科学的代表性理论，关于认知、身体、环境的联系具有一定共识。这些理论在理论起源层面具有相互交织的关系，如都受到生态心理学家吉布森（Gibson）、认知哲学家克拉克（Clark）等人的观点的影响。例如，在分析身体在认知中扮演的角色时，嵌入式认知与具身认知的作用是互补的（Shapiro，2011；Wilson，2002）。又如，情境认知和嵌入式认知都强调人与环境的动态耦合关系（Shapiro，2014，p. 61）。再如，生成认知与延展性认知都强调知觉与行动密切联系（Varela，Thompson，& Rosch，1991），并且在以下几方面存在共识（Kiverstein & Clark，2009）。①世界是储存信息的外部空间。②一部分心理过程兼有内部操作和外部操作。③外部操作以行动的形式进行：对环境进行操控、开发、转化。④一部分内部操作涉及主体合理利用环境的能力。谢梅罗（Chemero，2009）则在《激进的具身认知科学》一书中将生成认知（enactive cognition）和生态认知（ecological cognition）的观点列为激进的具身认知科学（radical embodied cognitive science）中。

一些学者主张对这些理论以融合的视角来看待，因为这些理论都强调个体与环境之间物理的、身体的交互对认知的作用，重视身体与环境的协调与整合（Kiverstein & Clark，2009）。纽恩等人（Newen，De Bruin，& Gallagher，2018）编撰的《牛津 4E 认知手册》（*The Oxford handbook of 4E cognition*）中使用"4E cognition"来统称具身认知（embodied cognition）、嵌入式认知（embedded cognition）、生成认知（enactive cognition）、延展性认知（extended cognition）的相关理论。基维斯坦和克拉克（Kiverstein & Clark，2009）则指出瓦雷拉等人于 1991 年出版的《具身心智》一书掀起了"the 4EA"（embodied，embedded，extended，enacted，affective）运动。再如，哈特菲尔德（Hatfield，2014）在《具身认知手册》（*The Routledge handbook of embodied cognition*）中指出，具身、嵌入、生成、延展乃至动态（dynamic）、生态（ecological）认知理论都是在情境认知这一大的理论框架下快速发展而来的。

正如夏皮罗和斯托尔兹（Shapiro & Stolz，2019）所述，具身认知仍处于发展的婴儿时期。具身认知领域内部观点尚未统一，领域外部又与多种理论相杂糅。尚未有学者对相关的理论进行区分和界定，这也意味着，我们仅需要将具身作为一种看待问题的视角，关注身体及其经验在环境中的交互对认知的作用，进而以一种新的视角来看待教与学。最后，让我们回归到对具身这一术语的认识上来。面对理论交织的现状，基维斯坦（Kiverstein，2012）指出具身强调了作为意义来源的身体在认知中的作用，解释了知觉是如何向我们呈现一个根据我们的需求和兴趣组织的世界。而身体如何产生意义、知觉如何展现世界，均与第二节将要介绍的可供性有密切联系。

第二节　供给关系：知觉与行动的可供性

约翰·杜威（1925）曾强调学习过程中的意义并不取决于交互的对象是什么，而取决于过程中的可能性（Anderson，2018）。在具身认知领域中，身体会影响认知状态、认知受知觉（perception）和行动（action）的影响等观点被广泛认可（Lakoff & Johnson，1980a；Barsalou，Simmons，Barbey et al.，2003）。知觉不是被动的，而是主动的，知觉与环境是通过身体相互作用的（唐·伊德，2008，p.17）。认知、知觉与行动是高度交互、密切联系的（Hoffmann，Borges，Bröker et al.，2018），这样一种关系正是由可供性连接的。

一、具身认知中的知觉与行动

感觉（sensation）由环境中的刺激信息引起，在感觉系统中产生，如视觉、听觉、嗅觉等；知觉（perception）是对感觉信息的整体认识，并基于过去经验对事物进行解释（彭聃龄，陈宝国，2019，pp.37-53）。吉布森的知觉生态心理学认为知觉是采集环境中恒定事实所传递的信息的过程。例如，观察者靠近与远离一个桌子，桌子投射在视网膜上的形状发生变化，但桌子具有矩形表面这一事实是不变的（转引自夏皮罗，2014，pp.33-38，69）。梅洛-庞蒂认为"关于身体的理论已然是关于知觉的理论"（the theory of the body is already a theory of perception）（转引自 Noë，2006，p. 1）。诺埃（Noë，2006）的知觉生成理论认为，知觉经验的获取依赖于身体技能。我们知觉的决定了我们行动的（或者说我们知道如何行动）；同时，知觉又取决于我们能够行动的（what we are ready to do）。简而言之，我们"生成"（enact）了知觉经验，并将其付诸行动（act it out）（Noë，2006，p. 1）。比如，当我们处于某一空间时，感知（sensation）和感觉运动（sensorimotor）知识共同形成了我们对该空间布局的知觉（Noë，2006，p. 15）。再如，我们对面前瓶子的知觉，不仅包括它是什么材质或形状的，还包括我们的手能够以什么样的姿势和动作来拿起这个瓶子，即这个瓶子影响或将要影响你的行动（movement）方式，并产生了相应的感觉刺激（sensor stimulation）（Noë，2006，p. 73）。

瓦雷拉等人在《具身心智》一书中提出了术语"生成"（enactive）并指出生成方法（enactive approach）的两个要点（Varela, Thompson, & Rosch，1991，pp. 173）：第一，知觉（perception）存在于由知觉引导的行动（perceptually guided action）中；第二，认知结构（cognitive structures）在循环的感觉运动模式（sensorimotor pattern）中浮现，感觉运动模式能够使行动被知觉引导。瓦雷拉等人提及的感觉运动能力（sensorimotor ability）指个体与环境成功交互的能力，这种交互作用涉及知觉—行动循环（Perception-Action Cycle）。行动影响知觉，知觉又会影响未来行动，未来行动接着又决定新的知觉，如此往复，形成了知觉—行动循环。具体来讲，个体在环境中活动时，行动产生新的知觉，消除旧的知觉（夏皮罗，2014，pp. 57-58），新的知觉使个体注意到环境中的先前未注意到的、新的内容，为接下来的行动提供可能性（Shapiro，2014，p. 5）。

知觉—行动循环与发展心理学密切相关。皮亚杰的发生认知论认为，心智和思维起源于主体的动作，而动作的本质是个体对环境的适应；适应的本质在于取得个体与环境的平衡，适应包括同化和顺应两种形式，同化是个体把环境刺激整合到自身认知结构中，顺应是个体受外部环境的刺激而改变自身的认知结构；图式（schema）是动作的结构或组织，个体对环境刺激的不同反应正是因为图式的不同（林崇德，2009，pp. 50-51）。个体在环境中通过知觉—行动循环强化、拓展或重构新的图式（Fuster，2004）。在知觉—行动循环的过程中，知觉对行动进行预测，行动又对知觉产生影响，当预测是正确的时，期望与实际的输入形成匹配，其结果便产生新的知觉（Kiverstein，2012）。如图 2-2 所示，认知心理过程涉及外部操作和内部操作，外部操作以行动的形式进行，内部操作则涉及主体合理利用环境的知觉能力（Kiverstein & Clark，2009）。

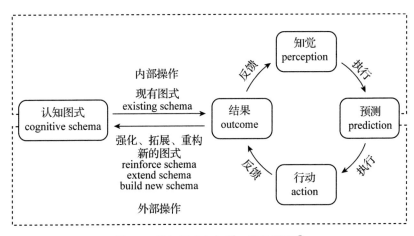

图 2-2　认知图式与知觉—行动循环①

二、可供性：知觉与行动的联结

在具身认知领域，知觉与行动还与另一个术语密切相关——可供性。关于"affordance"的译法不尽相同，例如，李恒威和董达在夏皮罗《具身认知》的著作中将其翻译为"供给量"（夏皮罗，2014），朱建军和吴建平（2009）在《生态环境心理学》中将其翻译为"可供性"，王美倩和郑旭东（2016）将其翻译为"给养性"，鲍贤清（2013）在博士学位论文中将其翻译为"给养"。综合考虑文献中"affordance"的含义及其与知觉和行动的联系，本文将"affordance"翻译为"可供性"和"供给关系"，"可供性"用以强调"A 能够供给 B"的属性，"供给关系"则强调"A 与 B 供给和被供给"的双向关系。

---

① 综合 Fuster，2004；Kiverstein，2012；Kiverstein & Clark，2009 的观点绘制而成。

生态心理学家吉布森在《视觉的生态学取向》一书中指出身体动作是完整知觉不可分割的组成部分（Gibson，1979/1986）。吉布森（Gibson，1977）提出可供性这一术语指环境中的物体具有的某种属性，该属性会为引发某种行为或状态提供机会。吉布森的生态知觉理论认为，人类的知觉是一个有机的整体过程，它是对环境具有的生态功能的直接反应，即个体对环境客体可供性的直接反应（Gibson，1977）。可供性可以被视为物体的特性与有机体的能力之间的关系（Rietveld ＆ Kiverstein，2014）。吉布森认为个体能够识别物体的供给量依赖于个体的需求和属性。例如，树枝能够供给鸟栖息地，而不是供给猪栖息地（夏皮罗，2014，p.112）。格伦伯格使用术语"啮合"来描述可供性的互补关系，衣架供给"被悬挂"而外套供给"可悬挂"，衣架和外套的可供性是"啮合"的（夏皮罗，2014，pp.112-113）。

可供性为知觉和行动提供了"联结"（connection）（Lombardo，1987，p.355）。可供性这一概念反映了知觉与行动的密切联系（Shapiro，2014，p.23）。在环境中会有多种供给，而个体所能够知觉到的供给具有差异，那些凸显出来的供给便是与个体相关的，并会使个体形成接下来行动的不同倾向（Kiverstein，2012）。正如吉普森所说，知觉的目的是传递可供性（the purpose of perception was to deliver affordances）（Shapiro，2014，p.23）。供给关系描述的是一种包含了环境/物体属性和主体/代理能力的完整关系（Shapiro，2014，p.62）。具身便是源于有机体和环境的关系，有机体越能够改变环境，并且能够调试（modify）可供性，其具身性就会越强（Shapiro，2014，p.62-63）。

三、供给关系与学习环境

吉布森认为环境知觉（environment perception）是大脑对外部环境的感觉信息进行组织、解释，从而形成对事物整体认识的过程；人的环境知觉既依赖于直接作用于感官的那些环境刺激物的特性，也依赖于人已有的知识经验、需要和期望等心理过程（朱建军，吴建平，2009，pp.93-94）。鲍贤清基于生态心理学理论提出"学习给养"的概念，认为学习是学习者与环境，尤其是环境给养相互作用的结果，个体间察觉给养的能力也不相同（鲍贤清，2013）。理解是具身的，因为身体属性决定了对供给的知觉程度（夏皮罗，2014，p.113）。不同个体在面对同一情境时会有不同的理解，个体所知觉的供给不同，将以不同的方式"看"世界（夏皮罗，2014，p.114）。在学习过程中，受自身学习能力的影响，学习者知觉到的学习环境/技术的供给是不同的，这种可供性会影响随后的学习策略和学习结果（Koning & Tabbers，2011）。

格式塔心理学强调环境的现象学特征，即环境对人的影响取决于个体如何去认识它和评价它。环境并不是脱离人的客观存在，个体对环境的主观理解才是决定行为及行为结果的主要因素（朱建军，吴建平，2009，p.43）。格式塔心理学代表人物勒温提出了心理环境、心理场等概念来说明人与环境的关系。勒温认为，个体基于自己的想法在心中所描绘的环境，比实际上存在的环境更会影响个体的行为，行为是人和环境交互作用的结果，并提出了社会行为的著名公式 $B = f(P, E)$（转引自朱建军，吴建平，2009，p.44）。格式塔心理学把环境视为一个整体，强调整个环境对个体的影响和个体对整个环境的知觉；环境的作用最终取决于人们如何认识和理解环境（朱建军，吴建平，2009，p.45）。学习者对技术可供性的知觉是从与该技术进行交互中浮现的，这种对技术的知觉与先前经验有关（Jeong & Hmelo-Silver，2016）。

通过上述梳理可以发现，环境（技术、实体）对学习的影响与学习者本身对环境的知觉有关。具体来讲，学习者因能力和经验有所差异，因而对环境可供性的知觉能力不同，相应地所获得的学习效果也不同。这种体验在场馆学习中最为典型，不同先前经验的个体，对场馆中人工制品具有不同的认识，从而获得不同的学习效果。美国教育心理学家维特洛克（Wittrock）于1974年提出了生成性学习理论（generative learning theory，GLT），同样认为学习过程是个体原有认知结构与环境的交互作用，并强调学习者的主体性，认为学习者的先前经验、态度、兴趣会对环境中的感觉信息产生选择性注意（转引自Tobias，2010）。而当个体知道为了完成任务或目标，该以什么样的方式在一个情境中行动时，这个情境对于个体才是有意义的（Kiverstein，2012）。此外，环境负荷理论认为，个体加工外部刺激的能力是有限的，当环境的信息量超过个体加工信息的最大容量时，就会导致信息超负荷（朱建军，吴建平，2009，p. 53）。个体在认知活动中与环境的交互是有限的，过多的交互会增加学习者的无关认知负荷（Sweller，Merriënboer，& Paas，1998），因此过度增加环境的"供给"，并不能够带来更好的学习效果。

第三节　技术具身：学习技术的具身交互

具身认知理论重视身体及其经验，而借助技术的身体及其经验的"扩展"能够让我们获得更多的感知经验，并帮助我们对经验进行提炼、概括和巩固（王辞晓，2018）。技术在我们的生活世界中普遍存在，教学媒体、工具等人工制品作为技术在日常教学和学习中扮演着重要的角色。在对人与技术的关系进行探讨之前，需要指出的是，学者通常会运用多种词汇来指代人和技术（如 Shapiro，2014）。例如，用有机体、个体、代理（agent）、主体（subject）来指代人，用人工制品、工具（tools）、客体（object）来指代技术，有时环境也是技术的指代，意为技术构成了环境。信息的传播手段也是技术。例如，书写是改变整个世界文化观念的技术，是技术嵌入文化中的最好的例证之一（唐·伊德，2017，p. 60）。用杜威的技术哲学观来总结的话，技术可以从三个层次来理解（转引自庞丹，2006，p. 112）：第一个层次，包括工具、机器、软件等人工制品；第二个层次，包含技术的环境，即环境不仅受手工艺和工程学的影响，还受历史、文化的影响；第三个层次，普遍的探究或解决问题的方法。因而，本研究中的技术不仅指人工制品还指相关的策略方法。下文将主要介绍技术如何延伸人的知觉、人与技术的多种关系以及具身学习关系中的交互设计。

一、知觉借助技术得以延伸

（一）知觉的延伸

伊德将知觉分为微观知觉和宏观知觉，微观知觉指通常所说的感官知觉（在实际的视觉、听觉中直接获得的和通过身体关注到的）；宏观知觉是一种所谓文化的或诠释的知觉。以上两种知觉相互联系，密不可分

（唐·伊德，2012，p.32）。梅洛-庞蒂认为身体能够借助人工物得以"扩展"，知觉可以借助人工物的"体"而得到延伸，知觉的延伸不受身体外形或皮肤表面的限制。例如，"盲人的手杖"对于盲人来说不再是一件物体，不再作为手杖本身而被感知，手杖的尖端已经变成了一个有感觉能力的区域，延伸了触觉的广度和活动范围（唐·伊德，2012，p.43）。马歇尔·麦克卢汉在《理解媒体——论人的延伸》中亦提到媒介是感知的延伸，它们改变了人与周围世界的关系（马歇尔·麦克卢汉，2000，p.87）。J.莱夫和 F.温格（2004，p.48）也指出人们不能仅看到技术作为人工制品本身的性质，而应将技术看作参与某个过程的具体形式，在这一过程中技术履行了"媒介"的功能。

通过人工物的扩展，个体获得了新的知觉——具身知觉。借助人工物实现的具身知觉，所发生的场域正是我们的生活世界（唐·伊德，2012，pp.60-61）。如果现象超出了我们的能力，那么只有通过技术转化，这种现象才能进入我们的知觉范围内（唐·伊德，2008，p.118）。伊德认为生活世界存在时间知觉和空间知觉，个体借助钟表来感知时间，也能够借助人工物感知空间。例如，航海时使用航海图，是把自己解读为航海图的某个位置，就好像自身处在所驾驶的船的上空，从一个实际上没有占据的想象性的视角来判断船的位置（唐·伊德，2012，pp.62-75）。借助人工物获得的知觉延伸，能够帮助学习者获得更好的学习体验。学生使用教学模拟工具来获得真实操作的体验。例如，虚拟现实和增强现实技术能够帮助学习者建构真实学习情境，使学习者具有"临场感"，获得置身于该情境的感知体验。

（二）技术的"抽身而去"

海德格尔在《存在与时间》中指出没有"事物本身，只有在使用事物的情境中，用具才成其所是"。例如，正在被使用的锤子，才是真正的锤子（马丁·海德格尔，1999，pp.97-99）。而只有当用具在不合用、损坏、不在场的情况下，其存在被人们明显地注意到（马丁·海德格尔，1999，pp.119-121）。日常生活中的门、桌椅都是存在预备上手的状态，以一种与我们互动的方式潜在地存在着（孟伟，2015，p.69）。预备上手（ready-to-hand）的技术在上手经验中就仿佛抽身而去，这种技术在直接经验中的抽身而去，被伊德认为是一种具身关系（embodiment relation）（唐·伊德，2012，p.35）。伊德以个体透过玻璃窗看外面的世界举例，指出"我—世界"的关系实际上是"（我—窗户）—世界"的关系。由于媒介是透明的，因此具身的视觉和肉眼的视觉是一样的，用海德格尔的术语来说，玻璃从视觉的既定目标中"抽身而去"，玻璃就像眼镜一样，融入观看中（唐·伊德，2012，p.50）。基维斯坦（Kiverstein，2012）也指出，技术能够为用户提供对世界的透明访问，使用户和技术之间的交界处从意识中淡出。

技术"抽身而去"，能够让学习者在学习过程中感受不到学习工具作为事物本身而存在，在这一过程中，学习者完全专注于学习内容和学习活动，这种完全专注的体验被心理学家奇克森特米哈伊称为心流体验（Csikszentmihalyi，2014）。心流指人们在参与日常活动时，如在工作、运动、学习中产生的完全沉浸式的参与体验。杰克逊和马什（Jackson & Marsh，1996）研究发现，产生心流体验的条件因素包括清晰的目标、即时的反馈、技能与挑战相适应，体验因素包括行动与知觉的融合、对任务的集中、潜在的控制感，结果因素包括自我意识的暂时消失、对时间意识的变化、形成自觉行为的体验。在日常生活中，技术的"抽身而去"取决于技术的良好设计与功能作用，而在学习过程中，要得到技术的"抽身而去"，不仅需要人与技术的具身体验、感知觉融合，还需要重视学习过程的设计。

（三）技术的工具化与约束

韦里永和拉巴尔德尔（Verillon & Rabardel，1995）在《认知与人工制品：工具化活动相关研究的贡献》一文中提出了工具和工具活动情境（instrument and instrumented activity situations，IAS）理论，并用 IAS 模型来对其进行解释（见图 2-3）。

在 IAS 模型中，主体代表使用者、操作者、工作者等，工具代表机器、用具、产品等，客体则指使用工具所导向的行动（the action using the instrument is directed），如事件、环境、活动、工作等。客体是主体想要改变或影响的，工具和客体在某种条件下可以相互转化（杨开城，2016，p.6）。人工制品与客体之间也存在转换关系，只有当人工制品工化之后，才可能成为我们想要改变的客体。例如，当我们使用虚拟教具时，虚拟教具既是工具，也是我们想要通过改变它来获得实验结果的客体。

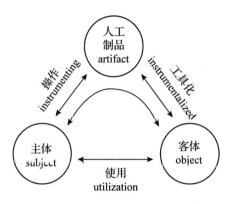

图 2-3　工具和工具化活动情境①

　　在工具化活动情境中，人工制品为主体施加了一系列的约束（constraints），需要主体在行动过程中来进行管理（Verillon & Rabardel，1995）：约束取决于人工制品与行动的关系以及主体的心理状态（行动意向）。一方面，工具不仅供给了主体的行动可能性，扩展了主体所能行动的范围。另一方面，主体的行动也是对工具的诠释。正是通过这一过程，人工制品才能成为工具，工具的使用也在某种程度上改变了使用者。需要指出的是，在引入工具之前，主体和客体之间本身存在直接的交互关系；工具的引入是为了满足主体和客体之间的需求（Verillon & Rabardel，1995）。

　　人工制品或者说是技术，提供的支架作用取决于个体与环境的关系（Shapiro，2014，p. 64）。个体越能够知觉到某项技术的可供性，说明这项技术设计得越好（Shapiro，2014，p. 64）。心智整合了在这种关系中我们所使用的工具和环境支架；取决于这些关系的心理状态同时也依赖于情境（context），并且在一定程度上是可塑的/具有适应性的（malleable）（Fingerhut & Heimann，2017）。此外，人类拥有改变环境的能力，但也受到环境的约束。在给定"约束"的动态学习环境中，学生通过感知可

---

　　① 改编自 Verillon & Rabardel，1995。

供性来进行目标导向的行动（Abrahamson & Sánchez-García，2016）。

纽厄尔（Newell，1996）提出了基于约束的行动（constraint-based field of promoted action）并介绍了学习过程中的三种约束（见图 2-4）：环境约束（environmental constraints）、任务约束（task constraints）和生物体约束（organismic constraints）。约束实质上是行动的资源，通过学习过程中的这三种约束，增强信息（augmented information）得以实现（Newell，1996，p. 405）。增强信息通常以多模态的方式来呈现，如言语、手势、视觉材料以及物理操作（Abrahamson，Sánchez-García，& Smyth，2016）。在这三种约束构成的学习情境中，学生通过知觉—行动循环，逐渐形成行动约束下的协调模式（coordination mode/pattern）（Newell，1996，p. 417），以适应学习环境，形成学习策略。

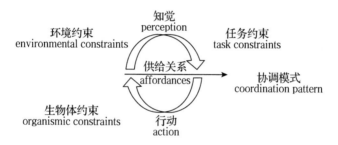

图 2-4　行动约束下的协调模式①

良好的约束条件阻隔了无效行为的可能性（Abrahamson & Sánchez-García，2016），使得学习者能够在合作中形成有效的协调模式。亚伯拉罕森等人（Abrahamson，Sánchez-García，& Smyth，2016）指出，在某种程度上约束体现了学习现象的工具化（instrumental to the phenomenon of learning），对这些约束进行识别、表达和分类，有助于开展学习行为的相关研究。技术在合作过程中与环境约束和任务约束紧密联系，既是学习环境的组成要素，又包含在任务设计中。教师在教学过程中应能够辨别出哪些约束是无效的，并找出学习行为证据，依此来提供其他的环境约束来进行干预（Abrahamson，Sánchez-García，& Smyth，2016）。

---

① 改编自 Abrahamson，Sánchez-García，& Smyth，2016。

二、人与技术的关系视角

(一) 人与技术的具身关系

唐·伊德 (2008, p. 43) 认为人与技术的具身关系是一种特殊的使用情境 (use-context)。在这种使用情境中,个体以一种特殊的方式将技术融入自身经验中。个体是借助这些技术来感知的,并且由此转化了个体的知觉和身体的感觉。技术在这种关系中具有了最大限度的"透明性",技术就好像融入自身的知觉的身体经验中,如"(我—眼镜)—世界"的关系中,眼镜成了个体对周围环境的日常体验的一部分,眼镜的"抽身而去",使得视觉变得技术具身了 (唐·伊德, 2012, pp. 77-79)。人与技术的具身关系,在学习过程中可以理解为学习者与学习技术的具身关系,即在一定的教学情境或学习情境中,学习技术融入学习者的感知经验中,成为学习者的一部分,共同来进行情境交互。

(二) 具身关系与技术设计

越良好的技术设计越能够实现人与技术的具身关系。伊德认为技术首先应是"适用于"使用的,其次在具身关系的范围内,可以在设计上做出一些特殊的改进,以便获得必不可少的技术"抽身而去"(唐·伊德, 2012, p. 79)。例如,个体驾驶汽车经过道路和周围建筑时,在行驶中会感受到汽车具身;当具身良好时,个体可以感觉到汽车和路边的距离,即身体感觉"扩展"到车"身"上面,尽管这些具身关系使用了更大和更复杂的人工物,需要更长时间、更复杂的学习过程,却可以从技术中知觉到默会 (tacit) 知识 (唐·伊德, 2012, p. 79)。

技术越接近所允许的不可见性和透明性,就越能扩展身体知觉,也就是越良好的具身技术;设计的完善不仅与人工制品有关,而且和人工制品与人的组合有关;人工制品应根据人的知觉和行为来塑造,按照具身的方向来进行完善 (唐·伊德, 2012, p. 80)。通过技术,身体能力得到提升和放大,获得完全的透明性和完全的具身,使技术能真正"成为我"(唐·伊德, 2012, p. 80)。具身关系具有放大和缩小结构,具身关系同时放大 (或增强) 和缩小 (或降低) 了通过这些关系所经验到的东西。例如,如果电话性能良好,"我"就能够从电话里听到"你",而电话这一设备被"抽身"到使用背景中去,形成"(我—电话)—你"的具身关系。在这一情境中,人的能力被扩大了,电话的存在被缩小了(唐·伊德,2012,pp.81-82)。

J. 莱夫和 E. 温格(2004,pp.47-49)指出情境学习的充分参与者需要与日常实践中的技术打交道,中介技术的"不可见性"能够帮助学习者聚焦于学习主题,技术不再作为人工制品本身,而是成为参与的具体形式,达到了学习者与学习技术的具身关系。总的来说,要达到学习的技术具身需要使技术根据学习者特征来设计,学习者特征分析在教学设计与教学媒体开发的重要性在这里也得以凸显。当教学产品、学习工具设计得不符合学习者认知水平和感知觉能力时,这些学习技术就会在学习过程中凸显,形成困扰,使得学习者不得不时常注意如何使用与调适,而难以获得学习过程中的知觉延伸。

(三)人与技术的多种关系

伊德指出人与技术的关系分为四种。第一种是前面介绍的"具身关系",即"(我—技术)→世界"。第二种是"诠释关系",即"我→(技术—世界)",指人借助技术获得对外部世界的解释。例如,工程师无法用身体直接测量反应堆,而需要借助仪器来进行监控和分析,便是借助技术的诠释作用来获得信息(唐·伊德,2012,p.95)。第三种是"它异关系",即"人→技术(—世界)",指可以具有但并不是必然具有借助技术指向外部世界的关系。技术作为前景和有焦的准他者出现,与个体进行随时随地的交互,并进入到各种自由组合中,构成了像游戏、艺术或体育这样的活动(唐·伊德,2012,pp.102-110)。第四种则是"背景关系",技术逐渐退化为不被察觉的生活背景,成为人们生活的一部分(唐·伊德,2012,pp.113-117)。伊德认为"人—技术"关系的连续统为:它异关系—诠释关系—具身关系(唐·伊德,2012,p.113)。这三种关系中的技术都处于实践的中心位置,是有焦技术,能够被人在一定程度上察觉,察觉的程度与技术的透明程度有关,具身关系的技术是更为透明的,而"背景关系"中的技术是随处可见的,无焦的(唐·伊德,2012,p.113)。

对唐·伊德所提出的四种人与技术的关系进行阐述，意在说明在学习过程中，除具身关系外，学习者与学习技术可以有多种关系。比如，通过虚拟仿真实验工具来学习具有危险性的化学实验现象，被称作"诠释关系"；通过积木来学习数学概念，可称作"它异关系"；而我们平时所处的校园环境中，许多技术都退居背景中，为学生提供学习环境的支持，被称作"背景关系"。认知是具身的、情境的，人与技术的多种关系对学习的作用需要将放置在情境中，进而思考技术支持下人与环境的情境交互对学习的促进作用。

三、具身环境的交互设计

认知理论的演进影响着学习技术的发展（Lee，2014，p.3）。此外，技术的进步影响着教学内容的表达方式与传播结构（郭文革，2014，p.191）。技术为学习者设计学习工具与环境，应使学习者能够参与一系列类似于生活事件的实践（Lee，2014，p.5）。尽管具身认知领域尚未形成一致观点，但都会主张关注人们如何在环境中互动，以及如何在环境中以有意义的和有生产力的方式使用技术（Lee，2014，p.10；Macedonia，2019）。身体可以将外部工具和技术加入解决问题的过程中，使工具和技术与身体结合，从而扩展和增强认知能力（Kiverstein，2012）。

科宁和塔贝（Koning & Tabbers，2011）指出在学习过程中，具身交互体现在四个方面：第一，制造或观察手势；第二，操作并与物体进行交互；第三，使用身体隐喻；第四，使用眼动作为检索提示（retrieval cues）。其中，手势和物体操作与教学模拟密切相关。手势将认知过程外化，释放认知资源，维持表征稳定，进而有助于记忆。手势将内部认知过程与环境中的物理对象进行映射，借助手势执行所描述的信息有助于记忆检索（Koning & Tabbers，2011）。例如，即便所描述的对象不在，教师在视频中做手势会有更好的学习效果；学生通过手势来进行模仿学习内容或观察他人的手势也能促进学习（Koning & Tabbers，2011）。

普赖斯等人（Price，Roussos，Falcão et al.，2009）总结了人与技术的交互类型：首先，泛在交互（ubiquitous interfaces），指普遍存在于生活世界的技术交互（背景关系），是离身的（off-body）交互；其次，邻近交互（proximity interfaces），是一种身体内的（intra-body）或近身的（near-body），或以人的身体为中介来进行信息交互，如人们使用手势或基于位置的定位功能；再次，可佩戴交互（wearable interfaces），这种交互是在身的（on-body），是可移除但又能作为身体扩展的（类似于伊德所指的具身技术）；最后，感知特定的交互（sensory-specific interfaces），通过特定的感官知觉进行交互，如嗅觉、视觉、听觉，是非语言的交互，此外还有可植入交互和多模态交互。普赖斯等人（Price，Roussos，Falcão et al.，2009）认为在多种技术的支持下能够形成三种具身学习空间：第一，物理空间，通过移动技术和传感技术，将身体活动与抽象概念相连接，儿童的身体运动通过传感器投射到屏幕上，从而提供一种理解抽象概念的新方式；第二，虚拟空间，以虚拟世界、电子游戏为主要形式，强调学习的沉浸感，学习内容是嵌入经验中的，从而有利于学习者进行意义建构，虚拟空间也会带来同物理世界相似的感知觉体验，如听觉、视觉、触觉，并且会以超出现实世界的表现形式帮助学习者理解概念，良好的环境设计能够使学习者产生沉浸感和临场感（Myers & Reigeluth，2017）；第三，虚拟混合空间，增强现实技术、移动技术为教学情境提供了新的具身交互，帮助学习者借助身体在虚拟空间和现实空间进行交互体验。

布莱克（Black，2010）提出了教学具身框架（instructional embodiment framework，IEF），并指出具身学习环境的建构应该从物理具身和意向具身两方面进行。物理具身分为直接具身（direct embodiment）、代理具身（surrogate embodiment）和增强具身（augmented embodiment）三种：直接具身，指学习者直接借助肢体动作进行表达和概念理解；代理具身，涉及个体的想象能力，指学习者通过操作外在"代理"来表征自身，如操作虚拟人物或对象；增强具身，指个体借助工具获得感知觉的加强，如使用视觉化反馈、传感器或增强现实技术进行概念理解。布莱克（Black，2010）认为具身学习环境的设计应首先使学习者通过物理具身调动学习者的感知觉经验，再通过意向具身使学习者保持相关经验，再通过学习任务进行加工和意义建构。这一过程与杜威关于经验学习的观点（约翰·杜威，2005，p.262），以及体验学习理论的关于学习的具体经验、反思观察、抽象概括、行动应用循环类似（D. A. 库伯，2008，pp. 22-33）。郑旭东、王美倩和饶景阳（2019）也指出反思性实践对具身学习的重要性。

在概念形成和推理过程中，人的生理构造、身体经验以及人的感知觉能力（观察、选择、注意）和人的想象力（图式组织、心理意向、隐喻和转喻认知方式）扮演了重要角色（赵艳芳，2001，p. 2）。随着心理模型的发展，交互式模拟工具逐渐流行起来，人们开始以一种新的方式来看待记忆与知识技能的关系（Lee，2014，p. 3）。具身认知理论所强调的感觉运动循环（Varela，Thompson，& Rosch，1991）并非指身体要完全沉浸式地参与到学习活动中。多尔·亚伯拉罕森（Dor Abrahamson）在专访中指出，具身形式可以是基于动作的，也可以是基于想象的（王辞晓，2019）。例如，LOGO 语言是一种早期的编程语言，便是在借用"小乌龟"的形象，使其成为虚拟的身体代理，以绘图的方式学习。学生在学习过程中不一定需要真的去执行走路的动作，而是需要知道乌龟的动作所代表的含义，调用过去的身体经验和内在资源来解决问题。再如，斯克拉奇（Scratch）也是在调用学生相关的认知资源，来完成与经验叙事相关的问题解决过程。

通过上述梳理可以发现：学习环境中的技术，不仅是指实体或虚拟的媒体工具，还指与学习过程相关的策略方法。技术环境中的具身，不仅仅是身体动作的参与（肢体、手势等），还包括学习者通过操作技术或借助想象能力来获得或延伸知觉并最终发展心理表征。无论技术在多大程度上调动了学习者的身体参与，只要这一技术能够促进学习者理解学习情境并使其通过感知觉经验建构意义，这样的技术设计与相应的学习过程就是具身的。

第四节 虚拟教具：教学模拟与科学探究

皮亚杰指出儿童最初是通过感觉运动行为来与他们周围的环境进行交互的，进而了解符号表征，最终才能够对抽象信息执行正式的操作；布鲁纳也强调了行动在学习中的作用，他认为学习发生在学习者参与物

体操作的过程中，由此产生对这一物体的心理表征（转引自 Koning &
Tabbers，2011）。教学模拟（instructional simulation）指用于教学的、
动态的、变化的、可计算的交互模型或系统，模型的状态取决于学生对
它的操作或计算行为（Gibbons，Mcconkie，Seo et al.，2009）。探究学习
（inquiry learning）起源于科学探究的实践活动，其主要内容包括提出问
题、收集和分析数据、构建基于证据的解释与论据（Looi，Song，Yun
et al.，2013）。科学探究学习则涉及识别、预测、实验、观察、分析等环
节（Bell，Urhahne，Schanze et al.，2010）。接下来，本节将介绍具身认
知与教具应用过程相关的理论观点，并梳理虚拟教具在科学探究领域的
研究现状与不足之处。

一、教学模拟与具身认知

教学模拟呈现的外在表征能够通过交互中的感知觉经验，提升学习
者的心理表征（Koning & Tabbers，2011）。教学模拟（以下简称教具）
能够帮助学生有效地通过认知投入来提高学习成效（Plass，Homer，&
Hayward，2009）。教具的应用，涉及个体与环境的"在线"交互，也与先
前感觉运动经验在"离线"认知活动中的作用有关（Pouw，van Gog，&
Paas，2014）。

（一）嵌入环境的在线交互

根据嵌入式认知理论，认知活动不是简单的内部过程，而是涉及大
脑、身体和环境的持续性状态转换（transactions）（Clark，2008）。理解
认知需要从更广泛的层面来考虑，即我们如何使用身体和世界来开展认
知过程。嵌入式认知认为，有效的学习取决于学生如何协调认知活动，
从而与身体和环境资源相适应；认知是由外在的人工制品和认知过程
（external artifacts and cognitive processes）供给与约束的（afford and
constrain）。在一段对话中通过记笔记来降低工作记忆的负荷、使用手指
来计数、询问他人以使自己回忆起某事、使用某个建筑物来认路，均是
嵌入式认知的常见实例（Pouw，van Gog，& Paas，2014）。

嵌入式认知认为外部环境可以作为外部的工作记忆，环境与学习者
之间的交互会改变认知过程（Pouw，van Gog，& Paas，2014）。例如，

在纸笔可用的情况下进行思考，可能会与仅在头脑中思考有截然不同的认知过程。认知系统倾向于通过使用外部资源来管理工作记忆。研究表明，对外部环境进行物理操作，有助于提升任务表现（Stull，Hegarty，Dixon et al.，2012）。高效的问题解决涉及与环境的交互，这取决于学习者如何有效地协调内部资源与外部资源；而无论是调用内部资源还是外部资源，认知系统只会偏向那些更快的问题解决策略（Pouw，van Gog，& Paas，2014）。人工制品塑造了学习者的认知状态，通过教具进行学习，涉及外部人工制品与感知和认知过程的耦合（Clark，2005）。教具的知觉和交互的丰富性是一种重要的学习资源，使学习者以特定的方式与环境进行交互，从而有效地将学习者的认知活动嵌入环境中，从而减轻了认知负荷（Pouw，van Gog，& Paas，2014）。

交互的性质决定着认知过程和学习的展开方式。例如，相比于传统的多媒体学习材料，虚拟教具能够使学生更好地理解和专注于学习内容（Ibáñez，Di Serio，Villarán et al.，2014）。相比于使用鼠标进行虚拟操作，传统的物理操作和可触控的虚拟操作，能够带来更多的与任务相关的认知行为（epistemic actions）（Antle，2013；Koning & Tabbers，2011）。普维等人（Pouw，van Gog，& Paas，2014）指出嵌入式学习中的知觉特征与交互的可能性有直接关系，教具交互功能的丰富性能够促进学生对教具可操控性的知觉。同时，教具的感知和交互特征能够何种程度地供给嵌入式学习，与学习者能够执行的动作以及能够知觉到的行动可能性有关（Pouw，van Gog，& Paas，2014）。此外，镜像神经元理论（mirror neuron theory）认为个体在观察他人行为时，自身执行该行为所激活的神经元也会被激活（Rizzolatti & Craighero，2004；Brucker，Ehlis，Häußinger et al.，2015），即观看他人操作教具也会取得同样的学习效果（van Gog，Paas，Marcus et al.，2009）。

（二）具身经验的离线认知

嵌入式认知强调与环境"在线"的交互，而具身认知则关注身体是如何塑造非嵌入式的"离线"认知。具身认知适用于解释当教具不在场时，学习者如何通过教具进行学习（Pouw，van Gog，& Paas，2014）：传统认知观点认为，在一个情境中习得的知识转化到另一个情境中，取决于一套复杂语义规则的建立；根据这一观点，知识归属于一个由规则控制的语义系统，这一系统是从直接的感觉运动状态和环境中去情境化的（decontextualized）。然而，学习并不是去情境化的，在传统课堂环境中，学习者对学习内容的理解是基于身体原有经验的。杜威（2005，p. 262）指出个体所处环境中不包括所讨论的事物，该事物也在情境中，个体是在同想象中的事物或情境进行交互，而想象则依赖于最初的身体经验。

　　具身认知认为知识是建立在感觉运动惯例和经验中的（sensorimotor routines and experiences），先前交互中的感觉运动信息，能够被内部认知过程重新利用（Pouw，van Gog，& Paas，2014）。学习迁移的发生并不依赖于去情境化知识，而是对先前的感觉运动经验的内化，这种经验正是由知觉和交互的丰富性所提供的（Pouw，van Gog，& Paas，2014）。例如，先前大量的使用算盘的感觉运动经验能够实现充分的心理模拟，使得算盘专家也可以不需要外部支持（在没有算盘的情况下）便实现计算。在成功的学习迁移中，教具的目的是当教具不在场时，个体仍能进行思维的建构，在这种情况下，嵌入式交互转为具身交互，并发展了离线思维（Pouw，van Gog，& Paas，2014）。

　　具身知识内化的发展过程是循序渐进的。例如，前面提到的算盘的使用，从新手到专家，经历了从依赖外部资源到内部资源的转换（Pouw，van Gog，& Paas，2014）。外部资源逐渐内化的过程，取决于学习者的"表征稳定性"，即在心理上（mentally）替代外部结构的能力。例如，低空间能力者更需要外部支持（Pouw，van Gog，& Paas，2014）。手势可以作为一种外部支持来维持表征稳定。例如，空间想象和旋转能力较低的学习者，会更频繁地、无意识地使用手势（Chu，Meyer，Foulkes et al.，2014）。而从新手到专家，是外在支持逐渐消退的过程，这一过程依赖于主体维持的内部表征稳定性（Pouw，van Gog，& Paas，2014）。

二、虚拟教具之于实体教具

　　实体教具（physical manipulative，PM）指由实物材料或工具设备构成的可供操作的教学工具。虚拟教具（virtual manipulative，VM）则指模拟实体教具设计开发的、须通过网络或软件进行加载、可供操作的教学工具（Moyer，Bolyard，& Spikell，2002）。受传统教具资源有限、可操作性易受干扰等因素的影响，能够规避危险、具有实验可重复灵活性的虚拟教具逐渐发展起来（Bouck & Flanagan，2009；王辞晓，李贺，尚俊杰，2017）。对虚拟教具和实体教具的相关研究进行综述，不仅有助于我们对虚拟教具形成更充分的理解，更有助于从研究思路与方法上获得启发。

（一）虚拟教具与实体教具的对比研究

学者们对虚拟教具和实体教具的教学效果进行了大量的比较研究。一些研究表明，虚拟教具能够取得和实体教具同样好的教学效果。例如，扎卡赖亚和奥林匹奥（Zacharia & Olympiou，2011）以"热量与温度"为学习内容对 115 名物理学本科师范生进行了教育实验，PM 组（56 人）使用实体教具，VM 组（59 人）使用虚拟教具。2～3 名学生构成一组，对这一主题进行为期 4 周的合作学习，每周学习时长为 1.5 小时。研究结果表明，VM 与 PM 在概念理解层面能够同等程度地提高学生的学习成效。再如，研究者（Yuan，Lee，& Wang，2010）以多方块组合为主题对 60 名八年级学生进行了教育实验。学生以小组为单位进行总时长为 130 分钟的合作学习，实验组采用 VM，对照组采用 PM。该研究的后测成绩表明，VM 组能够使学生取得与 PM 组同样好的学习成效。

一些研究则发现虚拟教具比实体教具的教学效果更好。例如，克拉尔等人（Klahr，Triona，& Williams，2007）对 56 名七年级和八年级学生进行以"小车组装和动力测试"为学习内容的 2×2 对照实验。实验对象随机分为四个组别：在规定操作时间的条件下，使用 PM 和使用 VM；在规定组装小车数量的条件下，使用 PM 和使用 VM。该研究发现，在固定时间的条件下，与 PM 组相比，VM 组的学生能够组装并测试更多数量的小车；同样地，在规定组装 6 辆小车的条件下，VM 组的学生比 PM 组的学生花费了更少的时间来完成任务。此外，研究者（Yuan，Lee，& Wang，2010）发现，相比于 PM 组，VM 组的注意程度更高并且发展出采用符号来记录结果的策略。扎卡赖亚和迈克尔（Zacharia & Michael，2016）则通过实验研究发现，相比于 VM 的众多优点，PM 仅仅在帮助学生获得和发展物理操作技能方面有优势。

而另一些研究发现实体教具的教学效果优于虚拟教具。例如，马歇尔和扬（Marshall & Young，2006）在物理学本科师范生的一个班级进行了以"物理碰撞"为主题的探究活动。3名学生为一组，先使用 PM 再使用 VM 进行总时长为75分钟的合作探究。该研究从实验班级中选取一个具有代表性的小组进行视频录制与编码分析。研究发现，当小组从 PM 转换到 VM 时，他们的注意力从实验设计转移到了处理系统反馈上，这阻碍了他们通过行动迭代得出结论的改进过程。此外，VM 并非像预想的那样能够快速、便捷、准确地帮助学生获得测量结果，相反，学生花费了约两倍于 PM 的操作时间在处理他们不够熟悉的 VM 系统上。

VM 与 PM 教学效果差异的研究结论不尽相同，很大程度上是因为二者的功能存在差异（Olympiou & Zacharia，2018）。总的来说，VM 的优势有：观察现实生活中无法观察的现象，增强实验现象（如增加矢量表征）；重复多次地进行精确测量和操作，规避实验风险；简化或省去耗时步骤、提供快速操作，使得学生分配更多的时间在概念理解上（Zacharia，Olymiou，& Papaevripidou，2008；Olympiou & Zacharia，2012；Zacharia & Michael，2016；王辞晓，李贺，尚俊杰，2017）。PM 的优势有：提供真实的操作体验和实验经验，感知和体验物体的特质，培养使用特定材料和设备的动作技能（Olympiou & Zacharia，2012；Pouw，van Gog，& Paas，2014；Olympiou & Zacharia，2018）。此外，从认知负荷理论来看，VM 对 PM 的模拟程度会对学习效果产生影响（Gibbons，Mcconkie，Seo et al.，2009）。例如，低保真模拟的 VM 会减少一些无关的细节信息，从而降低学习者的认知负荷，而高保真模拟的 VM 则会增加无关认知负荷（Olympiou & Zacharia，2012）。

（二）虚拟教具与实体教具的混合应用

学者们混合应用 VM 和 PM 进行了大量的研究（Ha & Fang，2017；Kapici，Akcay，& de Jong，2019；Olympiou & Zacharia，2012；Olympiou & Zacharia，2018；Zacharia，Olympiou，& Papaevripidou，2008；Zacharia & Olympiou，2011；Zacharia & Michael，2016）。一些研究者开展了关于 VM 和 PM 的使用顺序的探索。例如，在扎卡赖亚等人（Zacharia, Olympiou, & Papaevripidou, 2008)的对照实验中, 实验组先使用 PM 再使用 VM, 对照组仅使用 PM。该研究发现, 实验组在概念理解上显著优于对照组。相关研究也证明, 先使用 PM 再使用 VM 的教学效果被证实优于仅使用 PM 的组别 (Olympiou & Zacharia, 2012; Olympiou & Zacharia, 2018; Zacharia & Michael, 2016)。也有研究探索了先使用 VM 再使用 PM 的设置, 例如, 研究者 (Wang & Tseng, 2018)对208 名三年级小学生进行了以 "水的变化之蒸气" 为主题的教育实验。该研究共设置三个组别, 分别是 VM 组、PM 组、VM-PM 组。研究发现, 在知识获取层面, VM-PM 组和 VM 组的效果均显著优于 PM 组, 且 VM-PM 组与 VM 组取得了同样好的效果; 在概念理解层面, VM-PM 组比 VM 组或 PM 组有更好的学习效果。

卡皮齐等人 (Kapici, Akcay, & de Jong, 2019)则设计了更为复杂的 VM 与 PM 的混合应用形式。该研究根据科学课程大纲, 将电路知识分为三个部分, 对来自 4 个班级的 143 名七年级学生进行了准实验研究。4 个班级的教具使用顺序分别为: HHH、VVV、VHV 和 HVH, 其中 H 代表 "hands-on", 即 PM, V 代表 "virtual", 即 VM, 字母的顺序代表在三个电路实验中, 4 个班级使用的教具类型。研究发现, VM 与 PM 的混合应用形式 (例如, VHV 和 HVH)均能够取得比单独使用 VM 或 PM 形式更好的学习效果, 但该研究中的这两种混合顺序并无显著性差异。此外, 还有研究对同时使用 VM 和 PM 进行了探索。例如, 有研究者 (Ha & Fang, 2017)以 "空间可视化技能中的心理旋转" 为学习内容设计了整合 VM 和 PM 的组合型教具 VPM。在 VPM 系统中, PM 中置入了传感器, 当学生转动 PM 时, 电脑屏幕会对应显示相应空间角度的 VM 及其各项空间数值。该研究对 63 名八年级学生进行了单组前、后测试验, 每 2~3 人为一组, 结果发现 VPM 能够有效提高学生的心理旋转技能, 并且态度问卷和访谈都显示学生更喜欢 VM 与 PM 的组合形式。此外, 奥林匹奥和扎卡赖亚 (Olympiou & Zacharia, 2012)根据实体教具与虚拟教具的功能, 还提出了混合 PM 和 VM 的设计框架。

(三) 真实教学情境下的选择与设计

前面提到的一系列研究大多发生在实验情境下。在真实的教学情境下，考虑到时间和资源成本的因素，教师通常会在虚拟教具和实体教具之间进行权衡（Cáceres，Nussbaum，Marroquin et al.，2018），而较少会选择虚拟教具和实体教具组合的形式。那么在虚拟教具以及可供其运行的硬件设备可用的情况下，虚拟教具的优势如何体现呢？实体教具能够提供触觉信息，根据具身认知理论，这种信息有助于概念知识的发展（de Jong，Linn，& Zacharia，2013，p. 305）。但物理操作仅对学前儿童有积极作用，尤其是对质量概念有曲解的，或者之前没有经验的儿童，即感觉运动信息对儿童的概念理解有更强的促进作用（Pouw，van Gog，& Paas，2014）。此外，实体教具只有在视觉模态的信息无法轻易起作用时，才有优势。例如，研究者让学生感知体积相同密度不同的物体在重量上的差别（Pouw，van Gog，& Paas，2014）。可见，在多数情况下实体教具是可以被虚拟教具所替代的。

从具身认知的角度来看，教具的意义在于"感觉运动信息能够使知觉符号在任务情境中工作"，因而虚拟教具和实体教具的区别并不大（Pouw，van Gog，& Paas，2014）。对于学生来说，虚拟教具提供了可交互的、参与式的、即时性的反馈，不仅使学生能够快速地进行实验，还让学生从教师那里获得更多的独立性，自定步调进行实验操作（Bouck & Flanagan，2009）。相比于实体教具，学生在使用虚拟教具时会更少地出现无关操作，这是因为相比于非限制的情境，限制性交互能够更有效地解决问题（Stull，Barrett，& Hegarty，2013）。普维等人（Pouw，van Gog，& Paas，2014）指出，教具的物质性不是最重要的，而可操作性和意义性才使得其具有教学有效性。操作实物并不是学习特定技能的先决条件，操作屏幕上的对象与操作实物的效果一样好（Glenberg，Goldberg，& Zhu，2011）。此外，在想象中执行对物体的操作或观察他人进行操作也能够促进学习（van Gog & Rummel，2010；Koning & Tabbers，2011）。

普维等人（Pouw，van Gog，& Paas，2014）依据具身认知理论指出虚拟教具在设计上有两个重点：硬约束（hard constraints）和软约束（soft constraints）。硬约束指虚拟教具的特征决定的交互方式，软约束指这些特征在学习者可能的行动过程中如何提供可能性，即可供性。例如，相比于鼠标操作的虚拟教具，触摸屏能够使学习者保留一定程度的物理交互，有助于学生在数字化环境中获得知觉信息（Pouw，van Gog，& Paas，2014）。此外，先前经验也会使学习者与环境（人工制品）更好地互动（Martin & Schwartz，2005）。学生如果没有虚拟教具的先前使用经验，那么学习效果的正面促进作用将会受到影响（Kapici，Akcay & de Jong，2019）。因而，采用虚拟教具进行教学活动设计时，需要对可供运行的设备和学习者的先前经验等因素加以考虑。

三、关注过程：超越显著性差异

托尼·贝茨（2008，p.59）曾指出教育研究中统计学意义上的"显著性差异"似乎无法全面地揭示差异的原因，而教学过程的复杂性有助于解释为什么将特定的技术与学生的学习绩效联系到一起很困难。大部分关于虚拟教具和实体教具的研究仅停留在概念理解与知识技能获取层面（例如，Ha & Fang，2017；Kapici，Akcay，& de Jong，2019；Olympiou & Zacharia，2012；Wang & Tseng，2018；Zacharia，Olympiou，& Papaevripidou，2008；Zacharia & Michael，2016）。这些研究从学习效果层面证明了虚拟教具和实体教具的组合要显著好于单独使用虚拟教具或实体教具。虽然此类研究能够将显著性差异的结果归因于两者功能性的互补上（例如，Kapici，Akcay，& de Jong，2019；Olympiou & Zacharia，2012），但学生在探究过程中的具体交互行为却很少被关注。而将教具的可供性和学生在探究过程中的交互行为建立联系，是本研究所要关注的。

在少量关注学习过程的研究中，视频分析被用于虚拟教具与实体教具在合作探究中的效果研究。在一项研究（Wang & Tseng，2018）中，来自三个班级的 55 名六年级小学生被随机分配至三种实验设置中：PM组、VM组、PM & VM组。学生组成小组，使用 PM 或 VM 进行为期 3周、每周 80 分钟的探究学习。除了通过前、后测学习效果数据外，该研究从 3 个班级中随机选择一个小组进行视频录制。研究发现，PM & VM组在概念理解和电路搭建方面显著好于 PM 组和 VM 组，但该研究并没指出视频数据如何被用来支持这一研究发现。扎卡赖亚和迈克尔（Zacharia & Michael，2016）对视频中学生的对话和行为进行了开放式编码，通过分析发现，VM 是使 PM & VM 组具有显著优势的主要原因。扎卡赖亚和迈克尔（Zacharia & Michael，2016）指出，VM 为学生提供了更快的操作，使学生能够进行更多的尝试，进而高效地使用探究时间；VM 易观测的反馈也有助于学生的概念理解。而 PM 在 PM & VM 组中的作用仅仅表现为，为学生提供真实的操作体验，有助于学生进行实体电路的搭建；但 PM 所提供的这种真实经验，使得学生在实验过程中经历更多"混乱"，使学生不得不投入更多时间在过程问题处理上，分散了学生对概念理解的注意力（Zacharia & Michael，2016）。但该研究仅对录制视频中的部分对话及行为进行了编码，并且未给出编码表和相关的编码数据，视频分析仅为结论得出起到辅助证实的作用。

奥林匹奥和扎卡赖亚（Olympiou & Zacharia，2018）基于前人对科学探究过程的编码研究，根据实际视频数据，编制了名为"探究周期"（inquiry cycle）的编码表。该编码表包含 8 个类别：预测、实验搭建、直接观察、解释、检查点（checkpoints）的师生对话、教师干预后的师生对话、学生提问时的师生对话、不相关内容。奥林匹奥和扎卡赖亚（Olympiou & Zacharia，2018）以 15 名本科生为研究对象，以"色光的混合"为学习内容，将 3～4 名学生分为一组进行合作探究，共 4 个小组。实验组的两个组通过 PM & VM 的混合方式进行学习，对照组的两个组则通过 PM 进行学习。在合作探究的两周中，小组每周在固定的时间内开展一个半小时的面对面探究活动。基于编码表，该研究对每个学生的发言进行编码，并对各组学生的探究周期进行了探索（Olympiou & Zacharia，2018）。研究发现，在实验组中，学生与学生之间、学生与教师之间关于实验现象的讨论时间更长，使用实验工具和实验单的时间也长于对照组；实验组还能够借助 VM 先在实验单上列出多种实验设计的组合，再开展实验；实验组比对照组进行了更多轮的实验探究从而获得了更多可供分析的数据；实验组能够在 PM 和 VM 中随时切换，使得学生既能够从 PM 中获得真实体验，又能够通过 VM 进行精确的实验探究（Olympiou & Zacharia，2018）。可见，通过编码表对合作过程视频进行分析，能够较为清晰地描绘科学探究中的交互行为。但该研究仅对学生与教师的发言从类型和时长分布上进行了描述分析，对交互内容的关联分析还不够深入。这说明这一领域还有待发展更为细致的描绘合作过程中个体与人工制品、个体之间互动行为的编码表。

总的来说，该领域大部分研究是让学生以小组为单位进行学习的（例如，Olympiou & Zacharia，2012；Yuan，Lee，& Wang，2010；Wang & Tseng，2018），但是对教具使用过程中的小组交互与认知参与的关注较少，尤其是在不同供给关系下，虚拟教具的使用对交互过程的影响。少部分关注小组互动过程的研究，尚停留在对小组成员之间互动的频次或类型进行统计的层面上（Zacharia & Michael，2016；Olympiou & Zacharia，2018），并未探讨互动内容及行为间的关联，也尚未关注互动背后的社会文化因素和个体与群体认知的协调参与。教具能促进同伴的交互和共享知识的建构（Cáceres，Nussbaum，Marroquín et al.，2018），对此展开探讨还需要结合社会文化等认知发展因素对互动过程和认知协调进行分析。

第五节　移动供给：移动学习与合作探究

随着互联网的普及、信息技术的创新以及移动设备在学校环境中的应用，数字化学习的灵活性、便捷性不断提高，学习者能够使用自己的移动设备在校园内外进行随时随地的学习，一种新的使用虚拟教具的方式正在兴起（Min，Lin，& Tsai，2016；Moyer，Bolyard，& Spikell，2002）。移动学习（mobile learning）是一种基于移动设备的数字化学习方式，学习者可以利用移动设备进行随时随地的学习（Wang，Fang，& Miao，2018）。移动学习涉及借助交互技术进行跨情境对话的学习过程（Sharples，Taylor，& Vavoula，2007，p.224），是一种能够连接正式学习与非正式学习、个人空间与公共空间、自我与他人、内部资源和外部资源的有效学习方式（Looi，Seow，Zhang et al.，2010b）。本小节将从移动学习的研究现状及其与科学探究的相关研究出发，进一步聚焦于本研究所关注的人机比例、触控平板等主题。

一、移动学习的研究现状

研究者（Lee，2014，p.1）在《学习技术与身体：正式与非正式学习环境的整合与应用》一书中提到，无需鼠标的触屏和交互式界面在家庭、教室中越来越普及。相应地，关于移动学习的研究也受到研究者的重视和持续关注。例如，克朗普顿等人（Crompton，Burke，Gregory et al.，2016）对 49 项移动学习的应用研究进行了综述，并将移动学习的主要研究目标划分为三种：设计科学学习的移动系统、评估移动学习效果、调查移动学习情感体验。克朗普顿等人（Crompton，Burke，Gregory et al.，2016）还指出，案例研究、混合研究和准实验研究是移动学习领域最为常见的研究方法。通过对 1991—2017 年 901 篇移动学习文献进行文献计量研究，王辞晓和吴峰（2018）对移动学习研究进展进行了梳理：该领域对移动学习的概念认识形成了三种取向：平台扩展取向、认知工具取向和学习活动取向。由此形成了三类"螺旋式拓展"的研究主题：以移动学习的接受度及影响因素研究为主的"探索"、以移动学习系统设计与应用效果研究为主的"实践"、以移动学习模型及理论研究为主的"反思"。该研究还发现，近十年移动学习领域侧重点形成了从关注技术到关注教学效果和学习体验的演进过程，而研究热点则包括新技术应用、认知过程评估和教学策略设计三个主题聚类。

　　为探究影响移动学习成功的关键因素，阿拉希迪和卡普雷茨（Al-rasheedi & Capretz，2015）从技术、管理支持、教学法、学习方法 4 个维度对前人的研究进行梳理。研究发现，学生能够感知到移动应用的有用性，是移动学习成功的主要关键因素。还有研究者（Sung，Chang & Liu，2016）对 1999—2013 年 110 篇移动学习领域的教育实验与准实验进行了元分析。研究发现，相比于中学生及以上学段，小学及幼儿阶段的移动学习应用效果更好（效应值为 0.636），而采用探究性学习方法在众多教学方法中的正向促进作用最强（效应值为 0.844）。王辞晓、董倩和吴峰（2018）对近十年 52 篇移动学习教育实验和准实验的元分析研究则发现，移动学习对小学阶段和大学阶段的学习成效具有显著的正向促进作用；对英语、理工、科学、医学学科具有显著的正向促进作用；对自主学习、任务驱动、探究学习、合作学习、混合方法具有显著的正向促进作用，而测试/评估则对学习成效有一定的负向作用。

　　针对 PK-12 教育领域的移动设备应用研究，克朗普顿等人（Crompton，Burke，& Gregory，2017）对 113 项相关文献进行了系统性文献综述。研究发现科学是应用最为广泛的学科，对于 PK-12 阶段，小学阶段使用移动设备进行学习的比例更高；同时，近一半的研究是在正式学习环境下开展的（Crompton，Burke，& Gregory，2017）。此外，大约 63% 的研究主要关注学生，另外 37% 的研究则关注所设计的移动系统；40% 的研究采用行为主义方法来开展移动学习，其次是基于情境学习（26%）、建构主义（21%）和合作学习（13%）（Crompton，Burke，& Gregory，2017）。关于移动学习领域研究方法，克朗普顿等人（Crompton，Burke，& Gregory，2017）指出，大部分研究都采用了前、后测对照实验或准实验研究，问卷、访谈、观察、案例研究也是较多被采用的研究方法。此外，阿拉希迪和卡普雷茨（Alrasheedi & Capretz，2015）还指出大多数研究持续时间少于一个月，这对于产生深入影响来说还太短。冯晓英等人（2020）也指出在学习科学与设计领域中，研究人员与实践人员之间开展长期合作来关注真实情境中的教育问题是新的发展趋势。

二、移动学习与科学探究

在科学教育领域中，研究者进一步对基于移动设备的科学探究进行了探索。例如，福基德等人（Fokides & Mastrokoukou，2018）对 75 名六年级小学生的科学探究活动进行了准实验研究，学生被随机分入三个组，分别进行传统教学、建构主义教学和基于移动设备的教学。学生每两人为一组，其中基于移动设备的小组每组一台平板电脑。研究发现，相比于传统教学和建构主义教学，使用平板电脑的小组在学习成效和动机态度等方面均有更好的表现。

苏亚雷斯等人（Suárez，Specht，Prinsen et al.，2018）对 62 项采用移动设备进行探究学习的研究进行了综述。研究发现，基于移动设备的探究学习活动共有 5 个类型及其子类型：①直接教学（位置指导、过程指导、元认知指导）；②资源获取（静态资源和动态资源的获取）；③数据收集（合作式数据收集、协作式数据收集）；④同伴交互（异步社会化交流、同步社会化交流）；⑤情境支持（增强式体验、沉浸式体验、适应性反馈）。该研究还列举了在这 12 个子活动类型中移动设备所提供的技术功能，如共同数据收集、通过网络获取虚拟教具、步骤指导。此外，苏亚雷斯等人还建立了学习者代理的分析框架，来分析在各个活动类型下，学习者的自主性和代理等级，该分析框架包含 6 个维度，分别是目标、内容、行为、策略、反思和监控，即学生在这 6 个维度上是否具有自主性。苏亚雷斯等人指出该分析框架有助于从学习者自主性的角度来帮助实践者设计基于移动设备的探究学习活动，从而在支架和代理之间找到最优平衡（optimally balance learners' scaffolding and agency）。

总的来说，在移动学习的相关研究综述中可以发现，移动学习被广泛地应用于科学学科的教学中（Crompton，Burke，& Gregory，2017），且在众多教学方法中，对探究学习的正向促进作用最强（Sung，Chang，& Liu，2016）。相关的元分析也表明移动学习对科学学科的学习成效具有显著正向促进作用，且对探究学习具有较强的正向促进作用（王辞晓，董倩，吴峰，2018）。此外，研究者还发现大多数使用移动设备进行科学探究的研究都发生在小学阶段，并且大都得出积极的研究结论（Crompton，Burke，Gregory et al.，2016）。由此可见，基于移动设备开展探究学习被广泛地应用于小学阶段的科学教育，且具有一定的教育实践意义。

三、移动技术与小组合作

虚拟教具支持下的科学探究活动通常是以小组合作的形式进行的（例如，Olympiou & Zacharia，2012；Yuan，Lee，& Wang，2010；Wang & Tseng，2018），同时，合作学习对移动学习成效具有显著的正向促进作用（王辞晓，董倩，吴峰，2018）。相关研究发现，基于移动应用的合作学习能够显著提高学习者的创新能力（Chang，Chien，Yu et al.，2016）。无论是传统的面对面学习还是基于网络的学习，将移动性整合至合作学习中都能够起到促进作用（Kukulska-Hulme & Traxler，2007）。下文将分别梳理移动技术调节的小组合作、移动学习的人机比例问题以及触控平板支持的合作学习的相关研究。

（一）移动技术调节的合作

相比于传统教学，移动技术能够支持交流、合作、共享等动态灵活的学习活动（Khaddage，Müller，& Flintoff，2016）。泰勒等人（Taylor，

Sharples，Malley et al.，2006）在恩格斯特伦（Engeström）于 1987 年提出的扩展式活动系统基础上，提出了移动学习者任务模型，将移动学习置于技术与情境交互的活动中，并指出移动学习的"移动"是指人是移动的，而不是指设备是移动的。活动理论认为学习活动是一个文化历史活动系统，学习过程受到工具在限制和支持两个层面的调节（Liaw，Hatala，& Huang，2010）。利奥等人（Liaw，Hatala，& Huang，2010）认为基于活动理论的移动学习，受到工具在符号层和技术层的调节：符号层将学习描述为一种符号系统，学习者以目标为导向的行动受到工具和符号的调节，学习者将文本、对话中的信息嵌入自身思想中，并为活动的控制和发展提供资源；技术层将技术视为学习过程中的交互代理，在这一过程中通过人机交互系统来调节学习者的回忆和反思。合作学习的要点是建立共识，使尚未共享的信息实现共享（Suthers，2006）。可见，移动技术调节的合作学习更应重视技术与学习活动设计的紧密配合，以达到更好的学习效果和体验。

有研究者（Fu & Hwang，2018）对 90 项移动设备支持的合作学习研究进行了系统性文献综述。该研究发现，移动设备能够影响学生在合作学习中的态度感知、学习成效和交互行为。对于学习成效，相关研究更多地关注认知层面而不是技能层面。并且，多数研究者发现学习效果的提升很大程度上归因于移动设备所具有的即时学习可供性（just-in-time learning affordances）。该研究还指出，移动学习的合作通常基于三种分组形式：正式小组、非正式小组、长期合作小组（base group）（Johnson & Johnson，1999）。正式小组强调知识的共同理解，而非正式小组则强调个体层面的知识理解，移动技术支持的长期合作小组更倾向于在真实的生活情境中学习（Fu & Hwang，2018）。此外，该研究还发现，移动学习领域缺乏采用长期合作小组的研究，即缺乏对学生长期合作学习的探索，而这样的探究有助于从学生合作学习的意愿、习惯、对他人的尊重、对学习的责任感等方面提升学生作为公民的合作技能和责任感（Fu & Hwang，2018）。关于移动学习的小组规模，很多研究者认为以 4 人为一组是最理想的，但也有研究证实以 2～3 人为一组的学习效果更好（Fu & Hwang，2018）。此外，在移动设备支持的协作学习领域，很多研究者也探索了 5 人及以上的小组规模设计。研究者（Fu & Hwang，2018）还指出，需要发展有效的学习策略来促进移动技术支持的合作学习；同时，也应关注学生在合作中的社交协商（social negotiation）技能和高阶思维能力。

（二）移动学习的人机比例

"1∶1 数字化学习环境"由诺里斯和索洛韦（Norris & Soloway）于 2002 年提出，指的是向每个学生提供一台电子设备进行学习（转引自 Lin，Wong，& Shao，2012）。研究者（Wong & Looi，2011）对 1∶1 移动学习环境相关文献进行梳理，总结出移动应用能够从以下几个方面促进无缝学习（seamless learning）：①连接正式学习和非正式学习；②连接个人化学习和社会化学习；③跨越时间与空间限制；④获取泛在知识（ubiquitous knowledge）；⑤连接物理世界和数字化世界；⑥多种设备类型可组合使用；⑦在多任务之间无缝切换；⑧促进知识综合（synthesis）；⑨整合多种教学法和教学活动。在真实课堂中，有研究者（Looi，Zhang，Chen et al.，2011）借助 1∶1 移动学习环境来关注学生的面对面交流，研究发现，学生在科学探究活动中会主动结对来完成任务，学生通过移动设备获取信息，用来解决认知冲突，进而共同做出决策。该研究还认为，1∶1 环境下学生具有对移动设备的所有权（ownership）的感知，这能够促使他们对学习过程更为负责（Looi，Zhang，Chen et al.，2011）。还有研究者（Reychav & Wu，2015）设计了基于平板的地理学科移动学习系统，来探究视频和文本学习材料对初中生合作学习的影响。在该研究中，学生在教室中分组而坐，每个成员持有一个平板电脑，通过面对面互动进行合作学习。该研究表明，除了学习材料类型会影响合作成效外，在面对面课堂中使用移动设备进行合作学习，不仅能够充分利用移动技术提供的学习资源，还能保留面对面互动过程中小组成员的人际互动的优势（Reychav & Wu，2015）。

在移动学习领域，除了对 1∶1 学习环境应用效果的探索（例如，Dunleavy，Dexter，& Heinecke，2007；Reychav & Wu，2015）之外，学者们也对其他形式的人机比例进行了思考（例如，Looi，Ogata，& Wong，2010a；Fokides & Mastrokoukou，2018）。例如，有研究者

(Lin，Wong，& Shao，2012）探索了在不同移动设备供给环境下，小组在课堂中合作绘制概念图的学习成效和交互模式。该研究设计了移动学习的1：1环境（每个学生使用一台移动设备）和1：m环境（多个学生共用一台设备），以64名六年级小学生为研究对象进行了教育实验。1：1环境和1：m环境各有8个小组，每组4人通过平板电脑的合作绘图应用（group scribbles）共同绘制某一主题的概念图。在1：1环境中，小组成员在面对面交流的同时，分别使用平板电脑在绘图应用的云端小组面板上进行概念节点的增加；在1：m环境中，小组内部指派一名成员使用平板电脑进行概念图的绘制，其他小组成员通过口头表达进行观点贡献。研究者（Lin，Wong，& Shao，2012）发现：在1：1环境下，学生表现出了更和谐的小组参与，这促进了小组成员间的沟通和交互；在1：m环境下，小组的充分讨论使得他们绘制出了质量更高的概念图，但相比于1：1环境，学生对平板电脑及合作学习的态度却不够积极。此外，研究者（Lin，Wong，& Shao，2012）通过对前人研究中小组交互模式的探索，归纳出5种合作交互模式：理想型（ideal）、主导型（leader）、小团体型（tete-a-tete）、碎片型（fragmented）、无参与型（no participation）。通过视频分析，研究者根据小组成员间是否存在互动，对小组交互模式进行了探讨。研究发现，在1：1环境下，有更多的小组呈现了理想型交互模式，而在1：m环境下，有更多的碎片型交互。1：m环境下小组的交互不如1：1环境的好，有一些学生是被孤立的，而通常这部分学生是学习能力偏差的（Lin，Wong，& Shao，2012）。这一研究发现表明，在组长主导的情况下，更好的概念图产出，并不代表着小组合作的成果。需要指出的是，研究者（Lin，Wong，& Shao，2012）仅从视频中观察小组成员之间是否存在互动，没有指出成员间在任务分工上的差异，也并未对互动的具体内容和质量进行分析，例如，该研究未能结合互动内容对"理想型小组的学习成效并不理想"这一结果做出解释。

（三）触控平板支持的合作学习

科恩（Cohen，1994）曾指出，可操控对象会影响小组的合作学习效果。平板电脑通常具有触屏功能，触屏交互（tangible interaction）涉及手势操作、触觉反馈以及数据的可视化表征（Higgins，Mercier，Burd et al.，2011）。在可视化表征足够充分的情况下，多点触控屏幕能够减少个体向小组表达思维和推理过程的需要（Higgins，Mercier，Burd et al.，2011）。触摸屏允许学生通过在桌周移动来更多地参与活动，共享的物理实体和工作界面能够促进组内面对面地交互（Antle，2014，pp. 55-56）。触控平板作为人工制品的出现，为共享事务空间（shared transaction space）提供了对话的"参考锚点"（referential anchor），使得学生能够依据人工制品借由言语或手势信息通道来进行交互（Antle，2014，p. 65）。进入点（entry points）指学习者借助平板切入小组交互过程中的节点（Antle，2014，p. 63）。

此外，可触控工具的物质性，促进了个人所有权和工具使用的宣告（individual ownership and announcement of tool use）（Antle，2014，p. 61）。在合作过程中，对资源的所有权的意识，会使学生产生侵略行为。例如，把持平板电脑并靠近自己的身体（Antle，2014，p. 66）。这类行为更多地发生在资源有限的情况下，如何帮助学生在合作中更好地进行交互还有待关注。例如，话轮转换协议（turn-taking protocols）的社会规范为讨论和协商提供了可能（Antle，2014，p. 67），而协议的达成与更迭则需要小组成员的协调参与。基于此，安特尔（Antle，2014，pp. 55-56）指出了设计基于平板的合作学习活动的五个要点：动机、共享焦点、共享注意力、元认知过程、积极的互赖关系。

迪伦伯格和埃文斯（Dillenbourg & Evans，2011）总结了基于触控平板开展合作学习的四个关注维度。第一，学习者和平板的交互，包括学习者对平板的手势触控、虚拟物体对学习的作用、问题解决状态的重现、反馈方式、反馈时机、反思引导、遮挡效应、标签易读性、物体的存在范围、输入输出耦合、空间舒适性。第二，社会化交互，包括多学习者、互赖关系、共享工作空间、他人可见的手势、注意力分配、小组工作记忆、领土意识、角色。第三，教室氛围，包括流程整合、视野范围、光线设置、他组干扰、通用配置、网络连接、诊断评估、设备生态。第四，社会文化情境，包括正式与非正式，学习、工作、娱乐，文化、知识领域和学科。迪伦伯格和埃文斯（Dillenbourg & Evans，2011）还指出触控平板能够从以下四个方面促进合作学习：空间共享、多用户操作、上手活动、多模态交流。其中，多模态交流包括语言、手势、注视、姿势、动作等，能够为教学者和研究者提供丰富的过程性学习信息。

越来越多的实践者将整合平板电脑于教学中，前面提到的关于虚拟教具的科学探究实验，一部分就与基于触控平板电脑展开的合作学习相关（如 Ibáñez，Di Serio，Villarán et al.，2014）。平板电脑的交互性、便携性使其能够较为灵活地应用在我国学科教学中，未来课堂实践将更多地基于平板电脑开展自主、协作、探究的学习活动（武法提，牟智佳，2014；李玉顺，史鹏越，杨莹等，2015；贾积有，2019）。米莱等人（Mulet，van de Leemput，& Amadieu，2019）对 43 项在中小学中使用平板电脑的研究进行了综述。关于平板电脑的优缺点，米莱等人（Mulet，van de Leemput，& Amadieu，2019）在综述中指出：平板电脑具有快速获取学习资源和信息、增加趣味性、提高学生学习兴趣、促进学习和理解、个性化、增强交流等优点；另外一些研究表明平板电脑具有分散注意力、影响交流和互动、缺少组织良好的学习活动等缺点。此外，该研究还发现，基于技术接受度模型（如 TAM、UTAUT 等），一些实证研究对学生使用平板电脑的态度感知进行了调查，并指出未来研究应从感知和学习之间的关系入手；同时，质性研究和定量研究方法应结合在一起是该领域在方法上的研究趋势（Mulet，van de Leemput，& Amadieu，2019）。总的来说，将触控平板应用于合作探究时，不仅要关注学习成效，还要关注学习者的感知体验，且需要通过互动过程分析来揭示小组成员在行为与认知层面的协调参与。

第六节　群体认知：外部脚本与内部协调

我们与技术的交互发生在感觉运动参与的日常生活情境中，根据任务的需求，我们的注意力不断地从技术切换到更广泛的世界中（Shapiro，2014，p.327）。技术的文化符号和物质特性，与可供性的产生有关，也与可供性对小组工作的作用有关（Vyas，Chisalita，& Veer，2006）。迈克尔·穆尔和格雷格·基尔斯利（2008，p.239）曾指出，比起小组间的不同，研究者更应该关注小组内的不同。在合作学习中，技术的供给对小组内部的认知过程与协调方式会产生持续影响。技术的可供性影响着学习者的认知负荷，具身学习环境中的认知负荷也受到研究者的关注（Skulmowski & Rey，2017）。在合作学习中，技术影响着小组成员的认知负荷以及与他人的互动协调。本小节将对合作学习中的群体认知相关的理论研究进行梳理，引出"外部脚本"这一教学技术，并从具身视角出发梳理关注互动过程的相关研究及改进空间。

一、群体认知与认知负荷

（一）群体认知

群体认知（group cognition）可以被界定为认知任务的合作表现（collaborative performance of cognitive tasks）。例如，记忆、问题解决、决策、语言创造力等，其功能在于促进小组成果的产出（Theiner，2014，p. 349）。小组决策的标准化过程有四个阶段：导向、讨论、决策、执行（Theiner，2014，p. 350）。可分解的任务拥有易于识别和分配的子部分（Theiner，2014，p. 348），子任务的推进则有赖于小组成员相互配合。合作学习能够将多种观点汇集起来，供小组成员辩论、协商、综合、提炼（Stahl，2014，p. 339）。合作涉及基于感兴趣对象的共享世界（Stahl，2014，p. 344）。共享的社交世界是不断地通过小组交互来建构的，在这一过程中为了相互理解，小组成员需要共享关于对象和话语语境的认识（Stahl，2014，p. 345）。

合作中的高阶认知过程包括：阐释内容、解释性观点和概念、提出引发思考的问题、争论（argumentation）、调节认知差异（reconciling cognitive discrepancies）、认知建模（modeling of cognition）。元认知过程包括监控、调节、评估合作学习，相应的活动能够引发学生个体内的元认知过程，来调节小组的共同学习（King，2007）。停下来反思对于合作非常重要，反思和行动是相交织的；学生在行动中应能够较大程度地进行反思，才能够注意到自己的行动并思考行动的结果（Antle，2014，p. 68）。社会认知过程（social cognitive processes）是小组共同的，由学生在进行共享知识建构过程中的共同活动（joint activity）引发（King，2007）。社会知识过程的产出（知识与意义的共同建构）最终会或多或少地被组员个体内化，合作的过程、技能、策略同样最终也内化于个体中（King，2007）。

在合作过程中，小组可以被视为分布式认知系统（Theiner，2014，p. 353）。集体信息处理（collective information-processing）有助于通过增加信息交换、处理全局信息，来提高组员的记忆；根据成员的知识和能力，进行任务分配，来编码、存储、修改和回忆任务相关的信息，小组能够建立起比个体记忆系统更强大的交互记忆系统（transactive memory systems，TMSs）（Theiner，2014，p. 350）。TMSs 的形成受到两个基本过程的驱动：一个是认知互赖（cognitive interdependence），其作用是使个体的贡献取决于其他人的贡献；另一个是汇聚期望（convergent expectations），指每个组员都希望取得积极的小组成果（Theiner，2014，p. 351）。杰克逊（Johnson & Johnson，1987）也指出积极的互赖关系、促进性互动、个体职责、合作技巧、合作反思是合作学习的基本要素。

（二）群体认知负荷

认知负荷（cognitive load）是特定时间内施加于个体认知系统的心理活动总量（Sweller，Merriënboer，& Paas，1998）。认知负荷理论能够解释和预测教学方法与材料对学习者工作记忆的需求（Sweller，Merriënboer & Paas，1998；van Merriënboer & Sweller，2005）。帕斯和梅里安博埃尔（Paas & van Merriënboer，1994）将认知负荷分为评价因素（assessment factors）和因果因素（causal factors）。其中，评价因素包含心理负荷（mental load）、心理努力（mental effort）和行为表现（performance）。因果因素包括任务、学习者、任务和学习者的交互。舒瓦等人（Choi，van Merriënboer，& Paas，2014）对认知负荷结构模型进行了调整，将环境引入模型中，以凸显环境对认知负荷的重要影响（见图 2-5）。前面提到的个体行动约束下的协调模式（Newell，1996；Abrahamson & Sánchez-García，2016），也指出了环境和任务对学习过程的影响。

在认知负荷结构的调整模型中，心理负荷主要来源于环境和任务特征，由任务难度和要求来决定，与信息交互的数量和程度相关，体现的是学习任务与学习者之间的交互作用（Chu，Hwang，Tsai et al.，2010；van Gog，Kester，& Paas，2011）。心理努力，是学习者主动付出的认知努力，是学习者为了完成活动需要的认知资源（cognitive capacity）。心理努力与学习材料的呈现方式和教学策略有关，会影响学习者的行为表现（Paas & van Merriënboer，1994）：一方面，不恰当的教学设计会引起过高的心理努力，影响学习者的表现；另一方面，学习者通过投入适当的心理努力，也会在学习活动中取得好的学习效果。为了更好地取得学习效果，教学设计应适当地提高学习者与学习环境的交互复杂程度，以使学生获得更高水平的认知处理和信息理解，但通常这也需要学习者投入更多的心理努力（Wang，Fang，& Gu，2020）。

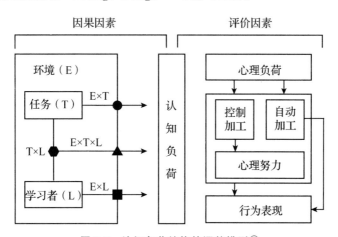

图 2-5　认知负荷结构的调整模型①

前人研究探索了学习材料对心理负荷和心理努力的作用，以及行为表现（performance）和认知负荷的复杂关系。一些研究发现，高水平的心理负荷和心理努力会带来较差的行为表现（例如，Lin & Lin，2016；Shadiev，Hwang，Huang et al.，2015；Chu，Hwang，Tsai et al.，2010）。一些研究则发现，高水平的心理负荷和心理努力会带来较好的行为表现（例如，Wang，Fang，& Miao，2018；Kirschner，Paas，& Kirschner，2009a；Sung，Hwang，Liu et al.，2014）。另一些研究则发现，心理负荷心理努力对小组间的学习行为表现并无显著影响（例如，Chang，Shih，& Chang，2017）。因此，学习材料的设计不应简单地从认

① 改编自 Choi，van Merriënboer，& Paas，2014。

知负荷来考量，还要看在不同设计情境下，学习者行为的具体表现。此外，尽管学者们对学习材料设计与认知负荷进行了大量探索，但对技术供给下合作学习的认知负荷却少有研究关注（Wang，Fang，& Gu，2020）。

此外，自我效能，即个体对自身能力的感知，会通过影响对绩效目标的坚定程度而影响心理努力的投入程度（Salomon，1984）。如果个体自我效能感低，会在学习过程中引发焦虑情绪，从而增加对任务无关信息的加工。有研究者（Yoshida，2002）认为自我效能与心理努力呈线性关系，即学习者对某一绩效目标的自我效能越高，则会投入越多的心理努力。克拉克（Clark，1999）认为自我效能感与心理努力呈现倒 U 形关系，低自我效能感的个体会因对失败的预期而尽量逃避任务，当面对一个超出工作记忆容量的任务时，会自动调节其绩效目标，从而减少心理努力的投入，这一临界点被克拉克称为"效能阈值"（efficacy threshold）；过度自信也会因使用固有策略而引发错误（over confidence default），中等自我效能感的个体则相信如果不投入努力将不会成功，因此投入了最多的心理努力（Clark，1999）。研究表明，个体自我效能与群体效能，均会对合作过程产生影响（Gibson，Randel，& Earley，2000；Gegenfurtner，Veermans，& Vauras，2013）。

基尔希纳等人（Kirschner，Sweller，Kirschner et al.，2018）在《从认知负荷理论到群体认知负荷理论》（"From Cognitive Load Theory to Collaborative Cognitive Load Theory"）一文中强调了从认知负荷理论看待合作学习的重要性。集体工作记忆（collective working memory）涉及组内个体知识的交流与协调（coordinate）（Kirschner，Paas，& Kirschner，2011）。在合作学习中，各种交互元素分布于多个个体的工作记忆中，其他小组成员的工作记忆能够减轻个体的工作记忆负担，因而群体认知负荷的总和要低于个体认知负荷的总和（Kirschner，Paas，& Kirschner，2009b；Kirschner，Sweller，Kirschner et al.，2018）。基尔希纳等人（Kirschner，Sweller，Kirschner et al.，2018）指出，成功的合作学习需要小组内部通过协调进行合作交流，这一过程涉及小组的交互活动，如批判、挑战、综合等，这些交互活动均会影响群体认知负荷。此

外，为了完成合作任务，小组成员必须拥有一个共享的心理模型
（a shared mental model）或认知互赖的集体图式（a collective scheme of
cognitive independence），才能够有效地交流和协调行为，以进行群体知
识共享和合理的任务分配，进而充分地利用个体能力来提高参与质量
（Kirschner，Sweller，Kirschner et al.，2018）。基尔希纳等人（Kir-
schner，Sweller，Kirschner et al.，2018）在文中提出了群体认知负荷原
则（见表 2-1），从任务复杂度、任务指导与支持、领域专业知识、合作
技能、小组规模、组员角色、小组构成、先前任务经验、先前合作经验 9
个方面阐述了各因素对合作学习中认知负荷的影响。但基尔希纳等人
（Kirschner，Sweller，Kirschner et al.，2018）在文章中并未指出群体认
知负荷的测量方法，可见在应用群体认知负荷的相关原则时应结合具体
学习情境进行分析。

表 2-1　群体认知负荷原则①

原则	内容
任务复杂度 （task complexity）	当任务足够复杂时，才能够使学生将时间和精力投入到能够促进有效合作的必要的交互活动（transactional activities）中，否则非必要的交互活动会引起无关认知负荷，从而削弱学习效果。
任务指导与支持 （task guidance & support）	当学习者面对新的合作情境和环境时，为合作学习提供的指导和支持，能够降低交互活动引起的外在负荷。
领域专业知识 （domain expertise）	小组成员在任务领域的专业知识掌握得越多，事务性活动造成的外部负荷就越低。
合作技能 （collaboration skills）	小组成员合作技能的可用性能够降低交互活动带来的外部负荷。
小组规模 （team size）	小组中处于学习任务的成员越多，交互活动的数量就越多，进而交互活动带来的外在负荷也就越高。
组员角色 （team roles）	小组角色明确了分工和责任，从而降低了交互活动引起的外在负荷。

① 翻译自 Kirschner，Sweller，Kirschner et al.，2018。

续表

原则	内容
小组构成 （team composition）	小组成员在学习任务中的知识分布越异质，交互活动产生的外在负荷就越高。
先前任务经验 （prior task experience）	小组成员在任务上协调行动的经验（他们知道在任务执行方面的彼此期望）越多，交互活动造成的外在负荷就越低。
先前合作经验 （prior team experience）	小组成员在学习任务中相互合作的经验越多，交互活动产生的外在负荷就越低。

二、外部脚本与成员角色

（一）外部脚本

对技术支持下的小组合作进行的外部指导，也是技术供给的构成部分。在合作学习中，脚本（script）指导着小组的角色分配和活动序列（sequence）（Kollar, Fischer, & Hesse, 2006；King, 2007）。在计算机辅助的协作学习（computer-supported collaborative learning，CSCL）中脚本是首要的学习支架（Vogel, Wecker, Kollar et al., 2017；Tchounikine, 2019）。在宏观层面上，脚本说明了"谁与谁合作""合作任务是什么"的问题；在微观层面上，脚本则说明了特定任务中的合作过程和行动方式（Fischer, Kollar, Haake et al., 2007）。在脚本的作用下，组员间通过协调具有互赖关系的努力（interdependent effort）来完成合作任务（King, 2007）。

脚本被认为能够促进合作过程以及合作过程所带来的个体学习（Fischer, Kollar, Haake et al., 2007）。斯特格曼等人（Stegmann, Kollar, Weinberger et al., 2016）指出小组能够借助脚本提升沉浸性合作技巧。也有研究通过教育实验证明了在 CSCL 中，应用脚本能够显著提高学生的逻辑思维能力（Ramirez & Monterola, 2019）。沃格尔等人（Vogel, Wecker, Kollar et al., 2017）对 24 项合作学习的脚本研究进行元分析发现，脚本对领域知识的习得具有较小的影响（Cohen's $d = 0.20$），对合作技能则有较大的促进作用（Cohen's $d = 0.95$）。拉迪科夫维奇等人对 53 项关注脚本的实证研究进行了元分析（Radkowitsch, Vogel, & Fischer,

2020)，研究发现脚本对领域学习的正向影响较小（Hedges' $g = 0.24$），但对合作技能有中等程度的正向影响（Hedges' $g = 0.72$）。

脚本可分为内部脚本和外部脚本。内部脚本（internal script）是小组内部在长期合作中发展而来的，包含角色和合作方式等内容，与组员的技能和合作经验相关，影响着小组的交互模式（interaction patterns）（Dillenbourg & Jermann，2007）。外部脚本（external script）是从外部对合作学习进行结构化或为其提供支架，以促进能够提升学习效果的小组交互，通常由教师或其他教学促进者设计并提供给学生（King，2007）。迪伦伯格和杰曼（Dillenbourg & Jermann，2007）将外部脚本按照强制性程度分为五个等级，由低到高分别为：引导脚本（induced scripts）、指示脚本（instructed scripts）、训练脚本（trained scripts）、提示脚本（prompted scripts）、跟随脚本（follow-me scripts）。其中，引导脚本向学生含蓄地传递了教学设计所期望的学生问题解决和交流方式；指示脚本，则由教师通过口头或书面的形式向学生传递明确的期望，但这种脚本也有可能被学生误解、遗忘或忽略；训练脚本，指学生在开展真实学习活动前，先进行关于该脚本的合作训练；提示脚本，指提示学生承担角色，如"分析者""批判者"等；跟随脚本，则指学生必须按照脚本的细节进行交互，是强制程度最高的外在脚本。

外部脚本会影响学习者认知资源的分配。如果学生没有将认知资源合理地分配在学习任务上，那么学习效果将会被削弱（Sweller，Merriënboer，& Paas，1998）。在不同技术供给情境下，外部脚本如何以及在何种程度上能够促进合作学习还有待探究。一方面，前人的研究认为，学生能够通过脚本将注意力分配在能够促进合作的交互上，即将交互管理（interaction management）部分地卸载给脚本，从而减轻认知负荷（King，2007）；另一方面，外部脚本在学习过程中可能增加学习者的认知负荷，因为学习者既需要理解、记忆和执行外部脚本，又需要处理合作任务，过度的脚本支持（over scripting）会为合作带来负面影响（Dillenbourg & Jermann，2007）。也有研究指出不同学习能力的学习者需要不同程度的外部脚本。例如，高能力学习者更受益于低限制的外部脚本，而低能力学习者则需要更多指导和限制的外部脚本（Mende，

Proske，Körndle et al.，2017）。

此外，外部脚本可能逐渐被个体的自我协调所替代（Fischer，Kollar，Haake et al.，2007）。个体所掌握的内部脚本包括活动过程的相关知识和对合作情境的理解，如什么时候行动、负责什么工作等（Kollar，Fischer，& Slotta，2005）。外部脚本被记忆或内化后，相似的情境会激活之前的外部脚本，能够指导小组中的个体如何在新情境中行动（King，2007）。有研究者指出，小组的先前知识和合作经验会影响他们对外部脚本的应用（Wang，Kollar，& Stegmann，2017）。沃格尔等人（Vogel，Wecker，Kollar et al.，2017）也指出未来研究应更多地关注小组内部脚本，即先前经验对合作过程的影响，尤其是具体的行为转换活动。总之，小组的内部脚本与外部脚本之间的张力、先前经验对新情境的作用，均能够体现出不同技术供给下合作学习的研究空间。

（二）成员角色

在小组合作过程中，成员间会出现不同类型的角色，角色是 CSCL 领域的重要关注内容之一（Pozzi，2011；Cesareni，Cacciamani，& Fujita，2016）。这一特定领域包含了合作脚本的技术干预，因而小组成员的角色通常会分为两种类型。一种是小组的内部脚本，即在某一短期合作活动中成员间自发形成的角色，或者由小组长期合作经验而延续的角色；另一种则是由于外部脚本的介入而出现的功能型角色（Strijbos & Weinberger，2010）。前者更多地关注小组的主体结构和学习活动的调节，因而会涉及小组所呈现的不同行动导向、在小组合作中的任务偏好、小组社会文化等内容。后者则强调外部干预所涉及的小组角色对促进小组互动、提升合作效果的影响。

关于成员角色类型，前人研究进行了划分与解释。合作学习领域著名学者大卫·约翰逊和罗杰·约翰逊（Johnson & Johnson，2004，pp.28-29）在《合作学习》一书中将成员角色分为形成型、功能型、总结型和促进型四种类型，并将同种角色按照表现程度划分为三个等级（见表 2-2）。约翰逊兄弟的角色划分更适用于传统课堂的面对面合作学习，部分角色表现等级也能够用于评估该学生的合作表现和合作技能。

表 2-2 合作学习的角色与等级①

类型	角色	初级的	中间的	中级的
形成型	次序监督员	你先，再到我	轮流	顺序表现
功能型	记录员	抄录者	记录员	书记员
	参与的鼓励者	说好话	给予正面的评论	赞扬
	澄清员、解释员	现在你来说	用你自己的话来说	解释
	寻求意见统一者	每个人都同意	意见统一	达成一致
总结型	总结员	放在一起	联合	总结
	创造者	给另一个答案	给另一些答案	产生其他可供选择的答案
促进型	要求理由者	问为什么	询问原因	要求给出理由
	原理给予者	说为什么	给出事实和道理	进行解释

约翰逊兄弟的角色类型主要是从小组功能运行的角度来划分的，缺少对成员个性化特征的表述。迪朗和阿曼迪（Durán & Amandi，2011）指出在合作中可能会有以下几种角色：组长（leader）、跟随者（follower）、谏言型（outspoken）、畏缩型（shy）、反思者（reflector）、行动者（actor）。贝林（Belin，1997）划分小组角色类型则更为丰富，共包括 9 种（见表 2-3）：塑造者（shaper）、执行者（implementer）、包揽者（completer/finisher）、协调员（coordinator）、资源调查员（resource investigator）、合作者（team worker）、活力型（plant）、监督员（monitor/evaluator）、专家型（specialist）。贝林（Belin，1997）的角色较为全面地描述了一个团队可能出现的角色个性化特征，这种划分更适用于解释基于复杂问题或开放性项目的团队协作。随着信息技术在教学中的应用发展，技术支持的在线、混合式协作学习情境下的角色也受到研究者的关注。例如，德韦弗（De Wever，Van Keer，Schellens et al.，2010）将异步讨论中出现的角色分为发起者、总结者、主持人、理论家、资源搜索者五类。再如，切萨雷尼等人（Cesareni，Cacciamani，& Fujita，2016）将线上与线下混合式的知识建构活动中的角色分为了概念图制作者、整合者、质疑者、社交促进者。

①　翻译自 Johnson & Johnson，1987，2004。

表2-3 团队合作的角色与特征[①]

角色类型	优点	缺点
塑造者	富有活力、抗压能力强；具有克服困难的主动性和勇气	易于挑衅、冒犯他人
执行者	遵守纪律、忠诚、保守、有效率的；能够将想法转变为行动	有些顽固，在回应新的可能性时反应较慢
包揽者	谨慎的、急切的；工作认真；检查错误和遗漏之处	易于过度工作，不情愿将工作分配给他人
协调员	能够阐明所要达到的目标，并促进决策；能够较好地将任务分配给他人	让人感觉像是操控者
资源调查员	富有热情的、健谈的；乐于寻找新的机会和建立联系	过于乐观，对事物的热情容易消减
合作者	乐于合作的、温和的、思维敏捷、处事圆滑；善于倾听，尽量避免发生冲突	在关键情境下较难进行决策
活力型	有创造力、想象力；能够解决难题	太过关注信息交流的有效性，而容易忽视突发事件
监督员	严肃的、有洞察力、有策略；能够正确地感知选项和猜想	缺少主动性和鼓舞他人的能力
专家型	能够就某个领域为小组贡献专业知识	知识有限，容易使用过多专业术语

对小组成员的角色进行探讨，有助于形成对合作模式、小组社会文化等方面的理解。迪朗和阿曼迪（Durán & Amandi，2011）认为角色反映着小组成员的行动倾向，是反映小组合作模式的重要指标之一。有研究者（Lin，1999）认为在小组合作中，个体的行动频次能够用于反映网络节点的活跃程度，进而体现该成员的社会地位。辛普森等人（Simpson，Bannister，& Matthews，2017）指出在共享技术资源的协作学习中，围绕技术的交互能够反映出小组成员不同的社会化权力与地位。小

①　翻译自 Belin，1997。

组成员的角色互动构成了一个立体的、鲜活的小型社会网络，能够用来反映不同技术供给条件下小组是如何协调的，并有助于揭示技术作用下的组内社会文化现象。

三、小组合作的协调参与

(一) 具身视角的合作学习

克努兹·伊列雷斯（2017，p.26）指出所有学习都包含三个维度：内容、动机和互动。内容维度是关于我们学习的内容，包含知识、理解、技能，这一维度的学习发展了我们的能力；动机维度涉及学习过程中所需心智能量的运用，并将自己投入到这一运用中，以维持心智与身体的平衡，这一维度的学习发展了我们对于环境和自身的敏感性，包括动力、情绪、意志；互动维度是指个体与其所处社会性和物质性环境之间的互动，包括活动、对话和合作（克努兹·伊列雷斯，2017，p.27）。就互动而言，常识（common sense）来源于日常生活中的身体经验，这种经验使学习者之间享有共识（Marshall & Young，2006）。具身认知领域知名学者多尔·亚伯拉罕森在专访中指出，具身认知作为一种认知论、学习理论，与学习科学领域中计算机辅助的协作学习等密切相关（王辞晓，2019）。

在具身认知领域中，相比于人机交互、动作参与，合作学习的受关注程度还有待提高。在夏皮罗（Shapiro，2014）主编的《具身认知手册》中有两个章节（第 32 章 "The constitution of group cognition" 和第 33 章 "Varieties of group cognition"）对合作学习中的认知进行了论述，展现了从具身视角看待合作学习的发展潜力。首先，认知是具身化于（embodied）小组交互和社会化情境中的（Stahl，2014，p.336），尽管一些想法是由个人表达出来的，但这些想法是更复杂因素的成果。其次，人类高阶心智能力是在小组交互中获得的（Stahl，2014，p.335）。最后，关于知识的表征是混合的，不仅包括概念化的和非概念化的、行动导向的和再认知的，还包括个体的和集体的（Shapiro，2014，p.370）。斯塔尔（Stahl，2014，p.337）还指出，关于 CSCL 的研究能够揭示小组认知功能的发生和发展，也能够使人们了解随后要进行的个体的或内在的认知过程。结合对先前文献的梳理可以发现，具身交互在合作学习中如何体现，又以何种方式促进合作学习是该领域尚待研究的。

具身认知除了受到技术哲学、认知发展心理学等理论的影响外，还受到社会文化理论的启发（亚伯拉罕森专访内容，引自王辞晓，2019）。学习科学的研究热点也逐渐关注学习背后的文化动力（李树玲，吴筱萌，尚俊杰，2018）。有研究者（Prilleltensky，1990）曾指出认知心理学也需要考虑社会历史因素对人类思维方式的影响。文化嵌入性，作为一个关系的概念，反映的是对象或行动与环境间的对话关系，或者说互动的和双向建构的关系，它普遍存在于人类的各种行动中（曹继东，2013，pp. 83-84）。技术的文化嵌入性，则指文化对技术的影响和作用（曹继东，2013，p. 84）。人工制品塑造了我们与世界交互的方式、思考的方式，需要借助社会文化观念来理解人工制品这一过程性角色的重要性（王辞晓，2019）。文化对心智的作用还体现在社会、团体对认知和技能的影响（Prinz，2012）。社会、技术、文化使得群体认知有别于个体认知（Theiner，2014，p. 354）。例如，能力较强的小组成员通常会有较高的社会地位（social status），也更容易去提出信息或重复未被共享的信息（Theiner，2014，p. 352）。计算机支持的协作学习领域的代表性学者斯塔尔（Stahl，2000）曾指出学习是一个社会化的过程，是个体和社会化知识建构的有序循环。刘美凤、李璐、刘希等人（2017）也强调了人际交往领域教育目标对学生社会发展的重要意义，应受到教育教学实践的重视。综上所述，从具身认知理论来关注技术调节的合作探究应将人际交往等社会文化因素考虑其中。

（二）小组合作的协调模式

在小组合作过程中，在不同技术供给与约束的条件下，学习者逐渐形成合作相关的协调模式（coordination pattern）（Newell，1996；Suthers，2006）。小组中的协调模式，指为了完成小组任务，小组成员具有一定规律和特征的交互行为，这一过程受到个体和群体特定领域知识的调节（Kalyuga，2013）。活动理论分为内部活动（心理操作）和外部活动（杨开城，2016，p. 6）。当活动需要多个协作者协调时，通常需要经历内部活动的外化过程（杨开城，2016，p. 7）。群体合作通常包含群体规则（杨开城，2016，p. 6）：一方面，如果活动的主体不遵守这一规则，则可能会被群体排斥；另一方面，主体的活动可能会改变已有的群体规则。

技术对合作学习的支持体现在三个方面（Suthers，2005）：作为媒介、作为约束、作为资源。媒介更多地是指合作中的信息传播方式，约束（constraints）是在描述，技术作为合作学习活动的成分，帮助学习者在执行合作任务过程中按照一定的方向进行动作执行，从而减少了决策与试错的风险。将工作"卸载"（offload）到技术中，可以使学习者将精力集中于与任务相关的认知资源和社会资源上。一方面，作为资源的技术，能够成为学习者进行意义对话所关注的对象，促进富有成效的对话的发生；另一方面，技术能够在合作中培养成员的小组意识（group awareness）。

主体间的意义获得受到人工制品的调节（Suthers，2005）。在合作过程中，当学生监控他人在关注什么以及做什么时，会有动力通过协商来协调（coordinate）他人的行为，以维持关于集体活动的共享理解（Antle，2014，p. 65）。协商的对象（objects of negotiation）作为共享的外部表征（shared external representation），能够在学习过程中被个体和小组修改（modified）（Suthers & Hundhausen，2003）。在合作学习情境中，信息、技能、角色、工具的合理分配，能够促进积极互赖关系的形成，有助于合作的成功（Antle，2014，pp. 68-69）。随着技术的快速发展，合作过程的支持形式也有新的变化（Jeong & Hmelo-Silver，2016）。研究者（Jeong & Hmelo-Silver，2016）指出计算机辅助的协作学习中技术对学习者的七种可供性：①参与共同任务；②交流；③资源分享；④参与富有成效的（productive）合作学习过程；⑤参与共同建构（co-construction）；⑥监控和调节合作学习；⑦寻找和建立小组与共同体。

小组协调模式受到技术供给的影响。例如，研究者（Lan，Tsai，Yang et al.，2012）发现，是否提供移动设备，会影响小组的在线异步讨论行为。具体地，提供移动设备的实验组比只能使用电脑进行讨论的对照组有更多的观点协商行为。这是因为移动技术供给了便捷的信息交换行为，使组员有更多的机会进行交互，进而将精力集中于社会知识建构上（Lan，Tsai，Yang et al.，2012）。再如，奥林匹奥和扎卡赖亚（Olympiou & Zacharia，2018）在关于 VM 和 PM 对比研究中通过对视频进行编码，总结了合作过程中探究行为类型及其时间分布，但该研究并未探讨小组内的互动与协调行为。再如，前面提到的有研究者（Lin，Wong，& Shao，2012）根据前人研究总结了五种小组交互模式：理想型、主导型、小团体型、碎片型、无参与型，并通过实验研究对四人小组在合作中形成的理想型、主导型、碎片型交互模式进行了分析。但该研究仅从成员之间是否有互动行为来进行总结，并未关注互动的具体内容和质量。由此可见，小组协调模式的相关研究还需要结合成员间的互动内容和行为关联展开深入探讨。

（三）合作学习的互动分析

在小组交互行为的相关研究中，有研究者对合作中的异步互动、同步互动进行了探讨，设计并开发了相应的小组交互分析编码表。古纳沃德纳等人（Gunawardena，Lowe，& Anderson，1997）提出了用于分析社会知识建构的交互分析模式（interaction analysis model，IAM）编码表，被广泛地应用于小组讨论行为分析的研究中（例如，Hou，Wang，Lin et al.，2015；Lan，Tsai，Yang et al.，2012；Yang，Li，& Xing，2018；Zhang，Liu，Chen et al.，2017）。交互分析模式（Gunawardena，Lowe，& Anderson，1997）将知识建构过程分为五个阶段：①信息的分享与比较；②发现与探索不一致之处；③意义协商与知识共建；④对共同建构的知识进行检验和修正；⑤对陈述的同意和新建构意义的应用。尽管 IAM 编码表被广泛应用于小组交互分析中，但研究发现该编码表更适用于分析异步互动（Wang，Ma，& Wu，2020；Hou & Wu，2011）。此外，相关研究表明，相比于异步讨论，同步讨论活动更能够揭示关于小组成员因不同技术供给而形成的交互行为细节（Branon & Essex，2001）。

基于同步讨论的社会交互特征，有研究者（Hou & Wu，2011）开发了针对同步讨论的知识建构与社会交互的内容分析编码表。该编码表分为四个维度，分别是学术相关、任务协调、社会交互、偏离主题。学术相关包含了 IAM 的全部 5 个编码；任务协调包含小组领导行为、对领导行为的评论、对领导行为的疑问 3 个编码；社会交互包含组员识别、与学习主题相关的社交互动、关于技术问题的互动 3 个编码；偏离主题仅包含 1 个编码。研究者（Hou & Wu，2011）以大学生为研究对象，使用该编码对学生的在线同步互动的讨论文本进行编码，但并未发现在 IAM 中与共建知识的检验和应用相关的行为。尽管同步互动能够产生更多的社会交互行为，但相比于线上异步讨论，如讨论版的回帖，线上同步讨论的瞬时特征也通常会导致学生缺少足够的反思时间（Branon ＆ Essex，2001；Hou ＆ Wu，2011）。此外，面对面的参与者更有可能通过指示来提及旧的想法，在线学习者倾向于提及最近被修改的内容（Suthers，Girardeau，＆ Hundhausen，2003）。

为了应对同步互动中较少出现高阶社会知识建构的行为这一现象，研究者（Wang，Ma，＆ Wu，2020）基于之前研究中的（Gunawardena，Lowe，＆ Anderson，1997；Hou ＆ Wu，2011）编码表的部分结构，设计了"动词引导的同步互动"编码表，更多地关注学生为了完成任务而进行的交互行为，而不是 IAM 所强调的社会知识建构行为。研究者（Wang，Fang，＆ Gu，2020）以中学生为研究对象，分析了学生在技术供给下围绕实验单进行的在线同步交流和互动。结合学生的讨论文本，研究者（Wang，Fang，＆ Gu，2020）的"动词引导的同步互动"编码表共包含三个维度，分别是学术相关（academic-related）、社交连接（social connection）和偏离主题（off-topic）。其中社会连接和偏离主题维度均各包含 1 个编码，学术相关维度包含 8 个编码，分别由一个能够反映该行为目的的动词来引导：提供（offer，A1）；提问（ask，A2）；回应（respond，A3）；同意（agree，A4）；协商（negotiate，A5）；发现（discover，A6）；领导（lead，A7）；检查（check，A8）。但该编码表仅适用于在线合作学习情境，尚未在面对面合作情境中进行检验，且缺乏对探究学习特征的关注。

对合作探究学习阶段进行梳理，有助于开发出适用于本研究实验情境的编码表。贝尔（Bell，Urhahne，Schanze et al.，2010）综合前人关于探究学习阶段的分类，总结出探究过程的 9 个主要阶段：问题导向（orientation/question）、假设生成（hypothesis generation）、计划（planning）、调查（investigation）、分析/解释（analysis/interpretation）、建模（model）、结论/评估（conclusion/evaluation）、交流（communication）、预测（prediction）。研究者（Wang，Duh，Li et al.，2014）将学

生合作探究学习中的行为分为五类，分别是变量识别/导向（orienta-tion）、说明变量间的关系并提出假设（hypothesis）、使用教学模拟执行实验并收集数据/实验（experiment）、解释数据/解释（interpretation）、得出结论（conclusion）。此外，奥林匹奥和扎卡赖亚（Olympiou & Za-charia，2018）的"探究周期"（inquiry cycle）编码表中关于探究阶段的编码有：预测（prediction）、实验搭建（experimental set up）、直接观察（direct observation）、解释（explanation）。

关于技术调节的面对面合作学习中的小组交互行为，迪朗和阿曼迪（Durán & Amandi，2011）提出了小组合作模型，指出可以从小组类型、冲突、约定、分工、角色等维度来描述交互特征。研究者（Lin，Wong，& Shao，2012）总结了课堂环境中的五种小组互动模式：理想型、主导型、小团体型、碎片型、无参与型，但对具体交互行为未做细致分析。奥亚匹奥和扎卡赖亚（Olympiou & Zacharia，2018）提出的"探究周期"编码表，主要关注了合作过程中探究行为比例及时间分布，也未探讨对小组内的互动与协调行为。研究者（Looi，Ogata，& Wong，2013）收集与分析合作过程中的言语、手势、人工制品等多模态数据，将交互分为主体内和主体间的行为，并将交互行为的发起类型分为三类：言语发起的（speech initiated）、人工制品发起的（artifacts initiated）、上手动作发起的（hands-on initiated），但该研究主要对合作过程进行探讨，缺乏对行为模式的归纳分析。此外，尽管合作学习不需要教师的直接监督，但教师在小组活动中的角色仍非常重要，如在活动中的适当节点处与学生对话（Olympiou & Zacharia，2018）。亚伯拉罕森等人（Abrahamson & Sánchez-García，2016）也指出教师在具身交互学习环境中仍起到重要的支持作用。因此，在对视频进行多模态会话分析时，也应将教师与学生的互动进行编码。

综上，通过文献梳理可以发现，具身认知在合作学习中的体现形式还有待通过实证研究进行理论检验。从具身认知理论来关注技术调节的合作探究，需要结合社会文化因素和探究学习特征，对成员间的互动内容和行为关联进行深入探讨。除了移动设备的供给比例之外，外部脚本也会对合作探究中的认知过程和互动行为产生影响。此外，目前面对面合作探究的相关编码表还缺乏对小组成员具体互动行为的关注，而涉及具体行动类型的编码则多关注在线合作情境，且缺少对探究学习特征的描述，因而需要开发相应的编码表对互动过程进行分析，来揭示技术供给对真实课堂中合作探究效果的影响及产生原因。

本章小结

认知是具身的、情境的，身体及其经验、身体与环境的交互，可以帮助学习者更好地学习，是对具身认知理论的一种综合理解。具身认知理论提供了一种新的视角，帮助研究者看待学习科学中技术的作用。首先，技术作为人与环境交互中的重要元素，扩展了人的身体知觉；人的知觉与行动具有密切联系，技术的可供性影响着知觉—行动循环的衍生发展。其次，与技术进行交互，将认知嵌入环境中，能够从模拟、代理、增强等方面，促进学习者形成对事物的认知和理解。最后，当技术不在场时，相关经验也能够通过"离线认知"逐渐实现从依赖外部资源到内部资源的转换。

认知具身化于小组交互中，人类高阶心智能力的获得也离不开人际的交互。从具身认知视角来关注技术调节下的合作学习尚有较大的研究空间。在技术支持的合作学习领域，移动技术的人机比例影响着小组内部的交互与协调，虚拟教具的学习应用则涉及手势参与、教学模拟等具身交互行为。在科学探究中，学习内容需要小组在合作过程中通过实验操作和现象分析来获得。不同技术供给与约束的条件下，小组内部成员逐渐形成协调模式，以共同完成任务目标。这样的合作过程不仅受到技术的调节，还受到小组文化及成员认知能力与合作经验的影响。

以往研究大多关注实验情境下短期形成的小组，缺乏对真实课堂中小组长期合作的关注。虚拟教具在合作探究中的应用研究大多关注单一的科学探究内容，且大部分研究仅停留在对比学习结果的层面，较少关注探究过程的具体交互行为，也未将交互过程与学习成效建立联系；少部分关注互动过程的研究，大多关注成员间互动的频次或类型，对互动内容的分析不够深入，也尚未关注互动背后的社会文化因素。此外，具身认知领域尚缺乏实证研究对合作过程中身体及其经验认知作用的具体阐释，也尚未结合交互过程对个体认知与群体认知进行深入分析。因而，在研究设计上需要重视真实课堂中长期合作的小组，且应结合互动过程对技术供给的影响展开探讨。

综上，具身认知的可供性为思考技术如何促进合作学习提供了新的切入点；虚拟教具借助触控平板这一载体，融合了动作参与、教学模拟、外部表征、言伴手势等具身交互理念，为面对面的合作探究学习供给了独特的约束与支持；结合社会文化、人际互动，从具身认知视角来关注技术调节的小组合作，有助于探究具身认知理论在合作学习实践中的解释作用。如本章开篇的图2-1所示，通过文献述评，本研究进一步确立了以具身认知中技术供给关系为主的理论视角，以及在合作探究学习中应用基于移动设备的虚拟教具这一研究场域。基于移动设备虚拟教具的供给比例，将与小组合作中外部脚本的提供与否共同构成合作探究中的"技术供给"，构成具身认知理论在本研究中的应用起点。

第三章 研究设计：
教育准实验与认知民族志

第一节 研究框架与内容

一、理论基础

理论可以被认为是研究工具，因而没有正误之分；如果一个理论能阐明所进行的观察，并引出相应的假设，那么这个理论就是合用的（B.R.赫根汉，马修·H.奥尔森，2011，p.13）。如果该假设被证实，那么该理论的实力就被增强；如果被推翻，那么该理论的力量就被削弱，需要进行修正或放弃（B.R.赫根汉，马修·H.奥尔森，2011，p.13）。一个理论的形式方面必须与可观察的事件相关，这些观察的事件构成了理论的经验方面。同时，理论是为了解释经验事件，因而理论必须开始于并结束于经验观察（B.R.赫根汉，马修·H.奥尔森，2011，p.14）。在本研究中，合作探究的技术供给、行动导向的合作协调、具身参与及认知框架，构成了本研究的理论基础，为后续的研究设计与实施、方法选择与应用提供了概念指导和方向把控。

（一）合作探究的技术供给

具身认知理论中的可供性，指环境中具有的某种属性，会为个体某种行为或状态提供机会（Gibson，1979/1986）。知觉是个体对环境所具有的生态功能的直接反应（Gibson，1977）。可供性联结了知觉和行动，反映着人与环境的双向互动关系。个体因能力不同，所能够知觉的技术可供性具有差异。技术不仅可以是实体工具，也可以是方法策略（庞丹，2006，p. 112）。技术及其所在的社会文化环境，能够影响小组对供给的感知，进而影响合作方式、资源协调和学习体验（Vyas, Chisalita, & Veer, 2006）。技术凝集着人的间接经验，延伸了人的知觉，改变了人与环境的交互方式（林崇德，2009，p. 47；唐·伊德，2012，pp. 60-61）。一方面，个体越能够知觉到某项技术的可供性，说明这项技术设计得越好（Shapiro, 2014，p. 64），良好的技术设计，使学习者沿着有效的非线性路径行动（Abrahamson & Sánchez-García, 2016）；另一方面，良好的技术设计能够扩展人的知觉，实现人与技术的具身关系（唐·伊德，2012，p. 35），能够帮助学习者聚焦于学习主题（J. 莱夫和 E. 温格，2004，pp. 47-49）。

认知是由外在的人工制品和认知过程供给与约束的。在合作学习中，移动设备的人机比例会影响小组互动与学习成效（Looi, Ogata, & Wong, 2010a；Lin, Wong, & Shao, 2012）。外部脚本对合作学习进行结构化处理或为小组提供流程引导，以促进能够提升学习效果的小组交互（King, 2007）。在合作探究中，小组协调模式受到环境、任务、生物体三种约束（Abrahamson & Sánchez-García, 2016）。虚拟教具的供给比例作为环境约束，外部脚本的提供与否作为任务约束，构成合作探究中的技术供给。小组作为一个有机整体，在人与技术供给关系的作用下，通过知觉—行动循环，在互动中形成小组协调模式。基于移动设备的虚拟教具为合作探究提供了新的方式，同时也涉及动作参与、教学模拟、言伴手势、群体认知等与具身认知密切相关的理论要点。有效的学习取决于学生如何协调认知活动，从而与身体和环境资源相适应。虚拟教具在知觉和交互上的丰富性能够使学习者将认知活动嵌入环境中（Pouw, van Gog, & Paas, 2014）。教具的物质性并不是学习特定技能的先决条件，可操作性和意义性才使其具有教学有效性（Pouw, van Gog, & Paas, 2014）。操作屏幕上的对象与操作实物的效果一样好（Glenberg, Goldberg, & Zhu, 2011）。此外，尽管在小组合作中并不是每个人都能进行教具操作，但镜像神经元理论指出观察他人操作也有同样的效果（Koning & Tabbers, 2011）。

（二）行动导向的认知协调

具身认知理论认为，行动影响知觉，知觉又会影响未来行动，未来行动接着又决定新的知觉，如此往复，形成知觉—行动循环（夏皮罗，2014，pp. 57-58）。个体在环境中通过知觉—行动循环强化、拓展或重构新的图式（Fuster，2004）。行为（behavior）指个体或群体的整体表现，而生态心理学中的行动（action）强调个体在环境中受知觉影响，具有一定目的的动作（Gibson，1977）。具身认知强调人在环境中主动发起的行动，以及行动所带来的知觉对接下来行动的影响，认知与行动在个体中通过演化合为一体，两者密切相关（Varela，Thompson，& Rosch，1991，pp. 172-173）。行动背后体现的正是认知，认知并不仅仅发生在大脑中，更是嵌入在个体行动和小组交互中。基于具身认知理论来分析合作探究，应强调行动的即时性、目的性、动态性，以行动的特征来描绘行为。

人类高阶心智能力的获得与人际的交互密切相关（Stahl，2014，p. 335）。群体认知体现了认知任务的合作表现，其功能在于促进小组成果的产出，如记忆、问题解决、决策等（Theiner，2014，p. 349）。小组可以被视为分布式认知系统，集体信息处理有助于通过增加信息交换、处理全局信息，来提高组员的记忆（Theiner，2014，pp. 350-353）。集体工作记忆涉及组内个体知识的交流与协调，交互元素分布于多个个体的工作记忆中，其他小组成员的工作记忆能够减轻成员个体的工作记忆负担（Kirschner，Sweller，Kirschner et al.，2018）。任务复杂度、任务指导与支持、领域专业知识、合作技能、小组规模、组员角色、小组构成、先前任务经验、先前合作经验等因素均对合作学习中的群体认知负荷有影响（Kirschner，Sweller，Kirschner et al.，2018）。

在合作学习情境中，信息、技能、角色、工具的合理分配，能够促进积极互赖关系的形成，有助于合作的成功（Antle，2014，pp. 68-69）。在合作过程中，主体间的意义获得受到技术的调节（Suthers，2005）。主体间的协调与监控有助于维持关于集体活动的共享理解（Antle，2014，p. 65）。协商的对象作为共享的外部表征，在学习过程中被个体和小组修改（Suthers & Hundhausen，2003）。可操控对象会影响小组的合作学习效果（Cohen，1994）。在本研究中，基于移动设备的虚拟教具作为人工制品对合作探究学习具有调节和支持的作用。

(三) 具身参与及认知框架

认知依赖于体验的种类，这些体验来自具有多种感觉运动能力的身体；同时，感觉运动能力是嵌入在更广泛的生物、心理和文化情境中的 (Varela, Thompson, & Rosch, 1991, pp. 172-173)。心智是由生物体与其所在环境的交互构成的 (Fingerhut & Heimann, 2017)。具身认知理论指导下的学习是具身的、情境的，强调身体及其经验对学习的影响。身体的感知觉经验在认知活动中具有重要作用，本研究对具身认知理论关于具身参与的观点总结如下：首先，认知需要感觉运动经验的参与，这种参与来自当下的身体活动或过去活动的经验；其次，身体的生理结构影响着有机体的认知过程，当从记忆中提取经验时，多模态表征便被激活；再次，身体及其所在的环境也是认知的一部分，个体能够将认知卸载到身体或外部环境中；最后，离线认知是基于身体的，当所谈论的对象不在场（离线）时，理解依赖于先前经验与想象能力。此外，在进行具身认知理论的实际应用时，应结合具体的学习情境进行分析。例如，在本研究的小组合作探究中，认知卸载可以是小组成员借助工具进行的信息交流。

认知框架理论 (theory of epistemic frames) (Shaffer & Ruis, 2017; Shaffer, 2018) 关注人类行动。首先，学习者总是嵌入在文化中，文化体现在行动、谈话、协作和制造中。其次，学习者总是嵌入在话语 (discourse) 中。文化情境中的话语，总是以"行动"表现出来：在谈话中、在制作和操作人工制品中、在手势中、在移动中、在任何能够感知世界的事物中。再次，学习者总是嵌入在交互中，学习在本质上是与他人互动的人际过程。最后，学习者总是嵌入在时间中，文化的表达与建构是通过一系列具有时序关系的行动和回应展开的。谢弗 (Shaffer, 2012) 将学习刻画为认知框架的发展：知识、技能、思维习惯以及实践共同体的认知元素，所连接而成的模式 (pattern)，或者是一个群组中的人分析、调查、解决复杂问题时共同的方法。认知框架理论认为活动发生在邻近时间的上下文中，先前的事件为行动的诠释提供了共同基础 (common ground)，即在对话或活动中人们的行动与回应是接连发生的

(Shaffer, 2017)，能够用于指导本研究对小组成员互动过程的分析。

二、研究框架

本研究的"技术供给"包含两个方面：虚拟教具的供给比例和外部脚本的提供与否（以下简称为虚拟教具和外部脚本）。在本研究中，虚拟教具的供给比例分为 1：1 和 1：m 两种形式，前者代表小组中每个人都拥有一台平板电脑来操作虚拟教具，后者代表每个组仅有一台平板电脑。外部脚本的提供与否，则指是否为小组合作提供关于合作策略或规则的口头或书面的外部引导。

基于现实需求和理论综述，本研究确立的主要研究问题包括以下内容。

在具身认知视角下，技术供给如何影响以探究任务为导向的小组合作？

研究问题 1：从合作效果来看，技术供给对合作探究有怎样的影响？

（1）技术供给对探究内容的学习成效有怎样的影响？

（2）技术供给对探究活动的感知体验有怎样的影响？

研究问题 2：从互动过程来看，技术供给对合作探究的影响是如何发生的？

（1）小组成员是如何进行互动的，在技术供给的作用下形成了怎样的协调模式？

（2）身体及其经验（具身参与）在合作探究中是如何体现的，受到技术供给怎样的影响？

（3）协调模式和具身参与如何解释技术供给对合作效果的影响？

本研究的研究框架如图 3-1 所示，将从结果层面和过程层面来探讨技术供给对合作探究的影响。结果层面从探究活动中学生获得的学习成效和感知体验来展开。过程层面则关注具身认知强调的认知与行动的作用关系（协调模式），以及具象化的身体参与（具身参与）。

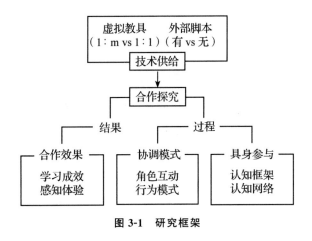

图 3-1　研究框架

接下来将在研究内容中对研究框架进一步解释。

三、研究内容

科学研究需要通过概念化、操作化将抽象的术语转换为能够在现实世界中进行测量的变量（艾尔·巴比，2009，p.46）。其中，概念化为概念赋予了含义，区分了概念的不同维度，操作化则是将概念及其维度转换为可观察和可测量的指标（艾尔·巴比，2009，pp.128-129）。对研究内容的说明应包括对概念维度的划分和测量指标的设定。从研究问题和框架出发，本研究的研究内容包含三个方面：合作效果、协调模式、具身参与。

（一）合作效果：技术供给对学习成效与感知体验的影响

合作效果关注技术供给对合作探究效果的影响，分为学习成效和感知体验两个方面。

学习成效（learning performance）包括小组探究活动的探究效果以及合作后的知识获取。参考前人研究，本研究将探究效果分为概念理解（concept understanding）和问题解决（problem-solving）。概念理解关注学生在小组合作中对实验现象的观察和对相关概念的理解（Zacharia，Olympiou，& Papaevripidou，2008；Zacharia & Michael，2016；Ha & Fang，2017；Kapici，Akcay，& de Jong，2019）；问题解决关注学生在小组合作中对探究任务的分析和对解决方案的设计与执行（Yuan，Lee，&

Wang，2010）。前者属于较低难度水平的探究任务，后者属于较高难度水平的探究任务。合作后的知识获取（knowledge acquisition），则关注学生对探究主题相关知识内容的认识和掌握（Ha & Fang，2017；Wang & Tseng，2018；Kapici，Akcay，& de Jong，2019）。

感知体验（perceptual experience）包括学生在实验期间的合作体验和实验前后对科学探究这类活动的整体态度感知。实验期间的合作体验，包括学生的认知负荷、自我效能、小组效能和合作满意。认知负荷（cognitive load）分为心理负荷和心理努力：心理负荷（mental load），体现的是学习任务与学习者之间的交互作用，与信息交互的数量和程度相关（van Gog，Kester，& Paas，2011）；心理努力（mental effort），是学习者为了完成活动需要的认知资源，与学习材料的呈现方式和教学策略有关，会对学习成效产生影响（Paas & van Merriënboer，1994）。自我效能，指个体对自身能力和行为表现的感知，与心理努力密切相关（Salomon，1984；Yoshida，2002；Clark，1999），也与有意义的认知参与具有正向相关关系（Walker，Greene，& Mansell，2006）。小组效能（group efficacy）代表个体对所在群体能够成功完成任务的信心程度（Gibson，Randel，& Earley，2000），而非个体自我效能的简单集合（Seijts，Latham，& Whyte，2000）。合作满意则反映个体在探究合作过程中的满意程度（Savicki，Kelley，& Lingenfelter，1996）。三轮实验前后学生对科学探究的态度感知，参考前人研究采用学习动机、焦虑水平、自我效能和小组效能来代表（Glynn & Koballa，2006；Gibson，Randel，& Earley，2000）。其中，学习动机表示学生对科学探究活动的兴趣与参与倾向；焦虑水平表示学生对于自身在科学探究活动中行为表现的担心程度（Glynn，Taasoobshirazi，& Brickman，2009）。

（二）协调模式：技术供给作用下合作探究的协调模式

从现象中总结规律与特征，形成具有代表性的、统整性的、能够解释此类现象的一般方式，即模式。合作探究中的协调模式（coordination pattern），指在合作过程中为了完成小组任务，小组成员具有一定规律和特征的交互行为。具身认知理论强调认知与行动的密切关联，行动的背后反映着个体的认知，认知并不仅仅发生在大脑中，更是嵌入在个体行动

和小组交互中，以及更为广泛的社会文化情境中（Varela，Thompson，&
Rosch，1991）。人工制品塑造了我们与世界交互的方式、思考的方式，需
要借助社会文化观念来思考技术对认知的作用，而角色正反映着个体在
社会活动中的行动特征与职能（Biddle，1986）。因而，在本研究中，协
调模式将从角色互动和行为模式两个方面进行探讨。

角色互动（role interaction）能够反映技术供给作用下小组在资源分
配、任务协调、角色发展等方面的变化和规律（Durán & Amandi，2011；
Antle，2014）。在本研究中角色互动包括角色展现和小组结构两个方面。
角色展现涉及小组在科学合作探究中出现的角色类型，以及角色的分布
和转换情况。小组结构则指小组成员互动所形成的社会网络特征。

行为模式（behavioral pattern）则指合作过程中在时序上呈现的具有
一定规律的行为特征（Hou & Wu，2011）。研究将开发适用于研究情境
的合作探究编码表，依据编码表对小组合作视频中学生的行动进行编码，
并采用行为转换分析法来提取交互特征。由此得到的小组行为模式，能
够反映小组在技术供给的作用下，以探究任务为导向的互动协调规律。

（三）具身参与：合作探究中具身参与的认知网络分析

认知参与（cognitive engagement）指学习者在探究过程中，为完成
采用认知或元认知策略所需的心智投入（Blumenfeld，Kempler，& Kra-
jcik，2006）。行动与认知密切相关（Varela，Thompson，& Rosch，
1991，pp. 172-173）。在合作探究中，个体的行动影响着小组的认知状态，
互动协调的行动背后体现着小组的具身参与。具身参与（embodied en-
gagement），指在技术供给的作用下，小组进行以探究任务为导向的行动
中，具身认知所涉及的身体及其经验在合作中的体现。对合作探究中小
组的具身参与的探讨，须从认知框架设计和认知网络分析两个方面开展。

认知框架（epistemic frames）包括知识、技能、思维习惯以及实践
共同体等认知元素所连接而成的模式（pattern），或者是一个群组的人分
析、调查、解决复杂问题时共同的方法（Shaffer，2012）。认知框架能够
反映邻近时间的上下文中小组的认知参与（Shaffer，2017）。在具体操作
上，认知框架可以被看作用于分析小组行动的编码框架。合作探究中的
具身参与，体现着具身认知视角下小组行动背后所体现的认知参与。因

而，认知框架设计需要反映合作探究和具身参与两个维度的认知元素。

认知网络分析（epistemic network analysis，ENA）基于认知框架对小组行动进行编码，再对编码进行关联结构的建模，从而揭示小组认知网络的研究过程（Shaffer，2017）。个体的行为是认知网络的一种外在表现，认知网络能够通过外在行为进行间接表征（王志军，杨阳，2019）。认知网络是小组交互行为的外在表现。本研究将基于所设计的认知框架，对小组合作视频进行编码，并通过相关算法得出各分析单元的认知网络。接着对各分析单元的认知网络进行差异对比，来分析技术供给对合作探究中具身参与的影响。

第二节　研究方法与过程

一、研究方法

心理学具有自上而下和自下而上两种还原论（叶浩生，2017，p. 34）：自上而下，主张将复杂心理过程分解为可视化的主观测量、行为表现、神经活动等信息，由此来获得心理过程的解释；自下而上，主张从这些基本信息中寻找相关规律，再与复杂心理过程进行匹配，以寻找对应关系。本研究拟采用"自下而上"的还原论，收集并分析基本的学习过程与结果数据，总结出概括性、统整性的相关学习规律。从社会学角度来看，从研究资料的分析中发现模式，属于归纳式推理（艾尔·巴比，2009，pp. 23-24），有助于推进相关理论的发展（艾尔·巴比，2009，p. 57）。

萨瑟斯（Suthers，2005）提倡在计算机辅助的协作学习中使用混合研究方法。束定芳（2013，p. 62）指出分析数据的目的在于对相关现象进行原因解释，定量研究作为辅助手段，须与定性研究相结合。泰纳（Theiner，2014）也指出技术调节的合作学习受到工具、社会、文化等多种因素的影响，因而可以采用认知民族志等研究方法。此外，在移动学习领域中，准实验研究、调查研究、混合研究、案例研究、访谈是较常被采用的研究方法（Crompton，Burke，Gregory et al.，2016；Crompton，Burke，& Gregory，2017）。

综合考虑，本研究拟采用"纵向混合"研究范式。纵向研究（longitudinal research），体现在从长时间跨度下多个时间点进行数据采集。混合研究（mixed research），体现在研究设计、资料收集、数据分析等方面定量方法与定性方法的混合应用。混合研究包括六种主要的混合方式（约翰·W. 克雷斯威尔，2007，pp. 168-173）：顺序性解释设计、顺序性探究设计、顺序性转换设计、并行三角互证策略、并行嵌套策略、并行转换策略。结合研究问题，本研究采用并行嵌套策略来进行混合研究的设计。并行，指在数据收集阶段同时进行定量数据和定性数据的收集；嵌套，指在研究设计中定量方法与定性方法处于同等地位，对于不同研究子问题嵌入一种或两种数据收集方式，并在分析阶段将数据混合运用（约翰·W. 克雷斯威尔，2007，pp. 172-173）。

在"纵向混合"研究范式下，本研究采用教育准实验和认知民族志两种研究方法，分别对结果层面和过程层面的研究问题进行探究。具体地，将采用问卷调查、量表测试、视频分析、社会网络分析、行为序列分析、认知网络分析等数据收集与分析方法。

表 3-1　纵向混合研究设计的数据收集

数据收集环节		数据来源与类型
实验前问卷		问卷（定量；质性）
综合前测		测试（定量）
光的折射	探究活动	视频（质性）；实验单（质性；定量）
	探究问卷	问卷（定量；质性）
	后测	测试（定量）
简单电路	探究活动	视频（质性）；实验单（质性；定量）
	探究问卷	问卷（定量；质性）
	后测	测试（定量）
电磁感应	探究活动	视频（质性）；实验单（质性；定量）
	探究问卷	问卷（定量；质性）
	后测	测试（定量）
实验后问卷		问卷（定量；质性）

(一) 教育准实验

教育准实验 (educational quasi-experimental study) 尽可能地在真实教学情境下控制实验因素，研究结果较容易和现实情况相联系，因而在教育研究领域尤其是教育技术领域具有较为广泛的实践性和现实性。教育领域的实验研究较难从总体中随机选取被试或对被试进行随机分组，进行随机对照组实验设计 (randomized controlled trial)。因而，大部分教育领域大多开展准实验研究，即运用原始群体，在原有班级的基础上进行分组，在自然的教学情境下进行实验干预。

教育准实验常见的有非等组前后测设计 (pretest-posttest non-equivalent-groups)、等组后测设计 (posttest-only equivalent-groups)、非等组后测设计 (posttest-only non-equivalent-groups) 和轮组实验设计 (counterbalanced designs)。其中，非等组设计指实验组和对照组不是随机分配的，如选取一个年级的两个自然班进行对照实验。轮组实验设计指将实验组和对照组的控制条件进行对换，即第一轮是实验组的小组在第二轮变为对照组 (Shadiev，Hwang，Huang et al.，2015)。在移动学习研究领域中，大部分研究为非等组前后测设计和非等组后测设计，仅有少部分研究采用了轮组实验设计 (王辞晓，董倩，吴峰，2018)。从单轮实验来看，本研究设计的各轮教育准实验属于"非等组后测设计"，即各实验条件下人数不同（各班人数不同），仅使用实验后的数据（实验单、测试、量表数据）进行比较分析。

如图 3-2 所示，本研究的三轮教育准实验构成了重复测量实验设计，因变量为学习成效（概念理解、问题解决、知识获取）和实验期间的合作体验（自我效能、小组效能、认知负荷和合作满意）。虚拟教具（1∶1 和 1∶m 两个水平）与外部脚本（提供和不提供两个水平）是本研究假设的两个被试间因素，三轮不同主题的科学探究活动（光、电、磁三个水平）被试内因素。因而，三轮教育准实验属于三因素混合设计的重复测量实验，这里的混合既包含被试间因素又包含被试内因素 (温忠麟，2006，pp. 224-234)。此外，在三轮实验前后分别进行的科学探究感知量表测量，也属于三因素混合实验设计：因变量为学生对科学探究的态度感知（学习动机、焦虑水平、自我效能和小组效能），被试间因素（组间）为虚拟教具（1：1和1：m两个水平）与外部脚本（有和无两个水平），被试内因素（组内）为施测时间（实验前和实验后两个水平）。

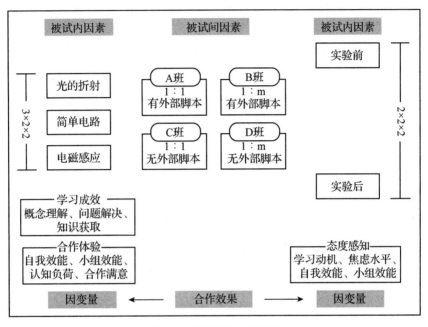

图3-2　重复测量实验设计

（二）认知民族志

质性研究方法关注了人在现实生活中的行为和体验，在惯用实验与调查法的心理学等领域中也逐渐被归入主流研究方法（何吴明，郑剑虹，2019）。认知民族志（cognitive ethnography）是一种基于实地的研究方法（field-based approach），通过关注参与者在情境活动中的行为，来分析其认知过程（Kaur，2018）。作为一种方法论，认知民族志假设认知分布于规则、角色、语言、关系和协调活动中，并且具身于人工制品和物体中（Dubbels，2011）。认知民族志采用人类学的方法来关注心理学的问题，削弱了两者素来分隔的状态（Kaur，2018）。认知民族志能够揭示在特定情境和社会化关系中，参与者的认知如何以多种方式显现（Kaur，2018）。认知民族志包括对参与者在自然环境中的观察，对人工制品、工具与认知贡献的评估，对参与者为了进行信息传递而形成的角色和关系进行的评价，以及对参与者意义获得的实践进行的描绘（Kaur，2018）。

数据的深度重于广度，真实有效的多模态数据是学习分析的关注重点（胡艺龄，雕心悦，顾小清，2019）。多模态学习分析是学习科学研究的新技术方法之一（冯晓英，王瑞雪，曹洁婷等，2020）。模态符号是一种关于感官系统产生的信号的表征，多模态则指包含了多种模态符号的人与环境交互产生的符号系统（田阳，陈鹏，黄荣怀等，2019；束定芳，2013，pp.163-168）。基于多模态的会话分析是研究人际交互、人机交互的重要研究方法（田阳，陈鹏，黄荣怀等，2019；Jefferson，2004）。在探究学习研究领域中，研究者基于合作过程中学生之间的言语、手势交互，以及学习者产生的人工制品，对小组探究过程进行分析（例如，Looi，Song，Yun et al.，2013）。在实验过程中参与者的出声思维能够反映其思维活动，实验后的回顾式报告则是对其进行信息补充（束定芳，2013，p.128）。

有研究者（Muntanyola-Saura & Sánchez-García，2018）指出视频辅助的认知民族志（video-aided cognitive ethnography）能够通过对话、身体动作、隐喻等多模态信息，获取足够的参与者间的交互与交流证据。弗勒德（Flood，2018）则提出民族学的会话分析（ethnomethodological conversation analysis），强调多模态分析对理解认知过程的重要性，并指出言伴手势（dialogic gesture）对提取具身经验的作用。在具身认知领域，前人研究通过言伴手势、出声思维等多模态信息对学习者关于特定学科内容的认知过程进行了会话分析，证实了视频辅助的认知民族志在学习科学领域的适用性（Abrahamson，2012；Abrahamson，2014；Abrahamson & Trninic，2015；Duijzer，Shayan，Bakker et al.，2017）。其中，言伴手势指手和手臂伴随语言而做出的特殊的、自发性的动作（束定芳，2013，p.163）；出声思维，体现了个体在做一件事情的时候，在短时记忆中闪现的思维过程（束定芳，2013，p.218），既可以是个体被要求进行的口头报告，也可以是个体自发的口头表述。

认知民族志作为一种方法论，指导着本研究从协调模式（角色互动、行为模式），具身参与来分析小组探究中的互动过程。每轮实验后的问卷收集了学生在合作探究中的小组角色、资源使用、成员交流等信息。此外，参考前人研究（例如，Zacharia & Michael，2016），本研究还从各实验情境中，即在每个班级中随机选择一个小组进行合作过程的视频录制。对参与实验的全体学生进行分析，属于通则式解释，而对录制组的合作视频进行分析，则属于个案式解释（艾尔·巴比，2009，pp. 22-23）。前者试图归纳某一类情境或事物，后者则是对个案的发生进行全面分析。关于录制组的代表性：一方面，录制组是从全体小组中随机抽选而来的；另一方面，在后续分析中也证实了录制组小组结构符合对应实验条件的相关规律。

具体地，本研究将采用主题分析、社会网络分析、行为转换分析、多模态会话分析、认知网络分析等数据分析方法来进行认知民族志的资料分析。

在社会网络分析前，研究者采用主题分析方法（Braun & Clarke，2006）对学生报告的小组角色信息进行分析，通过开放编码与类属提取，来分析小组中有哪些角色在合作中浮现，以及这些角色的分类情况。接下来，通过描述统计，描述小组角色的分布情况，并分析三轮实验中小组成员的角色转换情况。社会网络分析，则能够根据学生报告的角色及角色之间的互动来分析小组成员的交互密切程度等特征（约翰·斯科特，2007）。行为转换分析，则是对视频中的多模态会话进行转录，提取影响小组工作的行动并对其进行编码，最后提取行为转换从而形成小组行为模式。行为转换分析将具体采用滞后序列分析（lag sequential analysis，LSA）方法。滞后序列分析是一种用来检验两个行动时序关系的统计学显著性的方法，能够揭示所编码内容时序上的行为转换模式（Bakeman & Gottman，1997）。在行为转换分析的同时，本研究还结合多模态会话分析从具体内容上为行为模式的产生提供解释。认知网络分析（epistemic network analysis，ENA）由美国威斯康星－麦迪逊分校戴维·谢弗（David Shaffer）提出，是一种量化民族志的方法，通过预先设计的认知框架，对个体或小组的行为进行关键词编码，进而对编码进行关联结构的建模，来揭示个体或小组的认知网络（Shaffer，2017）。在本研究中，认知网络分析被用于分析合作探究中具身参与的认知网络。

社会网络分析、行为转换分析等方法的采用旨在探讨合作过程中的小组协调模式，认知网络分析则是为了探究具身参与在合作探究中的体现（见图 3-3）。具体的方法应用和分析过程将在对应章节中详细介绍，在此不再赘述。

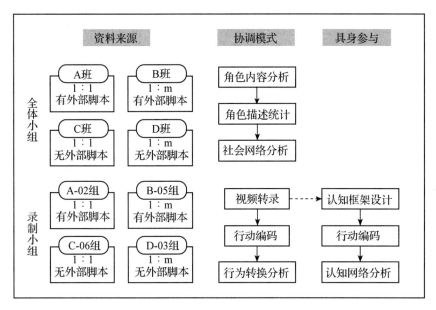

图 3-3　认知民族志资料分析设计

二、实验对象

（一）实验对象的基本信息

本研究选取的实验学校（简称 Y 小学）是北京市某区教委直属的一所公立小学。Y 小学五年级共有 8 个班级，科学课程均由同一位科学教师教授。在正式实验中研究者从该校五年级 8 个班级中随机选取 4 个班级的学生作为研究对象，初始参与人数为 130 人。在实验开始前，研究者与科学教师向学生介绍了研究内容与研究方向，并通过微信群征得了学生家长的知情同意。每轮实验的电子问卷也会对研究目的及数据使用进行说明。

所选的 4 个班级被随机命名为 A 班、B 班、C 班、D 班，每班人数均大于 30 人。重复测量方差分析需要满足多元正态性，在各实验条件下人数大于 20 时，对多元正态性的违反具有较高忍耐度。表 3-2 为实验初始参与学生基本信息统计表。其中，性别、年龄、平板电脑的使用年限、每周使用平板电脑进行学习的平均时长由实验开始初期的"科学探究活动问卷"调查而得；表现优秀，指任课教师在实验开始前，根据学生过往在科学课堂中的表现情况，对其进行优秀与否的主观评价。

表 3-2　实验初始参与学生基本信息统计表

		A班	B班	C班	D班	总计
性别	女	16(51.61%)	18(52.94%)	17(51.52%)	19(59.38%)	70(53.85%)
	男	15(48.39%)	16(47.06%)	16(48.48%)	13(40.63%)	60(46.15%)
年龄	10 岁	3(9.68%)	8(23.53%)	7(21.21%)	11(34.38%)	29(22.31%)
	11 岁	24(77.42%)	24(70.59%)	24(72.73%)	18(56.25%)	90(69.23%)
	12 岁	4(12.90%)	2(5.88%)	2(6.06%)	3(9.38%)	11(8.46%)
平板电脑使用年限	0~1 年	6(19.35%)	4(11.76%)	8(24.24%)	11(34.38%)	29(22.31%)
	1~3 年	10(32.26%)	15(44.12%)	8(24.24%)	7(21.88%)	40(30.77%)
	3~5 年	4(12.90%)	5(14.71%)	9(27.27%)	6(18.75%)	24(18.46%)
	5 年以上	11(35.48%)	10(29.41%)	8(24.24%)	8(25.00%)	37(28.46%)
平板电脑使用时长	0~1h	17(54.84%)	17(50.00%)	21(63.64%)	19(59.38%)	74(56.92%)
	1~3h	12(38.71%)	10(29.41%)	9(27.27%)	11(34.38%)	42(32.31%)
	3~5h	1(3.23%)	5(14.71%)	3(9.09%)	0	9(6.92%)
	5h 以上	1(3.23%)	2(5.88%)	0	2(6.25%)	5(3.85%)
表现优秀	是	14(45.16%)	11(32.35%)	19(57.58%)	12(37.50%)	56(43.08%)
	否	17(54.84%)	23(67.65%)	14(42.42%)	20(62.50%)	74(56.92%)
总计		31(23.85%)	34(26.15%)	33(25.38%)	32(24.62%)	130(100.00%)

注：表中的数据为人数及其所占百分比。

在实验学校的科学课堂中，从一年级起，每个班级的学生便被随机分配入 6 个小组中，每个小组 5~6 人。随着年级的变化，科学课堂的分组也会发生调整。合作学习的分组提倡采用外部同质、内部异质的分组形式，即低、中、高学习能力的学生在各组的分布相近（Cáceres，Nussbaum，Marroquin et al.，2018）。教师会根据学生的期末成绩、合作情况、个人表现等信息变动小组的成员构成，以使班级各组具有相似的结构。从五年级起，科学课堂的小组构成相对稳定，教师较少对小组成员进行调整。小组中的组长由教师指派，并且在较长时间内都由同一位学生担任科学课的组长。从前期调研对教师的访谈可知："组长通常是一个领导者，在科学课上，由组长来组织活动、安排分工、组织汇报、管理纪律等。"

杰克逊（Johnson & Johnson，1987）将合作学习的小组分为三种类型：非正式合作学习小组、正式合作学习小组、长期合作小组。非正式合作学习小组，根据教学活动的需要开始或终止，持续几分钟到一节课不等。正式合作学习小组，根据课程的学习任务而形成，持续时长从一节课到一学期不等。本研究的实验对象则归属于长期合作小组，即长期的、异质的、具有稳定合作关系的小组。这类小组的成员之间有较多的共同合作经验，形成了相互支持、鼓励的小组氛围和忠诚的人际关系（Johnson & Johnson，1987）。

（二）实验对象的认知发展阶段

经统计，研究对象的年龄分布于 10～12 岁，处于皮亚杰认知发展阶段的具体运算阶段和形式运算阶段的过渡时期。皮亚杰的认知发生论将儿童智力发展划分为四个连续的阶段（皮亚杰，1981a，pp. 31-35；皮亚杰，2015，pp. 1-11）：感觉运动阶段（0～2 岁）、前运算阶段（2～7 岁）、具体运算阶段（7～12 岁）和形式运算阶段（12～15 岁）。具体运算阶段的儿童进行的运算是有限的，需要借助具体的事物或过程进行思维，而不能进行语言假设。而形式运算阶段的儿童，不仅能够思考具体实物，还能推论语言假设，即思维不再依赖于具体事物，能够用语言文字进行想象，在头脑中解决问题。本研究的研究对象恰好处于具体运算阶段到形式运算阶段的过渡时期。以这一阶段的学生为研究对象，可通过"虚拟教具操作""言伴手势"等具身交互对合作探究的影响进行探讨。

本研究选取实验学校 2018—2019 年秋季学期期末成绩来代表学生的科学学业水平，用光的折射、简单电路、电磁感应的综合前测代表学生的先前知识水平。期末测试满分为 50 分，综合前测满分为 30 分（见附录 D）。如表 3-3 所示，四个班级的期末成绩 $[F（3，125）=1.716，p=0.167>0.05]$ 和前测成绩 $[F（3，126）=0.204，p=0.894>0.05]$ 均无显著性差异，说明各班学生的科学学业水平和先前知识水平相近。

表 3-3 四个实验班的期末成绩和前测成绩

	班级	Mean	SD	N	F	p
期末成绩	A 班	32.233	5.412	30	1.716	0.167
	B 班	32.706	5.243	34		
	C 班	29.636	6.651	33		
	D 班	29.750	9.873	32		
前测成绩	A 班	20.000	3.899	31	0.204	0.894
	B 班	19.529	3.816	34		
	C 班	19.273	4.296	33		
	D 班	19.875	4.598	32		

注：A 班学号为 26 的学生未参加期末考试。

（三）实验对象的实验参与情况

本研究在真实教学情境中，根据教学大纲和实际教学进度实施教育准实验。在实验开始前，对实验对象进行匿名处理，结合班级、组别、学号为实验对象分配实验编号。例如，实验编号 A-04-01，代表该学生来自 A 班，属于第 4 组的成员，学号为 01。实验初期 4 个班全部的 130 名学生参加了实验前问卷和综合前测。

在现实情境中，学生能否参与某堂课，受到多种不可控因素的影响，如学校其他活动、身体状况、学业状况（休学或转学）等的影响。例如，在"光的折射"探究活动环节的两个星期中，部分学生，尤其是 B 班 6 组的学生因参加学校活动，未能参与"光的折射"探究活动或后测。再如，D-04-16 学生从光的折射后测活动起，因休学未参与后续的系列活动。表 3-4 为各实验环节学生参与人数与有效人数。

表 3-4 各实验环节学生参与情况

环节	项目	参与人数	有效人数	备注
实验前问卷	—	130	130	
综合前测	—	130	130	

续表

环节	项目	参与人数	有效人数	备注
光的折射	探究活动	122	122	未参加：B-06-01，B-06-13，B-06-17，B-06-21，B-01-27，C-06-01，C-04-02，C-04-14
	探究问卷	121	121	未参加：同上； 参加活动但未提交问卷：B-04-19
	后测	123	116	进行后测但未参加活动（需剔除相应后测数据）：B-06-01，B-06-13，B-06-17，B-01-27，C-06-01，C-04-02，C-04-14 参加活动但未进行后测：B-04-02，B-01-12，C-04-12，C-05-29，D-04-16，D-05-31
简单电路	探究活动	129	129	未参加：D-04-16
	探究问卷	129	129	未参加：D-04-16
	后测	129	129	未参加：D-04-16
电磁感应	探究活动	128	128	未参加：C-02-20，D-04-16
	探究问卷	128	128	未参加：C-02-20，D-04-16
	后测	128	128	未参加：C-02-20，D-04-16
实验后问卷	—	128	128	未参加：B-04-19，D-04-16

三、实施过程

研究的实施过程主要分为前期调研阶段和正式实验阶段。

（一）前期调研阶段

在前期调研阶段，研究者对实验学校进行了预实验和相关资料收集，具体开展时间为 2018 年 10 月至 12 月（见导言部分）。通过预实验，研究者对科学探究活动录像及实验单、测试情况进行了分析，并基于分析结果对授课教师进行访谈，形成技术供给对合作探究影响的初步认知，从而发掘并确立研究问题。

在前期调研与正式实验的间隔期（2018 年 12 月至 2019 年 3 月），研究者与授课教师对正式实验阶段将要开展的科学课程内容进行分析，基于课程标准与教学大纲，选取适合小学科学课程标准的虚拟教具。结合教材内容与教学目标，根据所选虚拟教具的功能，进一步确定三轮教育实验的探究主题：光的折射、简单电路、电磁感应。接着，研究者与教师共同进行学习活动和探究任务的设计，确立以实验单任务流引导的小组合作探究形式；同时，根据预实验中发现的问题，设计引导小组合作的外部脚本。测试题则由教师和研究者根据学习目标共同开发。此外，研究者也通过与教师的沟通，进行研究工具的完善，如量表题项和问卷中开放题的表述。探究工具与研究工具的设计与开发细节，将在本章后续部分进行详细介绍。

（二）正式实验阶段

正式实验阶段从 2019 年 3 月初开始实施至 6 月末结束，包括实验前问卷、综合前测、教育实验、实验后问卷 4 个环节。各实验环节设置如图 3-4 所示。

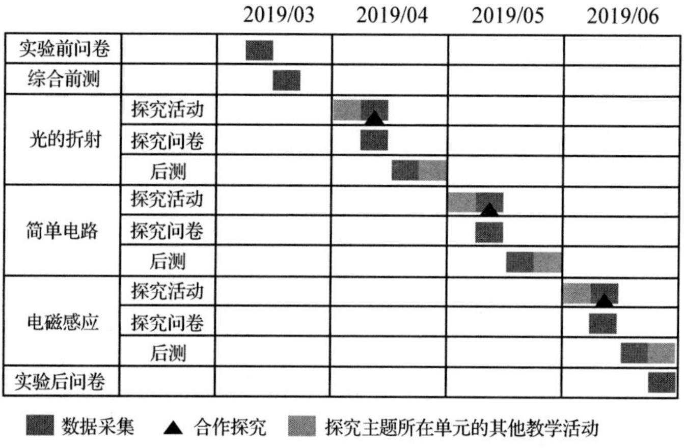

图 3-4 实验环节时间设置

正式实验开始前，通过实验前问卷调查学生对科学探究的态度感知；通过综合前测调查学生关于探究内容的先前知识水平。

在正式实验过程中，根据合作探究的技术供给的教育实验设计（见图 3-2），在实验学校开展三轮合作探究实验。如图 3-5 所示，本研究三轮实验所设计的探究主题活动均包含三个环节：探究活动导入、合作探究学习、反思问卷。授课教师负责课程活动的流程引导和学习资源的发放。在三个环节中，合作探究活动由小组实验单引导，小组自主进行；探究活动导入和反思问卷环节则在教师的带领下进行。

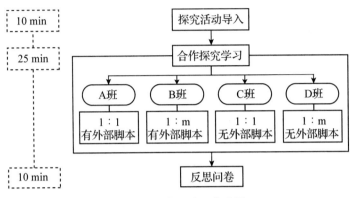

图 3-5　探究活动环节设置

正式实验结束后，学生参与实验后问卷调查，填写对科学探究等方面的态度感知情况。

数据收集与处理方面，在授课教师的辅助下，研究者对实验单、测试、问卷（含量表）、合作过程视频等数据进行收集。除后测是在探究活动后的第二个星期实施外，其余数据采集环节均在探究活动开展的当周进行。其中，测试和问卷为电子版（问卷星平台），学生通过平板电脑进行填答，系统根据设计好的评分标准自动存储与评分；实验单为纸质版，以拍照的形式保存资料，再由教师根据设计好的评分标准打分，由研究者核查。

此外，为减少其他因素对实验的干扰，实验期间研究者与授课教师仅针对活动开展的、数据收集的保障措施与流程管理进行交流。研究者在全部数据收集完成后，才开始对数据进行处理与分析。

第三节　探究工具

基于移动设备的虚拟教具、外部脚本、实验单作为主要的探究工具，与科学教室其他人工制品一起共同构成了小组合作探究的学习资源与环境，而其中的大部分技术都可以视为伊德所提出的处于"背景"的无焦技术（唐·伊德，2012，p. 113）。虚拟教具、外部脚本、实验单则属于有焦技术，处于学习实践的中心位置；其与学习者的关系则随着注意力焦点的改变，在"它异关系—诠释关系—具身关系"的连续体中发生变化（唐·伊德，2012，p. 113）。其中，虚拟教具和外部脚本是本研究"技术供给"的两个重要变量。下文将分别介绍虚拟教具、外部脚本、实验单的选取与设计。

一、虚拟教具

为探究真实情境下科学合作探究过程，探究实验所涉及的知识内容应包含教学大纲的单元内容（Varma & Linn，2012）。在本研究中，实验小学采用的是北京出版社出版的北京市义务教育课程改革实验教材《科学》。2018—2019 年春季学期，科学课课程大纲包括"认识人体""声音""光""电""磁"几个章节。

前人研究指出虚拟教具仅在视觉模态的信息无法轻易起作用时才具有劣势。例如，让学生感知体积相同密度不同的物体在重量上的差别（Pouw，van Gog，& Paas，2014）。本研究所选取的虚拟教具应能使学生仅从视觉模态就可以获得足够的实验信息。为学生提供视觉模态上丰富的交互信息，属于布莱克（Black，2010）技术具身类型中的增强具身。此外，虚拟教具的可操作性在某种意义上构成了代理具身，学习者通过对可操作点的交互，使现实世界的触控与虚拟世界中想象的代理相融合（Price，Roussos，Falcão et al.，2009）。

PhET（Physics Education Technology）交互式教学模拟平台受诺贝尔奖获得者卡尔·威曼（Carl Wieman）的资助，于 2002 年创立。科罗拉多大学博尔德分校（University of Colorado Boulder）作为该平台的创始团队，开发了一系列供教育和研究免费使用的教学模拟工具。结合实验学校科学课程大纲，研究者从 PhET 平台选取了 3 个教学模拟工具，作为实验探究中使用的虚拟教具。根据教学目标和所选虚拟教具的教学功能，研究者与授课教师将 3 个探究主题确定为：光的折射、简单电路、电磁感应。相应的虚拟教具界面如图 3-6 所示。

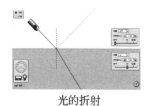
光的折射

简单电路

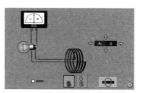
电磁感应

图 3-6　虚拟教具界面

前人研究表明，随着移动技术与硬件设备的发展，移动设备的类型已不是影响学习效果的因素（Crompton，Burke，Gregory et al.，2016；Sung，Chang，& Liu，2016）。本研究所选实验学校为科学课堂建设了科学教室，并为信息化教学准备了数十台型号统一的平板电脑。平板电脑基于 Android 系统，屏幕尺寸为 8 英寸，屏幕比例为 16：10。学习者在实验之前已具备该型号平板电脑的学习经验，能够较为熟练地使用平板电脑的基本软、硬件功能。

结合虚拟教具的功能和课程标准的要求，参考杨开城（2016）提出的知识建模标准，绘制出 3 个探究主题的知识图谱（见图 3-7、图 3-8、图 3-9）。其中，○代表概念，□代表规则，▢代表操作，—代表概念的并列关系，→代表：①一个概念从属于另一个概念；②一个规则包含某一个概念；③一个操作包含某一个概念或规则；④一个操作接下来的可能的操作。虚线（含圆形、方形、圆角矩形）代表该知识内容不属于探究活动的学习内容，在虚拟教具中有所涉及。

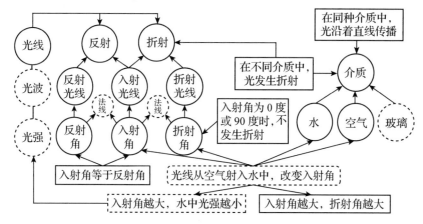

图 3-7　虚拟教具中光的折射知识图谱

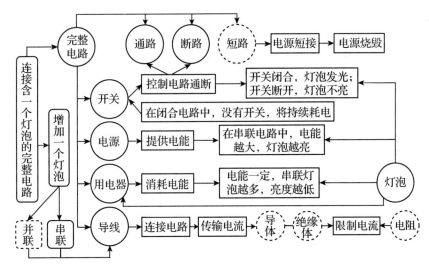

图 3-8　虚拟教具中简单电路知识图谱

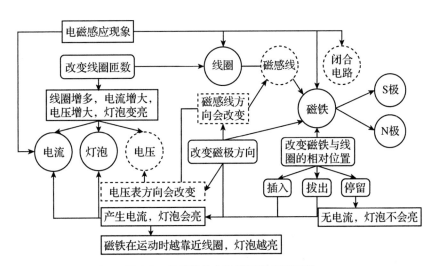

图 3-9　虚拟教具中电磁感应知识图谱

在探究主题的知识图谱中，圆角矩形所代表的"可操作功能"，作为连接物理世界与虚拟世界的具身接口，成为虚拟教具操作及相应视觉信息反馈的行动起点。在这样的过程中，学习者将虚拟教具视为"用以思考的对象"（object-to-think-with）（Lee，2014，p. 132），使其以设想的方式进行运作来开展认知过程。

二、外部脚本

本研究所设计的外部脚本属于通用型外部脚本，即从合作探究的角度，对小组合作过程与目标达成提供引导或建议。在设计外部脚本时，主要参考迪伦伯格和杰曼（Dillenbourg & Jermann，2007）关于外部脚本分类中的指示类脚本（instructed scripts）和提示类脚本（prompted scripts）。指示类脚本指由教师通过口头或书面的形式向学生传递明确的期望，但这种脚本也有可能被学生误解、遗忘或忽略；提示类脚本，则指提示学生承担相应的角色来促进小组合作。

首先是指示类脚本。在图 3-5 所示的探究活动导入环节中，教师为 A 班和 B 班提供包含图 3-10 所示的指示类外部脚本，其目的是促进小组探究任务的有效进行。指示类脚本以文本形式在导入环节的幻灯片上放映，在合作过程中教师也会给予相应的口头提示。

明确目标：阅读探究内容、探究步骤，明确探究任务和目标。

动手动脑：操作虚拟教具，认真观察现象，思考探究内容。

出声思维：小组成员将看到的现象记录下来（可以用纸笔），然后轮流发表自己的观点（注意进行补充，指出理解不一致的地方，并解释自己的观点）。

整合完善：一名成员（非组长）来整合大家的观点，其他团队成员进行补充和完善（在倾听别人发言时，应注意发现遗漏、错误的地方，对于不懂的地方应请求他人解释）。

结论得出：小组合作完成实验单。

图 3-10 指示类脚本

其次是提示类脚本。在前期调研中，研究者通过课堂观察与视频分析发现，部分小组存在较多的偏离主题行为。因而本研究在指示类脚本的基础上，还增加了提示类脚本，即提示小组成员承担"检查员"角色。"检查员"的设计综合了大卫·约翰逊和罗杰·约翰逊（1987，2004，pp.28-29）所提出的合作学习多种角色类型，包括形成型、功能型、总结型和促进型角色。此外，参考迪朗和阿曼迪（Durán & Amandi，2011）小组成员角色划分中的反思者，以及贝林（Belin，1997）小组成员角色划分中的监督员，本研究将检查员的角色功能定位在对合作进程、成员参与进行监督和促进上。检查员卡片上的信息描述了该角色的具体职责，如图 3-11 所示。

```
┌─────────────────────────────┐
│            检查员            │
│   明确探究内容，防止讨论偏题   │
│   提醒小组按实验要求进行操作   │
│   控制讨论进程，合理分配时间   │
│   提醒小组成员发言、参与合作   │
└─────────────────────────────┘
```

图 3-11　提示类脚本

检查员卡片由教师在合作探究活动开始前分发给各小组，由组长和组员共同指派一个成员担任"检查员"，目的是使合作探究能够较大程度地围绕任务主题进行。

三、实验单

移动技术的采用有助于教师和研究者共同设计探究学习活动（Looi，Zhang，Chen et al.，2011）。基于移动设备的虚拟教具作为合作探究学习过程中的认知工具，需要教师和研究者共同进行活动设计来引导小组的探究过程。实验是科学学习的重要特征，学生通过实验设计与实施来完成探究任务（Olympiou & Zacharia，2018）。小组实验单（group worksheet）提供了探究活动、步骤、内容等方面的引导，是支持学生进行探究任务的重要工具。小组实验单能够反映探究任务的完成情况，因而也是考察小组探究效果的测量工具。

实验单的设计影响着小组与环境的交互，也影响着小组内部的交互。预先构造好的学习环境虽然能够精简问题解决的步骤，但由此减少的工作负荷并不一定能够带来更好的学习效果（Pouw，van Gog，& Paas，2014）。结构完整的学习环境可能会阻碍学生问题解决能力的发展，探究流程应允许学生在适当范围内进行自由探索，而不是将所有步骤都设计完备（Pouw，van Gog，& Paas，2014）。教育领域的设计在某种程度上是在合用（usability）和努力（struggle）之间的权衡（tradeoffs）（Abrahamson，2009）。富有成效的失败（productive failure）强调了问题解决和学习之间的关系，是指结构不良问题可能会产生暂时性的失败，但会对学习迁移产生积极影响（Kapur & Bielaczyc，2012）。此外，相比于系统控制的学习，学习者自定步调的学习也能够降低认知负荷（Plass，Homer，& Hayward，2009）。

科恩（Cohen，1994）指出，在合作学习中，高阶思维技能的培养，应适当地增加交互，同时减少限制。希金斯等人（Higgins，Mercier，Burd et al.，2011）也指出对学习过程的过度支持，会限制自然发生的合作的潜力。在移动技术支持的合作学习领域中，大多数研究者都会采用概念化的合作学习策略，而不是结构化的合作学习策略。结构化的合作学习策略不需要小组目标和个人问责，教师通过结构化的活动序列来激励小组成员相互帮助以完成学习任务，但这种活动仅在低层次或死记硬背任务中有效（Fu & Hwang，2018）。概念化的合作学习策略包括小组调查、小组讨论、学术辩论、共同学习等，帮助学生在自主性、灵活度较高的学习环境下与同伴进行交互来完成非结构化的任务（Fu & Hwang，2018）。此外，班奇和贝尔（Banchi & Bell，2008）将探究分为四种类型：①证实型探究，学生通过活动来证实已知规律；②结构型探究，学生根据教师提出的问题，并通过处方性步骤进行探究；③引导型探究，学生根据教师提出的问题，并通过学生设计或选择的方法、步骤进行探究；④开放型探究，由学生形成探究问题，并设计或选择方法、步骤进行探究。其中，引导型探究更符合概念化合作学习理念，也较为适用于本研究所涉及的探究主题。

综上，本研究采用的小组探究学习活动属于概念化合作学习，且为引导型探究。相应地，小组实验单的设计应配合教学大纲的要求和虚拟教具支持下的知识图谱，并为学习者提供适当的自由探索、灵活交互的探究过程引导。为控制实验单的可获得性对探究过程的影响，本研究为1∶1和1∶m供给关系下的各个探究小组均仅提供一份纸质版小组实验单。实验单信息见附录 C。此外，实验单作为数据收集工具，还收集了小组成员的座次信息，用于后续的社会网络分析。

各探究主题的实验单均包含两个探究任务。探究任务 1 和探究任务 2 分别考察小组的不同水平的探究效果。探究任务 1 所考察的探究水平侧重于对实验现象的观察认识，即概念理解；探究任务 2 所考察的探究水平侧重于实验任务的设计，即问题解决。前者属于较低水平的探究任务，后者属于较高水平的探究任务。本研究将此部分的计分方式设计为个人得分与小组实验单得分一致，以此来提高小组成员合作的互动积极性（Theiner，2014，pp. 351-353）。实验单总分为 100 分，探究任务 1 和探究任务 2 各 50 分，实验单计分标准见附录 C。每轮实验数据收集后，实验单由两名教师背对背分别打分，最后对得分不一致的实验单进行讨论和修正，以保证得分的可靠性。

第四节　研究工具

研究工具的设计受研究方法与内容的引导，并指向数据的收集与分析。希尔珀特和马钱德（Hilpert & Marchand，2018）将研究设计与数据收集分为三种类型：时间密集、关系密集、时间—关系密集。其中，时间密集关注时间维度的变化性数据，关系密集关注人与人之间、人与系统的关系数据，时间—关系密集则对两者均有关注。本研究基于"纵向混合"研究范式，关注技术供给下合作探究的合作效果、协调模式、认知参与，既包含时间维度又包含关系维度，因而在研究工具设计上关注"时间—关系密集"类数据的采集与分析。

本研究涉及的研究工具包括测试题、问卷、量表、编码表，下面将分别进行介绍。其中，测试题包括综合前测和每轮实验中的后测试题，需要指出的是前面介绍的探究工具实验单也属于测试工具。问卷有"科学探究感知问卷""科学探究主题活动的反思问卷"两种，并相应地包含科学探究感知量表和科学探究合作体验量表。编码表则包括行动引导的合作探究编码表和合作探究中具身参与的认知框架。

一、测试题

小组实验单是用来反映探究水平的测量工具，测试题则是用来反映知识获取的测量工具，二者一同反映技术供给影响下的学习成效。下文主要介绍测试题的编制及区分度检验。

（一）测试题的编制

前测的目的是证明 4 个班级学生科学探究任务的相关知识无显著差

异，后测（探究活动一周之后进行的关于探究主题的测试）则用来测试学生参与学习任务后的知识获取情况。研究表明，在前、后测中使用同样的测试题会对测试结果的内部有效性（internal validity）产生潜在影响（Kapici，Akcay，& de Jong，2019），因而本研究前测与后测关于相同知识内容的题目并不完全相同，后续也不进行前、后测的对照分析。

测试题目由授课教师和研究者根据学习目标，结合实验使用的虚拟教具，对北京市小学科学题库中的相关题目进行改编或重新编制，并由一位拥有 10 年以上教龄的科学教师核查。接着，研究者对与实验对象学龄相近的学生进行小范围试测，进一步保证测试题目的合理性。此外，由于本研究是在真实的教学情境下根据教学大纲安排进行设计实施，因而需要在不影响教学进度的情况下完成各环节的数据收集。其中，测试题应能够在较短时间内完成且在一定水平上反映学生的知识获取情况。测试题具体内容见附录 D。

综合前测包含 15 道题目，共分为三部分，分别测量学生对"光的折射""简单电路""电磁感应"探究活动所在单元的先前知识水平。各部分题型均包含判断题与选择题，每部分包含 5 道题，每题分值为 2 分，总分为 10 分，即综合前测总分为 30 分。

后测分为"光的折射""简单电路""电磁感应"各探究主题的后测。每轮后测的试题均包含 6 道题，分别包含 1 道填空题、1 道判断题、4 道选择题，每道题分值为 10 分，总分为 60 分。每轮探究任务后测完成后，教师会带领学生进行知识点练习与总结，此类教学干预会影响学生对知识的获取与对概念的理解，因而本研究不设置综合后测。

此外，为避免不同探究主题中虚拟教具和任务难度可能存在的差异对测试结果的影响，在进行探究水平和知识获取比较时，本研究将对学生的实验单成绩和后测成绩进行标准化处理（戴海崎，张锋，陈雪枫，2011，pp. 110-111）。

（二）区分度检验

在正式实验探究活动开始的前一个月，学生完成关于"光的折射""简单电路""电磁感应"探索主题的综合前测。在每轮探究任务结束后的第二个星期，学生进行相应探究主题的后测。本研究采用区分度来反映测试题对不同水平个体的区分程度。首先，按照测试题总分排名前27%和排名后27%，将学生分为高分组和低分组。接下来，计算单个测试题的区分度，公式为D＝（高分组的平均分－低分组的平均分）÷满分值。当区分度 D 大于等于 0.3 时，即代表该题目有较高的区分度（彭凯平，1989，p.207）。由表 3-5 可知，综合前测和后测各题目的区分度均在可接受的范围内，能够反映个体间的差异。

表 3-5　测试题的区分度检验

综合前测	光（$N=130$）	D	电（$N=130$）	D	磁（$N=130$）	D
	Pre_L1	0.37	Pre_E1	0.31	Pre_M1	0.54
	Pre_L2	0.51	Pre_E2	0.46	Pre_M2	0.29
	Pre_L3	0.60	Pre_E3	0.66	Pre_M3	0.34
	Pre_L4	0.71	Pre_E4	0.49	Pre_M4	0.71
	Pre_L5	0.46	Pre_E5	0.43	Pre_M5	0.57
单轮后测	光（$N=116$）	D	电（$N=129$）	D	磁（$N=128$）	D
	Post_L1	0.71	Post_E1	0.46	Post_M1	0.29
	Post_L2	0.39	Post_E2	0.51	Post_M2	0.69
	Post_L3	0.68	Post_E3	0.49	Post_M3	0.40
	Post_L4	0.74	Post_E4	0.46	Post_M4	0.40
	Post_L5	0.29	Post_E5	0.51	Post_M5	0.49
	Post_L6	0.58	Post_E6	0.71	Post_M6	0.60

二、问卷

本研究采用的问卷有"科学探究感知问卷""科学探究主题活动的反思问卷"两种。前者包含背景信息和量表测试两部分，后者在以上两部分的基础上还包含任务反思报告，来收集学生在合作探究中的小组交互信息。问卷编制经过了多轮编辑与修订、专家论证、试测等环节，具体的信效度分析将在下文详细介绍。

（一）科学探究感知问卷

在三轮探究实验前，通过"科学探究感知问卷（实验前）"来调查学生对科学探究活动的认识和自我感知。具体包括以下内容。

⇨背景信息：学号（在调查过程中对学生信息进行匿名处理，通过学号将多组问卷数据进行匹配），学生的基本人口统计学信息（如性别、年龄、班级等），平板电脑的使用情况（如使用年限、每周使用平板电脑进行学习的平均时长）。

⇨量表测试：科学学科的学习动机、探究活动的焦虑程度、科学探究的自我效能、科学探究的小组效能。

在三轮教育实验后，通过"科学探究感知问卷（实验后）"来调查学生对科学探究活动的认识和自我感知，具体包括以下内容。

⇨背景信息：学号、班级。

⇨量表测试：科学学科的学习动机、探究活动的焦虑程度、科学探究的自我效能、科学探究的小组效能。

（二）科学探究主题活动的反思问卷

在每轮教育实验后，通过"科学探究主题活动的反思问卷"来调查学生对该探究任务的认识和自我感知，以及小组交互信息，具体包括以下内容。

⇨背景信息：学号、班级。

⇨量表测试：探究任务的自我效能、探究任务的小组效能、认知负荷（心理负荷和心理努力）、合作满意。

⇨反思报告：小组角色、资源使用、成员交流。

其中，反思报告的具体内容基于研究内容设计，并由多位小学阶段教师、教研人员参与问题描述与结构的讨论，最终得到符合本研究中学生的认知发展阶段理解能力的系列主观性问答题。具体地，小组角色相关问题为："在本次任务中，你在合作中扮演什么角色？具体做了哪些呢？"资源使用相关问题为："在本次任务中，小组是如何使用平板电脑进行合作的？"成员交流相关问题为："在本次任务中，你与哪几个组员交流得比较多？"具体问卷内容见附录 A。

三、量表

李克特量表（Likert scale）为某一操作化概念设计了多项陈述，每项陈述通过多级指标来了解被调查者的相对同意程度（艾尔·巴比，2009，p. 171）。常见的五等级李克特量表、七等级李克特量表等，均能够通过对指标进行赋值，来获得被调查者关于某一操作化概念的得分。通过纵向研究来调查学习者合作探究的发展性变化，需要获得能够进行纵向比较的相对同意程度，因而本研究的量表均以李克特量表的形式设计，具体均为七等级李克特量表（7-point Likert scale）。本研究采用的量表均改编自前人研究中采用的相关量表工具，具体编制和信效度检验情况如下。

（一）量表编制

1. 科学探究学习量表

"科学探究感知问卷（前测/后测）"中包含的"科学探究感知量表"共包含 4 个维度：科学学习的学习动机（learning motivation，LM）；探究活动的焦虑程度（anxiety level，AL）；科学探究的自我效能（self-efficacy，SE）；科学探究的小组效能（group efficacy，GE）。

格林和科巴尔拉（Glynn & Koballa，2006）开发的"科学动机问卷"（the Science Motivation Questionnaire，SMQ）共包含 6 个维度，30 道题项，每个维度有 5 道题项（转引自 Glynn，Taasoobshirazi，& Brickman，2009）。该量表各维度分别为：内在动机（intrinsically motivated）、外在动机（extrinsically motivated）、自身相关（personal relevance）、自我决定（self-determination）、自我效能（self-efficacy）、对科学评估的焦虑（anxiety about science assessment）。结合该量表各维度的具体题项和研究内容，本研究主要参考"科学动机问卷"中的学习动机、自我效能、对科学评估的焦虑 3 个维度。同时，本研究涉及小组合作，因而也将调查学生对其所在小组关于科学探究活动表现的效能感。有研究者（Guzzo，Yost，Campbell et al.，1993）编制了包含 8 道题项的"小组效能量表"（Potency Scale），在吉布森等人（Gibson，Randel，& Earley，2000）关于小组效能的研究中也证实了该量表的可靠性。

参考以上两个量表，本研究改编的"科学探究感知量表"的 4 个维度各包含 5 道题项。科学学习的学习动机维度包含"我学习到的科学知识要比我取得的成绩重要""理解科学知识让我有成就感"等题项；探究活动的焦虑程度维度包含"我担忧我在科学探究活动中的表现""我担心

我在科学探究活动中表现不好"等题项；科学探究的自我效能维度包含
"我认为我能在科学课上比其他同学表现得好""我相信我能在科学探究
任务中表现出色"等题项；科学探究的小组效能包含"我所在的小组总
是有信心能够完成任务""我所在的小组通常会成为表现得很好的小组"
等题项。具体题项的译文参考对照表，见附录 B。

2. 科学探究主题活动参与量表

"科学探究主题活动的反思问卷"中包含的"科学探究合作体验量
表"共包含 4 个维度：探究任务的自我效能、探究任务的小组效能、认
知负荷（Cognitive Load，CL）、合作满意（Group-process Satisfaction，
GS）。其中认知负荷又分为两个子维度：心理负荷（mental load，ML）
和心理努力（mental effort，ME）。

探究任务的自我效能和小组效能，区别于科学探究的自我效能和小
组效能，强调对当前探究任务的效能感。本研究参考布拉特菲施（Brat-
fisch，1972）开发的"感知困难量表"（Perceived Item-Difficulty）和帕
斯（Paas，1992）开发的"PAAS 心理努力量表"对于当前任务感知的量
表设计方式，仅使用一个题项来测量学生关于当前探究任务的自我效能
和小组效能。参考帕斯等人（Paas ＆ van Merriënboer，1994）和斯韦尔
等人（Sweller，Merriënboer，＆ Paas，1998）提出的认知负荷结构，本
研究参考的认知负荷量表共包含两个子维度，即心理负荷和心理努力。
具体地，本研究参考的认知负荷量表由研究者（Wang，Fang，＆ Miao，
2018）基于其他研究（Hwang，Yang，＆ Wang，2013）编制而成，包含
心理负荷和心理努力的认知负荷。此外，为调查学生在探究任务中的合
作满意，本研究还参考了萨维茨基等人（Savicki，Kelley，＆ Lingen-
felter，1996）编制的"小组过程满意度量表"。

参考以上四个量表，本研究改编的"科学探究合作体验量表"包含：
探究任务的自我效能、探究任务的小组效能各 1 个题项，心理负荷、心
理努力、合作满意各 4 个题项。其中，探究任务的自我效能题项为"在
本次任务中，我认为我在小组合作中的表现情况"，小组效能题项为"在
本次任务中，我认为我所在的小组在班级中的表现情况"；认知负荷的心
理负荷子维度包含"这次学习任务中学习活动的难度""这次学习任务中

探究内容的难度"等题项；认知负荷的心理努力子维度包含"这次学习任务让我投入心理努力的程度""这次学习任务让我耗费精力的程度"等题项。具体题项的中英文对照见附录 B。

（二）信度检验

信度是效度的必要不充分条件，即需要先进行信度分析，再进行效度分析。信度是指测验结果的一致性、稳定性及可靠性，一般多以内部一致性来表示该测验信度的高低。信度系数越高即表示量表的结果越一致、稳定与可靠。本研究选用克伦巴赫系数（Cronbach's α）来检验量表的内部一致性信度。

由表 3-6 可知，在实验前的施测中，"科学探究感知量表"的整体 Cronbach's α 为 0.885，学习动机、自我效能、焦虑水平、小组效能各维度的 Cronbach's α 分别为 0.891，0.928，0.896，0.924；在实验后的施测中，"科学探究感知量表"的整体 Cronbach's α 为 0.862，学习动机、自我效能、焦虑水平、小组效能各维度的 Cronbach's α 分别为 0.886，0.909，0.929，0.933。因此，可以认为本研究使用的"科学探究感知量表"具有较高的可靠性。

表 3-6　"科学探究感知量表"的可靠性分析

时间	量表维度	N	Cronbach's α	基于标准化项的 Cronbach's α	项数
实验前	整体	130	0.885	0.885	20
	Pre_LM	130	0.887	0.891	5
	Pre_SE	130	0.927	0.928	5
	Pre_AL	130	0.897	0.896	5
	Pre_GE	130	0.925	0.924	5
实验后	整体	128	0.844	0.862	20
	Post_LM	128	0.878	0.886	5
	Post_SE	128	0.906	0.909	5
	Post_AL	128	0.928	0.929	5
	Post_GE	128	0.933	0.933	5

由表 3-7 可知，"科学探究合作体验量表"在光的折射、简单电路、电磁感应探究主题中的整体 Cronbach's α 分别为 0.733，0.734，0.779；心理负荷、心理努力、合作满意各维度在各探究主题下的 Cronbach's α 均有较高水平。因此，可以认为本研究使用的"科学探究合作体验量表"具有较高的可靠性。

表 3-7　"科学探究合作体验量表"的可靠性分析

探究主题	量表维度	N	Cronbach's α	基于标准化项的 Cronbach's α	项数
光的折射	整体	121	0.723	0.733	12
	L＿ML	121	0.955	0.956	4
	L＿ME	121	0.711	0.703	4
	L＿GS	121	0.908	0.909	4
简单电路	整体	129	0.727	0.734	12
	E＿ML	129	0.946	0.948	4
	E＿ME	129	0.718	0.719	4
	E＿GS	129	0.916	0.917	4
电磁感应	整体	128	0.773	0.779	12
	M＿ML	128	0.952	0.954	4
	M＿ME	128	0.733	0.728	4
	M＿GS	128	0.934	0.936	4

（三）效度检验

效度是指测量工具或手段能够准确测出事物特性或功能的程度，反映了测量工具的有效性，本研究主要选取内容效度与结构效度检验方法。

1. 内容效度

内容效度又称表面效度或逻辑效度，指所设计的题目能否代表所要测量的内容或主题。对内容效度常采用逻辑分析与统计分析相结合的方法进行评价。逻辑分析一般由研究者或专家评判所选题目是否"看上去"符合测量的目的和要求。

在内容效度方面，本研究的以下工作对量表的内容效度进行了保障。

⇨多轮修订：本研究改编的"科学探究感知量表"和"科学探究合作体验量表"的题项均参考国内外权威和引用率较高的相关量表，进行多轮编辑与修订。例如，对所参考量表中包含的不同句式结构进行调整，使其统一。此外，相关领域专家也对量表内容的合理性进行了论证。

⇨问卷试测：在问卷及量表编制后，对与实验对象学龄相近的学生进行小范围试测。试测后对部分题项进行修改，以确保量表题项能够被该认知发展阶段的学生所理解。例如，使用"紧张"代替"焦虑"一词，将"科学实验和任务"改为"科学探究任务"。

2. 结构效度

结构效度是指测量结果体现出来的某种结构与测值之间的对应程度。本研究使用 AMOS 对验证性因子分析得到的量表结构进行模型验证，以及反映量表内部结构及题项的结构效度。

"科学探究感知量表"实验前后的模型拟合指数如下所示。

实验前：$\chi^2(164) = 316.949$，$p < 0.001$，$\chi^2/df = 1.933$，CFI $= 0.926$，RMSEA $= 0.085$。

实验后：$\chi^2(164) = 404.552$，$p < 0.001$，$\chi^2/df = 2.467$，CFI $= 0.893$，RMSEA $= 0.107$。

以上信息表明"科学探究感知量表"在实验前和实验后施测中均达到模型拟合良好水平，说明该量表具有较高的结构效度，证明了量表结构的合理性。

"科学探究合作体验量表"三轮探究实验的模型拟合指数分别如下所示。

光的折射：$\chi^2(51) = 127.278$，$p < 0.001$，$\chi^2/df = 2.496$，CFI $= 0.926$，RMSEA $= 0.108$。

简单电路：$\chi^2(51) = 92.578$，$p < 0.001$，$\chi^2/df = 1.815$，CFI $= 0.962$，RMSEA $= 0.079$。

电磁感应：$\chi^2(51) = 158.855$，$p < 0.001$，$\chi^2/df = 3.115$，CFI $= 0.917$，RMSEA $= 0.128$。

以上信息表明"科学探究合作体验量表"在各探究主题中均达到模型拟合良好水平，说明该量表具有较高的结构效度，证明了量表结构的合理性。

此外，"科学探究感知量表"和"科学探究合作体验量表"中各题项的区分度如表 3-8 和表 3-9 所示，说明在这两个量表中各题项均具有较高的区分度，能够反映个体间的差异。

表 3-8　"科学探究感知量表"各题项的区分度检验

量表维度	实验前（$N=130$）	D	实验后（$N=128$）	D
学习动机	Pre_LM1	0.52	Post_LM1	0.39
	Pre_LM2	0.64	Post_LM2	0.43
	Pre_LM3	0.56	Post_LM3	0.31
	Pre_LM4	0.56	Post_LM4	0.41
	Pre_LM5	0.60	Post_LM5	0.37
自我效能	Pre_SE1	0.64	Post_SE1	0.53
	Pre_SE2	0.61	Post_SE2	0.44
	Pre_SE3	0.58	Post_SE3	0.45
	Pre_SE4	0.67	Post_SE4	0.60
	Pre_SE5	0.66	Post_SE5	0.60
焦虑水平	Pre_AL1	0.65	Post_AL1	0.64
	Pre_AL2	0.56	Post_AL2	0.58
	Pre_AL3	0.65	Post_AL3	0.60
	Pre_AL4	0.53	Post_AL4	0.58
	Pre_AL5	0.40	Post_AL5	0.39
小组效能	Pre_GE1	0.57	Post_GE1	0.48
	Pre_GE2	0.66	Post_GE2	0.62
	Pre_GE3	0.70	Post_GE3	0.65
	Pre_GE4	0.63	Post_GE4	0.47
	Pre_GE5	0.65	Post_GE5	0.50

表 3-9　科学探究合作体验量表各题项的区分度检验

量表维度	光（$N=121$）	D	电（$N=129$）	D	磁（$N=128$）	D
自我效能	L_SE	0.50	E_SE	0.51	M_SE	0.45
小组效能	L_GE	0.62	E_GE	0.59	M_GE	0.54

续表

量表维度	光（$N=121$）	D	电（$N=129$）	D	磁（$N=128$）	D
心理负荷	L _ ML1	0.67	E _ ML1	0.64	M _ ML1	0.68
	L _ ML2	0.64	E _ ML2	0.61	M _ ML2	0.69
	L _ ML3	0.63	E _ ML3	0.67	M _ ML3	0.65
	L _ ML4	0.65	E _ ML4	0.64	M _ ML4	0.69
心理努力	L _ ME1	0.30	E _ ME1	0.43	M _ ME1	0.41
	L _ ME2	0.62	E _ ME2	0.71	M _ ME2	0.67
	L _ ME3	0.74	E _ ME3	0.69	M _ ME3	0.76
	L _ ME4	0.61	E _ ME4	0.58	M _ ME4	0.69
合作满意	L _ GS1	0.51	E _ GS1	0.58	M _ GS1	0.49
	L _ GS2	0.68	E _ GS2	0.71	M _ GS2	0.67
	L _ GS3	0.61	E _ GS3	0.74	M _ GS3	0.65
	L _ GS4	0.54	E _ GS4	0.51	M _ GS4	0.50

通过以上分析，最终认定本研究中所涉及的量表具有较高的效度和信度，能够反映被测的相关水平。

四、编码表

编码（coding）是将原始资料转换成标准化形式的过程（艾尔·巴比，2009，p.548）。编码是对信息进行归类，其目的是发现资料间存在的模式（艾尔·巴比，2009，p.381）。在本研究中共有三个部分涉及编码。其一，在提取小组成员角色时，首先对学生的自我报告进行开放式编码，为学生在小组合作中的角色贴标签，其次通过多轮实验中的资料进行验证，最后根据学生的角色标签和角色兼任的实际情况，归纳角色的类属；其二，对录制组合作视频中学生的行动进行多模态会话分析，需要根据具体视频材料和研究内容建立编码表，并在编码的过程中不断地调整和改进编码表，进而才能进行后续的行为转换分析；其三，在行动编码的基础上，结合认知框架理论，设计合作探究中具身参与的编码框架，并根据编码框架对已提取的行动进行再次编码，进而才能进行后续的认知网络分析。

因此，本研究主要涉及两个编码表的开发：对合作视频进行多模态会话分析的编码表和基于认知框架理论的编码表。下面简要介绍这两个编码表的开发及效度检验。具体的开发过程将在对应的章节中呈现。

（一）行动引导的合作探究编码表

由文献综述部分可知，在小组交互行为的相关研究中，前人研究对合作中的异步互动、同步互动进行了探讨，设计并开发了相应的小组交互分析编码表。但目前研究尚未有直接适用于合作探究且强调行动特征的会话分析编码表。因此，本研究在前人相关研究和相关编码表的经验基础上，通过对视频数据进行分析，建构适用于科学合作探究情境的编码表。编码表的建构，将有助于发展面对面小组同步互动的研究工具。编码表关注小组呈现的多模态信息，即不但对学生的言语信息进行编码，而且关注与合作探究活动相关的肢体动作，尤其是手势在探究中的作用，以此来辅助识别行动发起者的意图。

参考前人研究相关编码体系（Wang，Fang，& Gu，2020；Olympiou & Zacharia，2018；Wang，Duh，Li et al.，2014；Bell，Urhahne，Schanze et al.，2010），本研究对视频数据进行了初步分析与试编码。研究者（Wang，Ma，& Wu，2020）基于其他研究（Gunawardena，Lowe，& Anderson，1997；Hou & Wu，2011）设计的"动词引导的同步互动"编码表，关注学生为完成任务而进行的交互行为，但该编码表仅适用于基于文本的在线同步互动，且缺乏对探究学习特征的关注。因此，本研究结合学生在合作中的具体行动和探究过程，在前人研究的基础上设计了"行动引导的合作探究编码表"（见表 3-5），以此来探究小组行为模式。编码表共分为四个维度：学习相关（academic-related）、社交连接（social connection）、技术问题（technical issues）、偏离主题（off-topic）。学习相关维度的编码有：A1 问题提出（ask）、A2 行动回应（respond）、A3 信息提供（offer）、A4 实验执行（conduct）、A5 现象分析（analyze）、A6 差异协商（negotiate）、A7 结论得出（conclude）、A8 任务引导（lead）、A9 进度检查（check）。社交连接维度的编码有：S1 社交连接（social connection）。技术问题维度的编码有：T1 技术问题。偏离主题维度的编码有：O1 偏离主题。

　　具体的参考依据、编码含义和编码过程详见第五章。在编码过程中，由两名研究者首先通过编码训练，再分别对小组交互的 3455 个行动进行编码。对两名研究者的编码进行内部一致性检验（inter-rater reliability），得到 Kappa 系数为 0.970（$p<0.001$，$N=3455$），表明编码质量在可接受的水平上。此外，鲁尔克和安德森（Rourke & Anderson，2004）认为当编码表基于相关文献梳理和前人编码体系设计而来时，也能说明该编码表的有效性。

（二）合作探究中具身参与的认知框架

　　行动背后反映的是个体或群体的认知参与。在认知网络分析中，认知框架中维度与认知元素设计，为后续认知网络建模、分析与比较提供了理论基础与分析依据。在本研究的小组合作中，学生的行动体现了为完成小组探究任务的认知参与情况。在第五章行为转换分析的基础上，本研究将采用认知网络分析的方法对录制组合作视频中学生的 3038 个主题相关的行动进行再次编码。编码所使用的工具为本研究根据合作视频编制的"合作探究中具身参与的认知框架"。

　　具身参与的意义与学习情境密切相关，因而需要将合作探究的相关认知元素也纳入认知框架中。结合研究具体情境和具身认知相关理论，本研究设计的认知框架共有两个维度，分别是合作探究和具身参与。合作探究维度包含合作支持（cooperation support，CS）、实验操作（experiment operation，EO）、分析整合（integrated analysis，IS）、任务协调（task coordination，TC）四个认知元素；具身参与维度包括在线行动（online movement，OM）、离线认知（off-line cognition，OC）、认知卸载（cognition offload，CO）、经验调取（experience retrieve，ER）四个认知元素。

　　具体的参考依据、编码含义和编码过程详见第六章。在编码过程中，由两名研究者首先通过编码训练，接下来分别对提取的 3038 个主题相关的学生行动和 1696 个具身参与相关的学生行动进行编码。对两名研究者的编码进行内部一致性检验，得到合作探究维度 Kappa 系数为 0.928（$p<0.001$，$N=3038$），具身参与维度 Kappa 系数为 0.916（$p<0.001$，$N=$

1696），表明编码质量在可接受的水平上。

本章小结

本章从合作探究的技术供给、行动导向的认知协调、具身经验与认知框架等理论基础出发，进一步分析了研究问题和研究内容：①从合作效果来看，技术供给对合作探究有怎样的影响；②从互动过程来看，技术供给对合作探究的影响是如何发生的。技术供给在合作探究活动中起到支持和约束作用，既是具身认知在本研究中的应用起点，也是研究设计中的主要自变量。具体地，本研究设计的技术供给包含两个方面：虚拟教具的供给比例和外部脚本的提供与否。

合作效果反映的是结果层面的影响，协调模式和具身参与则反映了过程层面的影响。相应地，在纵向混合研究范式下，本研究采用教育准实验和认知民族志两种研究方法，分别对结果层面和过程层面的研究问题进行探究。具体地，光的折射、简单电路、电磁感应三轮教育准实验构成了三因素混合实验设计，并通过实验单、测试题、量表等研究工具收集学习成效和感知体验的相关数据。认知民族志的资料分析设计则从协调模式和具身参与两方面进行：协调模式包含角色互动和行为模式，对应地将采用社会网络分析和行为转换分析的数据分析方法对文本、视频进行编码分析；合作探究中的具身参与，则需要通过认知网络分析方法中的认知框架设计和认知网络建模对视频进行分析。在接下来的章节中，本研究将分别对研究问题对应的内容进行探讨，并对研究设计中涉及的研究工具与数据分析过程进行详细介绍。

第四章　技术供给对学习成效与感知体验的影响

　　基于具身认知及相关理论，本研究设计了合作探究中的"技术供给"这一实验干预，具体包括教具的供给比例、外部脚本提供与否两个自变量。本章节将主要探讨技术供给对三轮教育准实验合作效果的影响。合作效果，一方面包括学生在技术供给作用下的学习成效，另一方面包括学生在实验期间和实验前后的合作体验。具体地，本研究将使用概念理解、问题解决、知识获取来反映合作探究的学习成效，使用实验期间的合作体验和实验前后的态度感知来反映学生的感知体验。在方法上，将采用重复测量方差分析（repeated measures ANOVA）的方法对技术供给影响下的合作探究的学习成效和感知体验进行分析。具体将从组间效应和组内效应来进行数据分析。组间效应，用来反映技术供给对三轮实验的整体影响；组内效应，则用来反映技术供给对不同探究主题时序上的作用。

第一节　学习成效

　　学习成效包含小组在实验过程中的探究效果和实验后的知识获取，探究效果则分为概念理解和问题解决。以概念理解、问题解决、知识获取为因变量，不同主题的科学探究活动（光的折射、简单电路、电磁感应三个水平）为被试内因素，虚拟教具（1∶1和1∶m两个水平）与外部脚本（有和无两个水平）为被试间因素，三轮教育准实验构成了三因素混合实验设计。具体地，实验单探究任务1的成绩反映概念理解维度上的探究效果，探究任务 2 的成绩则反映问题解决维度上的探究效果；后测成绩用来反映学生的知识获取。

为进行不同主题探究效果和知识获取的比较，须对学生的实验单成绩和后测成绩进行标准化处理（戴海崎，张锋，2018）。具体操作为：首先，对实验单成绩和后测成绩做标准化处理，得到正态化的标准分数，即 Z 分数（Z-score）；其次，对 Z 分数进行线性变换，得到 T 分数（$T=50+10Z$），应用于后续的数据分析中。

在报告显著性结果时，本研究同时报告相应的效应值（effect size），即使用偏 eta 方（partial η^2）来代表效果大小。partial η^2 为 0.01 左右时，代表自变量具有较小影响；partial η^2 为 0.06 左右时，代表自表量具有中等影响；partial η^2 为 0.15 时，代表自表量具有较大的影响（Cohen，1988）。

接下来，本文分别从概念理解、问题解决、知识获取角度来分析合作探究中技术供给（虚拟教具、外部脚本）对学习成效的影响。

一、概念理解

表 4-1 为探究效果中概念理解的描述性统计信息，共有 120 名学生完整地参加了三轮探究实验，即总人数 N 为 120。图 4-1 为相应的簇状柱形图。

表 4-1 概念理解的描述性统计（$N=120$）

虚拟教具	外部脚本	光的折射		简单电路		电磁感应		N
		Mean	SD	Mean	SD	Mean	SD	
1：m	有	58.45	5.58	58.45	5.21	55.19	9.69	29
	无	47.95	8.98	52.25	9.24	56.39	6.97	31
	整体	53.03	9.15	55.25	8.13	55.81	8.35	60
1：1	有	44.56	11.44	44.09	10.76	44.18	11.78	31
	无	49.68	7.78	44.45	4.80	44.82	4.14	29
	整体	47.03	10.10	44.26	8.36	44.49	8.88	60
整体	有	51.27	11.42	51.03	11.14	49.50	12.08	60
	无	48.79	8.40	48.48	8.35	50.80	8.17	60
	整体	50.03	10.06	49.76	9.89	50.15	10.29	120

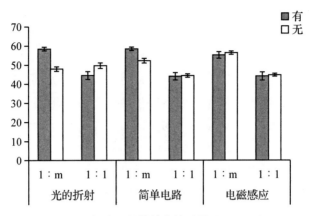

图 4-1 概念理解的簇状柱形图（$N=120$）

接下来对合作探究的概念理解进行重复测量方差分析。因变量为实验单探究任务 1 成绩所代表的"概念理解"（经过 T 分数转换），被试内因子为探究主题（光的折射、简单电路、电磁感应），被试间因子为虚拟教具（1：m、1：1）和外部脚本（有、无）。

重复测量方差分析需进行球形假设检验（温忠麟，2006，pp. 228-229）。Mauchly 球形检验（Mauchly's test of sphericity），适用于 3 个及以上水平被试间因素的重复测量实验，用于检验不同测量之间的方差、相关系数均相等的假设。

经 Mauchly 球形检验，后测成绩球形假设成立（$\chi^2=2.696$，$p=0.260>0.05$），各组间协方差矩阵齐性。下面分别从组间效应和组内效应进行差异性分析。

（一）组间效应

如表 4-2 所示，组间效应检验表明：虚拟教具 [$F(1, 116)=200.144$，$p<0.001$，partial $\eta^2=0.633$] 和外部脚本 [$F(1, 116)=5.426$，$p=0.022<0.05$，partial $\eta^2=0.045$] 对概念理解均有显著影响；同时，虚拟教具和外部脚本的交互效应显著 [$F(1, 116)=28.960$，$p<0.001$，partial $\eta^2=0.200$]。

表 4-2　概念理解的组间效应检验

	F（1，116）	p	partial η^2
虚拟教具	200.144***	0.000	0.633
外部脚本	5.426*	0.022	0.045
虚拟教具×外部脚本	28.960***	0.000	0.200

注：*表示 $p<0.05$；**表示 $p<0.01$；***表示 $p<0.001$，下同。

接下来，将采用 Bonferroni 矫正法进行事后检验。

1. 虚拟教具和外部脚本的主效应

如表 4-3 所示，虚拟教具和外部脚本对概念理解均有显著影响。具体表现为，1：m 条件下的概念理解显著好于 1：1 条件，Mean difference＝9.483，$p<0.001$，partial $\eta^2=0.633$，95% CI（Confidence Interval）＝[8.156，10.811]；有外部脚本的概念理解显著好于无外部脚本的，Mean difference＝1.562，$p=0.022<0.05$，partial $\eta^2=0.045$，95% CI＝[0.234，2.889]。

表 4-3　虚拟教具和外部脚本对概念理解的主效应

		Mean	SE	Mean Difference	p	partial η^2
虚拟教具	1：m	54.780	0.474	9.483***	0.000	0.633
	1：1	45.296	0.474			
外部脚本	有	50.819	0.474	1.562*	0.022	0.045
	无	49.257	0.474			

2. 虚拟教具和外部脚本的交互效应

如表 4-4 所示，虚拟教具和外部脚本对概念理解具有交互效应。

表 4-4　虚拟教具×外部脚本在概念理解上的各水平比较

虚拟教具	外部脚本	Mean	SE	Mean Difference	p	partial η^2
1：m	有	57.364	0.681	5.169***	0.000	0.204
	无	52.195	0.659			
1：1	有	44.273	0.659	−2.046*	0.033	0.039
	无	46.319	0.681			

具体比较结果如下所示。

在 1：m 条件下，对于概念理解的表现，有外部脚本要显著好于无外部脚本，Mean difference＝5.169，$p<0.001$，partial $\eta^2＝0.204$，95％ CI＝[3.291，7.047]。在 1：1 条件下，对于概念理解的表现，无外部脚本要显著好于有外部脚本，Mean difference＝－2.046，$p＝0.033<0.05$，partial $\eta^2＝0.039$，95％ CI＝[－3.924，－0.168]。

有外在脚本时，对于概念理解的表现，在 1：m 条件下好于 1：1 条件，Mean difference＝13.091，$p<0.000$，partial $\eta^2＝0.622$，95％ CI＝[11.213，14.969]。无外在脚本时，对于概念理解的表现，仍是在 1：m 条件下好于 1：1 条件，Mean difference＝5.985，$p<0.001$，partial $\eta^2＝0.249$，95％ CI＝[3.998，7.754]。

（二）组内效应

组内效应检验表明（见表 4-5），探究主题与虚拟教具的交互作用对概念理解的影响在统计学上呈边缘显著 $[F_{(2,232)}＝2.965，p＝0.054>0.05，partial \eta^2＝0.025]$。同时，探究主题、虚拟教具与外部脚本的交互效应显著 $[F_{(2,232)}＝5.599，p＝0.004<0.01，partial \eta^2＝0.046]$。

表 4-5　概念理解的组内效应检验

	$F_{(2,232)}$	p	partial η^2
探究主题	0.053	0.949	0.000
探究主题×虚拟教具	2.965	0.054	0.025
探究主题×外部脚本	1.579	0.208	0.013
探究主题×虚拟教具×外部脚本	5.599[**]	0.004	0.046

接下来，将采用 Bonferroni 矫正法进行事后检验。

1. 探究主题与虚拟教具的交互效应

如表 4-6 所示，在三轮探究实验中，1：m 条件对概念理解的正向促进作用显著大于 1：1 条件，且在后两个主题（简单电路、电磁感应）中 1：1 条件的促进程度更大。具体地，探究主题为光的折射时，1：m 条件对概念理解的促进作用显著大于 1：1 条件，Mean difference＝6.080，

$p<0.001$，partial $\eta^2=0.111$，95％ CI＝［2.908，9.251］。探究主题为简单电路时，1∶m 条件对概念理解的促进作用显著大于 1∶1 条件，Mean difference＝11.080，$p<0.001$，partial $\eta^2=0.331$，95％ CI＝［8.183，13.977］。探究主题为电磁感应时，1∶m 条件对概念理解的促进作用仍显著大于 1∶1 条件，Mean difference＝11.290，$p<0.001$，partial $\eta^2=0.304$，95％ CI＝［8.151，14.429］。

表 4-6　探究主题×虚拟教具在概念理解上的各水平比较

探究主题	虚拟教具	Mean	SE	Mean Difference	p	partial η^2
光的折射	1∶m	53.199	1.132	6.080 **	0.000	0.111
	1∶1	47.119	1.132			
简单电路	1∶m	55.351	1.034	11.080 ***	0.000	0.331
	1∶1	44.271	1.034			
电磁感应	1∶m	55.789	1.121	11.290 ***	0.000	0.304
	1∶1	44.499	1.121			

此外，在 1∶m 条件下，光的折射、简单电路、电磁感应探究主题的概念理解无显著差异；在 1∶1 条件下，光的折射、简单电路、电磁感应探究主题的概念理解无显著差异。这说明，探究主题的实施时序并未影响虚拟教具供给比对概念理解的作用。

2. 探究主题、虚拟教具与外部脚本的交互作用

如表 4-7 所示，探究主题、虚拟教具与外部脚本的交互作用对概念理解有显著影响。探究主题为光的折射时，在 1∶m 条件下，提供外部脚本的概念理解要显著好于不提供外部脚本的，Mean difference＝10.496，$p<0.001$，partial $\eta^2=0.156$，95％ CI＝［6.011，14.981］；在 1∶1 条件下，提供外部脚本的概念理解要显著好于不提供外部脚本的，Mean difference＝－5.129，$p＝0.025<0.05$，partial $\eta^2=0.042$，95％ CI＝［－9.614，－0.644］。探究主题为简单电路时，在 1∶m 条件下，提供外部脚本的概念理解要显著好于不提供外部脚本的，Mean difference＝6.205，$p=0.003<0.01$，partial $\eta^2=0.072$，95％ CI＝［2.108，10.302］。

表 4-7 探究主题×虚拟教具×外部脚本在概念理解上的各水平比较

探究主题	虚拟教具	外部脚本	Mean	SE	Mean Difference	p	partial η^2
光的折射	1∶m	有	58.447	1.628	10.496***	0.000	0.156
		无	47.951	1.574			
	1∶1	有	44.555	1.574	−5.129*	0.025	0.042
		无	49.684	1.628			
简单电路	1∶m	有	58.453	1.487	6.205**	0.003	0.072
		无	52.249	1.438			
	1∶1	有	44.089	1.438	−0.363	0.861	0.000
		无	44.452	1.487			
电磁感应	1∶m	有	55.192	1.611	−1.194	0.595	0.002
		无	56.386	1.558			
	1∶1	有	44.176	1.558	−0.646	0.774	0.001
		无	44.822	1.611			

由此可见，对于合作探究中概念理解的表现，外部脚本对 1∶m 条件的正向促进作用随时间而减弱，同样，外部脚本对 1∶1 条件的负向促进作用也随时间而减弱。这说明对于低水平探究任务，随着小组对外部脚本的适应与内化，外部脚本的正面作用或负面作用最终都会淡化，逐渐与小组的内部脚本相适应和融合，以应对技术供给下的小组任务。

进一步地，对探究主题、外部脚本与虚拟教具对概念理解的交互作用进行事后检验，可以发现：各探究主题在大多数情况下，无论是否提供外部脚本，在 1∶m 条件下在探究水平上大多好于 1∶1 条件。仅有一种情况例外，即探究主题为光的折射，且不提供外部脚本时，1∶m 条件和 1∶1 条件对概念理解的影响无显著差异，Mean difference＝−1.733，p＝0.446＞0.05，partial η^2＝0.005，95% CI＝[−6.218, 2.753]。这说明在不提供外部脚本的情况下，虚拟教具的供给比例对概念理解具有延迟作用，即在后两轮实验中，1∶m 条件和 1∶1 条件的差异才得以显露。

二、问题解决

表 4-8 为探究效果中问题解决的描述性统计信息，共有 120 名学生完整地参加了三轮探究实验，即总人数 $N = 120$。图 4-2 为相应的簇状柱形图。

表 4-8　问题解决的描述性统计（$N = 120$）

虚拟教具	外部脚本	光的折射		简单电路		电磁感应		N
		Mean	SD	Mean	SD	Mean	SD	
1∶m	有	47.64	8.74	52.64	6.42	57.45	9.53	29
	无	52.72	12.38	49.00	14.19	48.92	10.37	31
	整体	50.26	10.99	50.76	11.20	53.04	10.78	60
1∶1	有	55.18	8.60	55.27	4.37	44.92	6.03	31
	无	44.13	5.62	46.94	6.83	48.47	8.72	29
	整体	49.84	9.15	51.24	7.03	46.64	7.60	60
整体	有	51.54	9.40	54.00	5.57	50.98	10.07	60
	无	48.57	10.57	48.00	11.21	48.70	9.53	60
	整体	50.05	10.07	51.00	9.31	49.84	9.83	120

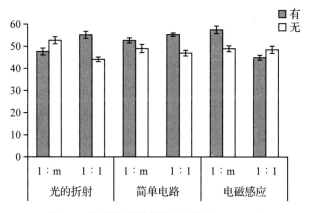

图 4-2　问题解决的簇状柱形图（$N = 120$）

接下来对合作探究的问题解决进行重复测量方差分析。因变量为实验单探究任务 2 成绩所代表的问题解决（经过 T 分数转换），被试内因子为探究主题（光的折射、简单电路、电磁感应），被试间因子为虚拟教具（1∶m、1∶1）和外部脚本（有、无）。

经 Mauchly 球形检验，问题解决球形假设不成立（$\chi^2 = 11.903$，$p = 0.003 < 0.05$），因此采用 Greenhouse-Geisser 校正的结果（张文彤，董伟，2013，p.74）。下面分别对组间效应和组内效应进行差异性分析。

（一）组间效应

如表 4-9 所示，组间效应检验表明：虚拟教具［F（1，116）= 3.781，$p = 0.054 > 0.05$，partial $\eta^2 = 0.032$］对问题解决的影响在统计学上边缘显著；外部脚本对问题解决有显著影响［F（1，116）= 10.985，$p = 0.001 < 0.01$，partial $\eta^2 = 0.087$］。

表 4-9　问题解决的组间效应检验

	F（1，116）	p	partial η^2
虚拟教具	3.781	0.054	0.032
外部脚本	10.985**	0.001	0.087
虚拟教具×外部脚本	1.600	0.208	0.014

接下来，将采用 Bonferroni 矫正法进行事后检验。

虚拟教具和外部脚本对问题解决的主效应如表 4-10 所示。虚拟教具对问题解决的影响在统计学上呈边缘显著，Mean difference = 2.242，$p = 0.054 > 0.05$，partial $\eta^2 = 0.032$，95% CI = ［−0.042，4.526］。对于问题解决的表现，有外部脚本显著好于无外部脚本，Mean difference = 3.821，$p = 0.001 < 0.01$，partial $\eta^2 = 0.087$，95% CI = ［1.538，6.105］。

表 4-10　虚拟教具和外部脚本对问题解决的主效应

		Mean	SE	Mean Difference	p	partial η^2
虚拟教具	1∶m	51.394	0.815	2.242	0.054	0.032
	1∶1	49.152	0.815			
外部脚本	有	52.184	0.815	3.821**	0.001	0.087
	无	48.362	0.815			

(二) 组内效应

组内效应检验表明（见表 4-11），探究主题与虚拟教具对问题解决的交互效应显著 [F (1.821, 211.231) $=6.781$, $p=0.001<0.01$, partial $\eta^2=0.055$]。同时，探究主题、虚拟教具与外部脚本的交互效应显著 [F (1.821, 211.231) $=24.907$, $p<0.001$, partial $\eta^2=0.177$]。

表 4-11　问题解决的组内效应检验

	F (1.821, 211.231)	p	partial η^2
探究主题	0.705	0.482	0.006
探究主题×虚拟教具	6.781**	0.001	0.055
探究主题×外部脚本	1.775	0.175	0.015
探究主题×虚拟教具×外部脚本	24.907***	0.000	0.177

接下来，将采用 Bonferroni 矫正法进行事后检验。

1. 探究主题与虚拟教具的交互效应

如表 4-12 所示，探究主题为光的折射和简单电路时，1∶m 条件和 1∶1 条件对问题解决的表现无显著影响。探究主题为电磁感应时，1∶m 条件下的问题解决表现显著好于 1∶1 条件，Mean difference $=6.489$，$p<0.001$, partial $\eta^2=0.123$，95％ CI$=$ [3.743, 10.240]。相比于概念理解维度，1∶m 条件在各探究主题中均好于 1∶1 条件，问题解决维度下 1∶m 条件的优势在第三轮实验中才得以显现。

表 4-12　探究主题×虚拟教具在问题解决上的各水平比较

探究主题	虚拟教具	Mean	SE	Mean Difference	p	partial η^2
光的折射	1∶m	50.180	1.190	0.524	0.756	0.001
	1∶1	49.656	1.190			
简单电路	1∶m	50.819	1.142	−0.287	0.857	0.000
	1∶1	51.105	1.142			
电磁感应	1∶m	53.184	1.137	6.489***	0.000	0.123
	1∶1	46.695	1.137			

2. 探究主题、虚拟教具与外部脚本的交互效应

如表 4-13 所示，探究主题、虚拟教具与外部脚本的交互效应显著。探究主题为光的折射时，在 1：m 条件下，提供外部脚本的问题解决要显著次于不提供外部脚本的，Mean difference = -5.081，$p = 0.032 <$ 0.05，partial $\eta^2 = 0.038$，95% CI = $[-9.793, -0.369]$；在 1：1 条件下，提供外部脚本的问题解决要显著好于不提供外部脚本的，Mean difference = 11.053，$p < 0.001$，partial $\eta^2 = 0.157$，95% CI = $[6.341, 15.765]$。探究主题为简单电路时，在 1：1 条件下，提供外部脚本的问题解决要显著好于不提供外部脚本的，Mean difference = 8.331，$p <$ 0.001，partial $\eta^2 = 0.103$，95% CI = $[3.805, 12.856]$。探究主题为电磁感应时，在 1：m 条件下，提供外部脚本的问题解决要显著好于不提供外部脚本的，Mean difference = 8.523，$p < 0.001$，partial $\eta^2 = 0.108$，95% CI = $[4.019, 13.027]$。

表 4-13 探究主题×虚拟教具×外部脚本在问题解决上的各水平比较

探究主题	虚拟教具	外部脚本	Mean	SE	Mean Difference	p	partial η^2
光的折射	1：m	有	47.639	1.710	-5.081^*	0.032	0.038
		无	52.720	1.654			
	1：1	有	55.182	1.654	11.053^{***}	0.000	0.157
		无	44.129	1.710			
简单电路	1：m	有	52.642	1.642	3.646	0.113	0.021
		无	48.996	1.589			
	1：1	有	55.271	1.589	8.331^{***}	0.000	0.103
		无	46.940	1.642			
电磁感应	1：m	有	57.445	1.635	8.523^{***}	0.000	0.108
		无	48.922	1.581			
	1：1	有	44.923	1.581	-3.544	0.122	0.021
		无	48.467	1.635			

进一步地，对探究主题、外部脚本与虚拟教具对概念理解的交互作用进行事后检验，可以发现：探究主题为光的折射且有外部脚本时，1：m

条件下的问题解决显著次于 1∶1 条件，Mean difference＝－7.543，p＝0.002＜0.01，partial η^2＝0.080，95％ CI＝［－12.255，－2.831］。探究主题为光的折射且无外部脚本时，1∶m 条件下的问题解决显著好于 1∶1 条件，Mean difference＝8.591，p＜0.001，partial η^2＝0.101，95％ CI＝［3.879，13.303］。探究主题为电磁感应且有外部脚本时，1∶m 条件下的问题解决显著好于 1∶1 条件，Mean difference＝12.523，p＜0.001，partial η^2＝0.207，95％ CI＝［8.018，17.027］。可见，外部脚本在最开始会削弱在 1∶m 条件下对问题解决的正向促进作用，而随着时间的推移，外部脚本对 1∶m 条件的正向促进作用开始显露。相反，外部脚本一开始会促进在 1∶1 条件下对问题解决的正向影响，而在第三轮实验中则不再具备这种正向促进作用。

此外，从探究主题之间的差异来看，在 1∶m 条件下，有外部脚本时，光的折射和简单电路的问题解决存在显著性差异，Mean difference＝－5.002，p＝0.019＜0.05，95％ CI＝［－9.361，－0.643］；光的折射和电磁感应的问题解决存在显著性差异，Mean difference＝－9.806，p＜0.001，95％ CI＝［－15.463，－4.146］；简单电路和电磁感应的问题解决存在显著性差异，Mean difference＝－4.804，p＝0.048＜0.05，95％ CI＝［－9.584，－0.023］。在 1∶1 条件下，有外部脚本时，光的折射和电磁感应的问题解决存在显著性差异，Mean difference＝10.260，p＜0.001，95％ CI＝［4.787，15.733］；简单电路和电磁感应的问题解决存在显著性差异，Mean difference＝10.348，p＜0.001，95％ CI＝［5.724，14.972］。这一结果说明，在 1∶m 条件下且有外部脚本时，小组的问题解决能力从一开始的较低水平（Mean＝47.639）逐渐提高，发展为最高水平（Mean＝57.445）；相反，在 1∶1 且有外部脚本的条件下，小组的问题解决能力则从一开始的较高水平（Mean＝55.182）变为较低水平（Mean＝44.923）。

总的来说，外部脚本对合作探究的影响受虚拟教具供给比例和实施时序的复杂作用，概念理解和问题解决反映了合作探究不同水平的任务表现。对于较高水平的探究任务，1∶1 条件小组对外部脚本的排斥现象逐渐加强，1∶m 条件小组需要形成对外部脚本的适应，才能够逐渐发挥其促进作用。前人研究表明，在移动设备支持的合作学习中，任务复杂程度较高时，交互式技术对合作效果促进作用会被削弱（Reychav & Wu, 2016），本研究对此进行了补充，即指出这种促进作用的变化，还受到人机比例和外部支持在时间上的交互作用。

三、知识获取

表 4-14 为合作探究中知识获取的描述性统计信息，共有 115 名学生完整地参加了三轮探究实验的后测环节，即总人数 $N = 115$。图 4-3 为相应的簇状柱形图。

表 4-14　知识获取的描述性统计（$N = 115$）

虚拟教具	外部脚本	光的折射		简单电路		电磁感应		N
		Mean	SD	Mean	SD	Mean	SD	
1:m	有	55.31	11.60	48.10	13.60	49.58	9.22	27
	无	46.90	10.19	50.87	7.71	54.19	12.60	30
	整体	50.88	11.58	49.56	10.89	52.01	11.27	57
1:1	有	49.99	7.92	46.36	9.85	48.67	7.57	31
	无	48.43	8.86	53.65	8.44	49.30	8.67	27
	整体	49.26	8.33	49.75	9.85	48.96	8.03	58
整体	有	52.46	10.08	47.17	11.67	49.10	8.31	58
	无	47.63	9.53	52.19	8.11	51.87	11.10	57
	整体	50.07	10.06	49.65	10.33	50.47	9.85	115

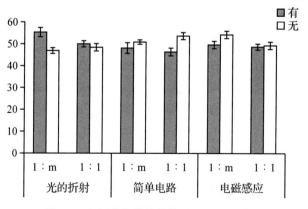

图 4-3　知识获取的簇状柱形图（$N = 115$）

接下来，对合作探究的知识获取进行重复测量方差分析。因变量为后测成绩所代表的知识获取（经过 T 分数转换），被试内因子为探究主题（光的折射、简单电路、电磁感应），被试间因子为虚拟教具（1∶m、1∶1）和外部脚本（有、无）。

经 Mauchly 球形检验，知识获取球形假设成立（$\chi^2 = 1.597$，$p = 0.450 > 0.05$），各组间协方差矩阵齐性。下面分别对组间效应和组内效应进行差异性分析。

（一）组间效应

如表 4-15 所示，组间效应检验表明：虚拟教具、外部脚本、虚拟教具和外部脚本的交互作用，对知识获取均无显著影响。

表 4-15　知识获取的组间效应检验

	F (1, 111)	p	partial η^2
虚拟教具	1.200	0.276	0.011
外部脚本	0.468	0.495	0.004
虚拟教具×外部脚本	0.892	0.347	0.008

（二）组内效应

如表 4-16 所示，组内效应检验表明：探究主题与外部脚本的交互作用 $[F$ (2, 222) $= 10.808$，$p < 0.001$，partial $\eta^2 = 0.089]$ 对知识获取有显著影响；探究主题、虚拟教具与外部脚本的交互效应显著 $[F$ (2, 222) $= 3.223$，$p = 0.042 < 0.05$，partial $\eta^2 = 0.028]$。

表 4-16　知识获取的组内效应检验

	F (2, 222)	p	partial η^2
探究主题	0.193	0.825	0.002
探究主题×虚拟教具	1.226	0.295	0.011
探究主题×外部脚本	10.808 ***	0.000	0.089
探究主题×虚拟教具×外部脚本	3.223 *	0.042	0.028

接下来，将采用 Bonferroni 矫正法进行事后检验。

1. 探究主题与外部脚本的交互效应

探究主题为光的折射时，有外部脚本情况下的知识获取显著好于无外部脚本情况，Mean difference＝4.977，$p＝0.007＜0.01$，partial $\eta^2＝$ 0.064，95％ CI＝ [1.388，8.567]。探究主题为简单电路时，有外部脚本情况下的知识获取显著次于无外部脚本情况，Mean difference＝－5.032，$p＝0.009＜0.01$，partial $\eta^2＝0.060$，95％ CI＝ [－8.767，－1.297]。这说明，外部脚本对知识获取由正向促进转变为负向促进。

表 4-17　探究主题×外部脚本在知识获取上的各水平比较

探究主题	外部脚本	Mean	SE	Mean Difference	p	partial η^2
光的折射	有	52.646	1.276	4.977**	0.007	0.064
	无	47.668	1.286			
简单电路	有	47.227	1.328	－5.032**	0.009	0.060
	无	52.259	1.338			
电磁感应	有	49.128	1.279	－2.617	0.152	0.018
	无	51.745	1.289			

此外，有外部脚本时，光的折射的知识获取显著好于简单电路，Mean difference＝5.359，$p＝0.001＜0.01$，95％ CI＝ [1.772，9.190]；光的折射与电磁感应的知识获取无显著差异，Mean difference＝3.336，$p＝0.134＞0.05$，95％ CI＝ [－0.657，7.330]。无外部脚本时，光的折射的知识获取显著次于电磁感应，Mean difference＝－4.591，$p＝0.008＜0.01$，95％ CI＝ [－8.242，－0.939]；光的折射的知识获取显著次于电磁感应的知识获取，Mean difference＝－4.076，$p＝0.049＜0.05$，95％ CI＝ [－8.140，－0.013]。这说明，外部脚本对知识获取由正向促进转变为负向促进，在不提供外部脚本时，知识获取反而在中后期有更好的表现。

2. 探究主题、虚拟教具与外部脚本的交互效应

如表 4-18 所示，探究主题、虚拟教具与外部脚本的交互效应显著。探究主题为光的折射时，在 1∶m 条件下，提供外部脚本的知识获取要显著好于不提供外部脚本的，Mean difference＝8.403，$p＝0.001＜0.01$，partial $\eta^2＝0.088$，95％ CI＝ [3.308，13.499]。探究主题为简单电路时，在 1∶1 条件下，提供外部脚本的知识获取要显著次于不提供外部脚本的，

Mean difference＝－7.288，p＝0.007＜0.01，partial η^2＝0.064，95％ CI＝[－12.550，－2.026]。这说明，对于知识获取，1∶m 条件下外部脚本在实验初期有正向促进作用，而 1∶1 条件下外部脚本在实验中期有负向促进作用。

表 4-18　探究主题×虚拟教具×外部脚本在知识获取上的各水平比较

探究主题	虚拟教具	外部脚本	Mean	SE	Mean Difference	p	partial η^2
光的折射	1∶m	有	55.305	1.866	8.403[**]	0.001	0.088
		无	46.902	1.770			
	1∶1	有	49.986	1.741	1.551	0.544	0.003
		无	48.435	1.866			
简单电路	1∶m	有	48.096	1.941	－2.776	0.302	0.010
		无	50.871	1.842			
	1∶1	有	46.359	1.812	－7.288[**]	0.007	0.064
		无	53.647	1.941			
电磁感应	1∶m	有	49.584	1.870	－4.611	0.076	0.028
		无	54.194	1.774			
	1∶1	有	48.673	1.746	－0.623	0.808	0.001
		无	49.295	1.870			

进一步地，对探究主题、外部脚本与虚拟教具对概念理解的交互作用进行事后检验可以发现：探究主题为光的折射，且有外部脚本时，1∶m 条件下的知识获取显著好于 1∶1 条件，Mean difference＝5.319，p＝0.039＜0.05，partial η^2＝0.038，95％ CI＝[0.263，10.376]。此外，在 1∶m 条件下且有外部脚本时，光的折射的知识获取显著好于简单电路的知识获取，Mean difference＝7.292，p＝0.006＜0.01，95％ CI＝[1.688，12.895]。在 1∶m 条件下且无脚本时，光的折射的知识获取水平显著次于电磁感应的知识获取，Mean difference＝－7.292，p＝0.006＜0.01，95％ CI＝[－12.895，－1.688]。

综合来看，1∶m 条件下的知识获取更易受到外部脚本的影响，并且外部脚本对 1∶m 条件的正向促进作用体现在实验初期，在实验中后期这种正向促进作用不再显著；1：1 条件下的知识获取仅在实验中期受到外部脚本的负向促进作用。

第二节　感知体验

感知体验包含学生在每轮实验中的合作体验，以及三轮实验前后的态度感知。前者以不同主题的科学探究活动为被试内因素，虚拟教具与外部脚本为被试间因素，构成三因素混合实验设计。后者以测试时间（实验前和实验后两个水平）为被试内因素，虚拟教具与外部脚本为被试间因素，构成三因素混合实验设计。

在每轮实验后，本研究通过量表收集了学生在实验期间的合作体验，包括自我效能、小组效能、心理负荷、心理努力、合作满意。在三轮探究实验的前后，通过量表收集了学生对于科学探究的态度感知，包括学习动机、焦虑水平、自我效能、小组效能。

接下来将分别从实验期间和实验前后的角度，来分析合作探究中技术供给（虚拟教具、外部脚本）对感知体验的影响。

一、实验期间的合作体验

表 4-19 为实验期间合作体验各维度的描述性统计信息，共有 119 名学生完整地填写了三轮探究实验的问卷，即总人数 $N=119$。接下来将对实验期间的"合作体验"进行重复测量方差分析。因变量为合作体验中的自我效能、小组效能、心理负荷、心理努力、合作满意各子维度，被试内因子为探究主题（光的折射、简单电路、电磁感应），被试间因子为虚拟教具（1：m、1：1）和外部脚本（有、无）。

表 4-19　实验期间合作体验的描述性统计（$N=119$）

合作体验	虚拟教具	外部脚本	光的折射		简单电路		电磁感应		N
			Mean	SD	Mean	SD	Mean	SD	
自我效能	1：m	有	5.89	1.42	5.75	1.92	6.04	1.14	29
		无	5.81	1.05	6.23	1.02	6.06	1.15	31
		整体	5.85	1.23	6.00	1.52	6.05	1.14	60

续表

合作体验	虚拟教具	外部脚本	光的折射		简单电路		电磁感应		N
			Mean	SD	Mean	SD	Mean	SD	
自我效能	1∶1	有	5.87	1.28	5.74	1.24	6.23	0.96	30
		无	5.34	1.45	5.93	1.39	5.48	1.57	29
		整体	5.62	1.38	5.83	1.30	5.87	1.33	59
	整体	有	5.88	1.34	5.75	1.58	6.14	1.04	59
		无	5.58	1.27	6.08	1.21	5.78	1.39	60
		整体	5.73	1.31	5.92	1.41	5.96	1.24	119
小组效能	1∶m	有	5.43	1.77	5.25	2.15	5.57	1.81	29
		无	5.52	1.39	6.00	1.51	5.65	1.52	31
		整体	5.47	1.57	5.64	1.86	5.61	1.65	60
	1∶1	有	5.48	1.57	5.94	1.26	6.19	1.01	30
		无	5.31	1.80	5.62	1.35	5.52	1.68	29
		整体	5.40	1.67	5.78	1.30	5.87	1.41	59
	整体	有	5.46	1.65	5.61	1.76	5.90	1.47	59
		无	5.42	1.59	5.82	1.43	5.58	1.59	60
		整体	5.44	1.61	5.71	1.60	5.74	1.53	119
心理负荷	1∶m	有	3.54	1.85	3.59	1.82	3.82	1.74	29
		无	3.61	1.48	3.36	1.57	3.07	1.78	31
		整体	3.57	1.65	3.47	1.68	3.42	1.79	60
	1∶1	有	2.92	1.81	2.67	1.50	3.15	1.77	30
		无	2.85	1.21	2.58	1.25	3.47	1.40	29
		整体	2.88	1.54	2.63	1.38	3.31	1.60	59
	整体	有	3.21	1.84	3.11	1.71	3.47	1.77	59
		无	3.24	1.40	2.98	1.47	3.26	1.61	60
		整体	3.22	1.62	3.04	1.59	3.37	1.69	119

续表

合作体验	虚拟教具	外部脚本	光的折射		简单电路		电磁感应		N
			Mean	SD	Mean	SD	Mean	SD	
心理努力	1：m	有	4.31	1.38	4.41	1.74	3.70	1.46	29
		无	4.14	1.18	4.12	1.33	4.02	1.51	31
		整体	4.22	1.27	4.26	1.53	3.87	1.48	60
	1：1	有	4.23	1.69	4.08	1.65	4.72	1.64	30
		无	4.11	1.41	3.79	1.26	3.58	1.37	29
		整体	4.17	1.54	3.94	1.47	4.17	1.61	59
	整体	有	4.27	1.54	4.24	1.69	4.23	1.62	59
		无	4.13	1.28	3.96	1.30	3.81	1.45	60
		整体	4.20	1.41	4.10	1.50	4.02	1.55	119
合作满意	1：m	有	5.59	1.62	5.27	1.79	5.75	1.69	29
		无	5.31	1.76	5.43	1.74	5.85	1.76	31
		整体	5.44	1.69	5.35	1.75	5.80	1.71	60
	1：1	有	5.65	1.46	5.54	1.86	6.09	1.25	30
		无	5.91	1.26	5.95	1.37	5.42	1.69	29
		整体	5.78	1.36	5.74	1.64	5.77	1.50	59
	整体	有	5.62	1.52	5.41	1.81	5.93	1.47	59
		无	5.60	1.56	5.68	1.58	5.64	1.72	60
		整体	5.61	1.53	5.55	1.70	5.78	1.60	119

经 Mauchly 球形检验，自我效能球形假设成立（$\chi^2 = 3.017$，$p = 0.221 > 0.05$）、小组效能球形假设成立（$\chi^2 = 4.325$，$p = 0.115 > 0.05$）、心理负荷球形假设成立（$\chi^2 = 2.082$，$p = 0.353 > 0.05$）、心理努力球形假设成立（$\chi^2 = 6.020$，$p = 0.050 > 0.05$）、合作满意球形假设成立（$\chi^2 = 3.804$，$p = 0.149 > 0.05$）。下面分别对组间效应和组内效应进行差异性分析。

（一）组间效应

组间效应检验表明（见表 4-20），虚拟教具 $[F_{(1, 115)} = 6.500$，

$p=0.012<0.05$，partial $\eta^2=0.053$〕对心理负荷有显著影响。

表 4-20　合作体验的组间效应检验

		F（1，115）	p	partial η^2
	虚拟教具	1.083	0.300	0.009
自我效能	外部脚本	0.342	0.560	0.003
	虚拟教具×外部脚本	1.751	0.188	0.015
	虚拟教具	0.250	0.618	0.002
小组效能	外部脚本	0.038	0.846	0.000
	虚拟教具×外部脚本	2.548	0.113	0.022
	虚拟教具	6.500*	0.012	0.053
心理负荷	外部脚本	0.336	0.563	0.003
	虚拟教具×外部脚本	0.665	0.416	0.006
	虚拟教具	0.026	0.872	0.000
心理努力	外部脚本	1.785	0.184	0.015
	虚拟教具×外部脚本	1.251	0.266	0.011
	虚拟教具	0.956	0.330	0.008
合作满意	外部脚本	0.001	0.981	0.000
	虚拟教具×外部脚本	0.000	0.989	0.000

接下来，将采用 Bonferroni 矫正法进行事后检验。

虚拟教具对心理负荷的主效应如表 4-21 所示。1：m 条件下的心理负荷要显著高于 1：1 条件下的心理负荷，Mean difference＝0.556，$p=0.012<0.05$，partial $\eta^2=0.053$，95% CI＝〔0.124，0.989〕。心理负荷与信息交互的数量和程度相关，体现的是学习任务与学习者之间的交互作用（Chu，Hwang，Tsai et al.，2010）。在 1：m 条件下，小组成员围绕共同"焦点"——虚拟教具，开展信息共享与交互，注意力更为集中（Antle，2014，pp. 55-56）。共享注意力有助于共享事务空间的形成（Antle，2014，p. 65），相应地，有效的信息交互数量更多。而在 1：1 条件下，

尽管每个人都能够对所持虚拟教具进行操作，却阻碍了成员间的信息交互[①]，表现出较低的心理负荷。

表 4-21　虚拟教具对心理负荷的主效应

虚拟教具	Mean	SE	Mean Difference	p	partial η^2
1∶m	3.496	0.155	0.556[*]	0.012	0.053
1∶1	2.940	0.154			

（二）组内效应

组内效应检验表明（见表 4-22），探究主题与外部脚本的交互作用 $[F(2, 230) = 4.333, p = 0.014 < 0.05$, partial $\eta^2 = 0.036]$ 对自我效能有显著影响。此外，探究主题×虚拟教具×外部脚本对心理努力的交互效应显著 $[F(2, 230) = 4.254, p = 0.015 < 0.05$, partial $\eta^2 = 0.036]$。

表 4-22　合作体验的组内效应检验

		$F(2, 230)$	p	partial η^2
自我效能	探究主题	1.666	0.191	0.014
	探究主题×虚拟教具	0.060	0.942	0.001
	探究主题×外部脚本	4.333[*]	0.014	0.036
	探究主题×虚拟教具×外部脚本	0.451	0.637	0.004
小组效能	探究主题	1.896	0.153	0.016
	探究主题×虚拟教具	0.487	0.615	0.004
	探究主题×外部脚本	1.193	0.305	0.010
	探究主题×虚拟教具×外部脚本	0.727	0.484	0.006
心理负荷	探究主题	1.802	0.167	0.015
	探究主题×虚拟教具	2.396	0.093	0.020
	探究主题×外部脚本	0.206	0.814	0.002
	探究主题×虚拟教具×外部脚本	1.708	0.184	0.015

---

① 第五章将对此结合视频分析进一步讨论。

续表

		F (2, 230)	p	partial η^2
心理努力	探究主题	0.848	0.430	0.007
	探究主题×虚拟教具	2.202	0.113	0.019
	探究主题×外部脚本	0.392	0.676	0.003
	探究主题×虚拟教具×外部脚本	4.254*	0.015	0.036
合作满意	探究主题	1.127	0.326	0.010
	探究主题×虚拟教具	1.123	0.327	0.010
	探究主题×外部脚本	1.615	0.201	0.014
	探究主题×虚拟教具×外部脚本	2.321	0.100	0.020

接下来，将采用 Bonferroni 矫正法进行事后检验。

探究主题与外部脚本对自我效能作用的事后分析表明，在无外部脚本的情况下，光的折射的自我效能（Mean＝5.576；SE＝0.168）显著低于简单电路的自我效能（Mean＝6.078；SE＝0.183），Mean difference＝－0.503，p＝0.013＜0.05，partial η^2＝0.069，95% CI＝ ［－0.922，－0.083］。此外，在不同探究主题下，是否提供外部脚本，对学生的自我效能均无显著影响。可见，提供外部脚本的小组有更为稳定的自我效能，但结合前人研究，稳定的自我效能并不能代表更好的合作效果（Yoshida，2002；Clark，1999）。

探究主题、虚拟教具与外部脚本对心理努力的交互效应如表 4-23 所示。当探究主题为电磁感应时，在有外部脚本的情况下，1：m 条件下的心理努力要显著低于1：1 条件，Mean difference＝－1.024，p＝0.012＜0.05，partial η^2＝0.056，95% CI＝［－1.796，－0.247］。此外，当探究主题为电磁感应时，在1：1 条件下，有外部脚本的心理努力要显著高于无外部脚本的心理努力，Mean difference＝1.140，p＝0.004＜0.01，partial η^2＝0.070，95% CI＝ ［0.373，1.908］。

表 4-23 探究主题×外部脚本×虚拟教具在心理努力上的各水平比较

探究主题	外部脚本	虚拟教具	Mean	SE	MD	p	partial η^2
光的折射	有	1：m	4.313	0.269	0.087	0.816	0.000
		1：1	4.226	0.256			
	无	1：m	4.137	0.256	0.025	0.946	0.000
		1：1	4.112	0.265			
简单电路	有	1：m	4.411	0.285	0.330	0.403	0.006
		1：1	4.081	0.271			
	无	1：m	4.121	0.271	0.336	0.389	0.006
		1：1	3.784	0.280			
电磁感应	有	1：m	3.696	0.283	-1.021^{**}	0.010	0.056
		1：1	4.718	0.269			
	无	1：m	4.024	0.269	0.477	0.251	0.011
		1：1	3.578	0.279			

以上结果表明，在最后一轮探究实验中，外部脚本的作用使得学生在 1：1 条件下投入了比 1：m 条件更多的心理努力，而在 1：1 条件下，有外部脚本比无外部脚本时的心理努力更多。基尔希纳等人（Kirschner, Sweller, Kirschner et al., 2018）指出，当学习者面对新的合作情境时，为合作学习提供的指导和支持，能够降低交互活动引起的外在负荷。但在本研究中，合作情境在形式上并未发生变化，相比于 1：m 条件下的小组，外部脚本给 1：1 条件下的小组交互施加了更多认知负荷（Sweller, Merriënboer, & Paas, 1998），使学生投入了更多的心理努力。前人研究表明外部脚本对小组的认知负荷具有复杂影响，既可能会降低认知负荷（King, 2007），也可能会增加认知负荷（Dillenbourg & Jermann, 2007）。本研究则能够在一定程度上反映这种复杂性受到供给比例的影响，尤其是当小组已经接受过外部脚本干预的情况下，而具体的影响则需结合后续的视频资料进行补充分析。

此外，三轮实验中合作体验与学习成效的相关分析见附录 E。在三轮实验中，学生的自我效能、小组效能和合作满意均有显著正向相关关系，并且小组效能与合作满意也有显著正向相关关系。此外，在三轮实验中，心理努力与知识获取均有显著的负向相关关系。结合先前的结论，"外部脚本的作用使得学生在 1∶1 条件下投入了比 1∶m 条件下更多的心理努力，而在 1∶1 条件下，有外部脚本比无外部脚本时的心理努力更多"，"对于知识获取，1∶m 条件下的外部脚本在实验初期有正向促进作用，而 1∶1 条件下外部脚本在实验中期有负向促进作用"。帕斯等人（Paas & van Merriënboer，1994）指出不恰当的教学设计会引起过高的心理努力，影响学习者的表现。可以发现，外部脚本使得 1∶1 条件下的学生投入了更多的心理努力，对实验后的知识获取具有一定的负面影响。由此亦可见，实验期间的合作体验能够部分地解释技术供给影响下学习成效的差异。

二、实验前后的态度感知

表 4-24 为实验前后的态度感知的描述性统计信息，共有 128 名学生完整地填写了"科学探究感知问卷"（实验前/实验后），即总人数 $N = 128$。接下来将对实验前后的态度感知进行重复测量方差分析。因变量为态度感知中的学习动机、焦虑水平、自我效能、小组效能各子维度，被试内因子为测试时间（实验前、实验后），被试间因子为虚拟教具（1∶m、1∶1）和外部脚本（有、无）。

表 4-24　实验前后态度感知的描述性统计（$N = 128$）

测试时间	虚拟教具	外部脚本	学习动机		焦虑水平		自我效能		小组效能		N
			Mean	SD	Mean	SD	Mean	SD	Mean	SD	
实验前	1∶m	有	4.92	1.36	1.95	1.23	5.02	1.38	5.17	1.49	33
		无	5.60	1.34	2.17	1.29	5.05	1.62	5.30	1.55	31
		整体	5.25	1.38	2.06	1.26	5.03	1.49	5.23	1.50	64
	1∶1	有	5.39	1.62	2.49	1.80	4.93	1.70	4.95	1.75	31
		无	5.76	1.35	2.64	1.58	4.99	1.47	5.29	1.57	33
		整体	5.58	1.48	2.57	1.68	4.96	1.57	5.13	1.65	64
	整体	有	5.14	1.50	2.21	1.55	4.98	1.53	5.07	1.61	64
		无	5.68	1.34	2.42	1.45	5.02	1.53	5.29	1.55	64
		整体	5.41	1.44	2.31	1.50	5.00	1.52	5.18	1.58	128

续表

测试时间	虚拟教具	外部脚本	学习动机		焦虑水平		自我效能		小组效能		N
			Mean	SD	Mean	SD	Mean	SD	Mean	SD	
实验后	1∶m	有	6.22	0.94	1.96	1.40	5.59	1.36	5.87	1.52	33
		无	6.17	1.01	2.30	1.69	5.54	1.26	5.69	1.76	31
		整体	6.20	0.97	2.13	1.54	5.57	1.30	5.78	1.63	64
	1∶1	有	6.29	0.94	2.46	1.73	5.57	1.33	5.91	1.21	31
		无	5.88	1.22	1.96	1.55	5.23	1.22	5.52	1.36	33
		整体	6.08	1.10	2.20	1.64	5.39	1.27	5.71	1.29	64
	整体	有	6.25	0.93	2.20	1.57	5.58	1.33	5.89	1.37	64
		无	6.02	1.12	2.12	1.61	5.38	1.24	5.60	1.55	64
		整体	6.14	1.04	2.16	1.59	5.48	1.29	5.74	1.47	128

Mauchly 球形检验适用于三个及以上水平被试间因素的重复测量实验，当被试间因素为两个水平时（本研究中的实验前和实验后），不需要进行 Mauchly 球形检验（温忠麟，2006，pp. 228-229）。为分析学生在实验前后各子维度的差异情况，仅需对组内效应进行差异性分析。

组内效应检验表明（表 4-25），测试时间对学习动机、自我效能、小组效能均有显著影响。此外，测试时间与外部脚本对学习动机的交互效应显著 $[F(1, 120) = 11.065, p = 0.001 < 0.01, \text{partial } \eta^2 = 0.082]$；测试时间与外部脚本对小组效能的交互效应显著 $[F(1, 120) = 4.007, p = 0.047 < 0.05, \text{partial } \eta^2 = 0.031]$。

表 4-25　态度感知的组内效应检验

		$F(1, 120)$	p	partial η^2
学习动机	测试时间	40.812***	0.000	0.248
	测试时间×虚拟教具	3.525	0.063	0.028
	测试时间×外部脚本	11.065**	0.001	0.082
	测试时间×虚拟教具×外部脚本	0.014	0.907	0.000

续表

		F (1, 120)	p	partial η^2
焦虑水平	测试时间	1.096	0.297	0.009
	测试时间×虚拟教具	2.345	0.128	0.019
	测试时间×外部脚本	0.950	0.332	0.008
	测试时间×虚拟教具×外部脚本	1.882	0.173	0.015
自我效能	测试时间	15.727***	0.000	0.113
	测试时间×虚拟教具	0.134	0.715	0.001
	测试时间×外部脚本	0.944	0.333	0.008
	测试时间×虚拟教具×外部脚本	0.419	0.519	0.003
小组效能	测试时间	19.640***	0.000	0.137
	测试时间×虚拟教具	0.034	0.854	0.000
	测试时间×外部脚本	4.007*	0.047	0.031
	测试时间×虚拟教具×外部脚本	0.673	0.414	0.005

下面采用 Bonferroni 矫正法进行事后检验。

测试时间对学习动机的作用。实验后的学习动机（Mean＝6.140，SE＝0.092）显著高于实验前的学习动机（Mean＝6.140，SE＝0.092），MD＝0.725，$p<0.001$，partial $\eta^2=0.248$，95% CI＝[0.501, 0.950]。

测试时间与外部脚本作用于学习动机的事后检验如表 4-26 所示。有外部脚本的条件下，经过三轮科学探究活动后，学生的学习动机显著提高，MD＝1.103，$p<0.001$，partial $\eta^2=0.276$，95% CI＝[0.785, 1.421]。无外部脚本的条件下，经过三轮科学探究活动后，学生的学习动机也显著提高，MD＝0.348，$p=0.032<0.05$，partial $\eta^2=0.036$，95% CI＝[0.030, 0.666]。

表 4-26　外部脚本×测试时间在学习动机上的各水平比较

外部脚本	测试时间	Mean	SE	MD	p	partial η^2
有	实验前	5.151	0.177	−1.103***	0.000	0.276
	实验后	6.254	0.129			

续表

外部脚本	测试时间	Mean	SE	MD	p	partial η^2
无	实验前	5.679	0.177	-0.348^*	0.032	0.036
	实验后	6.026	0.129			

测试时间对焦虑水平的作用为：实验后的焦虑水平（Mean＝2.315，SE＝0.132）和实验前的焦虑水平（Mean＝2.169，SE＝0.141）无显著差异，MD＝-0.146，$p=0.297>0.05$，partial $\eta^2=0.009$，95% CI＝$[-0.421, 0.130]$。由表 4-24 可知，学生在实验前后对科学探究活动的焦虑水平均处于较低水平（Mean ＜ 3.00）。

测试时间对自我效能的作用为：实验后的自我效能（Mean＝5.482，SE＝0.114）显著高于实验前的自我效能（Mean＝4.997，SE＝0.136），MD＝0.485，$p<0.001$，partial $\eta^2=0.113$，95% CI＝$[0.243, 0.727]$。

测试时间对小组效能的作用为：实验后的小组效能（Mean＝5.745，SE＝0.130）显著高于实验前的小组效能（Mean＝5.177，SE＝0.141），MD＝0.569，$p<0.001$，partial $\eta^2=0.137$，95% CI＝$[0.315, 0.823]$。

测试时间与外部脚本作用于小组效能的事后检验如表 4-27 所示。有外部脚本的条件下，经过三轮探究活动后，小组效能显著提高，MD＝0.826，$p<0.001$，partial $\eta^2=0.143$，95% CI＝$[0.467, 1.185]$。无外部脚本的条件下，经过三轮探究活动后，小组效能未显著提高，MD＝0.312，$p=0.088>0.05$，partial $\eta^2=0.023$，95% CI＝$[-0.047, 0.671]$。

表 4-27 外部脚本×测试时间在小组效能上的各水平比较

外部脚本	测试时间	Mean	SE	MD	p	partial η^2
有	实验前	5.062	0.199	-0.826^{***}	0.000	0.143
	实验后	5.888	0.184			
无	实验前	5.291	0.199	-0.312	0.088	0.023
	实验后	5.603	0.184			

研究表明，小组效能会对合作过程产生影响（Gibson，Randel，& Earley，2000；Gegenfurtner，Veermans，& Vauras，2013）。由此可见，

经过三轮科学探究实验，外部脚本能够显著地提高小组效能，这说明尽管外部脚本对学习成效的影响随时间推移而有所变化，但总的来说还是提高了学生对所在小组科学探究的效能感。

本章小结

本章从合作效果的角度对技术供给影响下的合作探究进行了探讨。具体从学习成效和感知体验两方面展开。学习成效具体分为三个层面：合作探究中的概念理解、问题解决，合作探究后的知识获取。在合作探究中，虚拟教具和外部脚本对概念理解与问题解决有显著的交互效应：在 1∶m 条件下提供外部脚本更好，在 1∶1 条件下不提供外部脚本更好。这种交互效应还受到探究主题实施时序的影响：对于概念理解，外部脚本对 1∶m 条件下的正向促进作用随时间而减弱，对 1∶1 条件下的负向促进作用也随时间而减弱；对于问题解决，外部脚本对 1∶m 条件下的正向促进作用及对 1∶1 条件下的负向促进均在实验后期才显现出来。对于虚拟教具与外部脚本的交互作用在时序上的体现，知识获取与概念理解有着相近的规律。由此可见，技术供给中虚拟教具的供给比例和外部脚本的提供与否的复杂作用关系，与探究层次和作用时序有密切关联。

相比于学习成效，合作探究中的感知体验仅部分程度地受技术供给影响。从三轮实验的整体情况来看，1∶m 条件下学生的心理负荷要显著高于 1∶1 条件。而在实验后期外部脚本的作用使得学生在 1∶1 条件下投入了比 1∶m 条件更多的心理努力，而在 1∶1 条件下，提供外部脚本比不提供外部脚本，学生投入的心理努力更多。在本研究中，心理努力与知识获取具有负向相关关系，这在一定程度上可以解释外部脚本在 1∶1 条件下对知识获取的负面影响。此外，技术供给并未对实验期间的自我效能和小组效能产生影响，但经过三轮探究实验，提供外部脚本能够显著地提高小组效能，而无外部脚本对小组效能无显著影响。本研究主要关注技术供给对合作效果的影响，因而并未讨论感知体验内部维度的相互作用关系。此外，认知负荷的心理负荷和心理努力维度的差异能够部分解释技术供给对学习成效的影响，并能够在接下来的章节中与小组互动过程相辅证。

第五章 技术供给作用下
合作探究的协调模式

前一章节从结果层面探讨了技术供给对合作探究的影响，本章节将主要从互动过程来关注技术供给作用下合作探究中的协调模式，并为合作效果的产生提供可能的解释依据。合作探究中的协调模式，指在合作过程中，在特定的环境、任务、生物体约束条件下，为了完成小组任务，小组成员通过行动来获取信息以达成目标，具有一定规律和特征的交互行为。在本研究中，协调模式包括角色互动和行为模式两个方面。角色互动反映了小组在合作探究中的资源分配和任务协调。角色互动，一方面，包括小组成员在三轮实验中的角色分布与转换，即角色展现；另一方面，包括小组中角色之间交互所形成的社会网络，即小组结构。行为模式则指小组在时序上呈现的具有一定规律的交互特征。下面将采用描述统计分析、社会网络分析、行为转换分析等数据分析方法探讨技术供给作用下合作探究中的小组协调模式。

第一节 角色展现

一、角色标签与类属

（一）角色标签

在每轮探究实验后，学生需要完成"科学探究主题活动的反思问卷"，其中开放性问题关注学生的小组角色、资源使用等情况。在汇报小组角色时，学生回答在合作中扮演的角色，以及具体做了哪些工作。在初步整理小组角色的文本数据后，研究者根据反思报告中"资源使用"的回答情况对小组角色信息进行修正。角色标签的提取主要采用全题分析法，共分为两个阶段。

第一阶段，采用开放式编码的方式（艾尔·巴比，2009，pp. 382-384），对"光的折射"探究活动中学生报告的角色信息贴标签，将具有相似特征的工作内容归纳至抽象的角色标签中。参考大卫·约翰逊和罗杰·约翰逊（2004，pp. 28-29）对合作学习中的成员角色分类（见表5-1），并结合科学探究特点，研究者将编码的角色标签进行适当合并。接着，邀请一位科学教师对提取的角色标签进行内容核查与标签意义协商。研究者和科学教师对角色标签统一确认后，第一阶段共形成11种角色标签：组长、检查员、记录员、整合者、探究员、实验员、提议者、辅助者、观察者、旁观者、空。

第二阶段，研究者使用"光的折射"文本数据所得的角色标签，对"简单电路"和"电磁感应"的角色文本数据进行编码。经验证，11种角色标签能够表征后两轮角色类型，无须加入新的角色标签。随后，研究者邀请同一位科学教师进行内容核查，并确认了编码一致性。至此，第二阶段验证了角色标签的有效性和可重复性。

角色标签与含义见表5-1。其中，组长是教师自低年级起为小组指派的角色，每学期可能会随着小组的微调而有所调整。小组属于长期外部脚本作用下，小组内部脚本已经包含的角色。表5-1中其余角色标签则以"员"或"者"结尾。"员"表示合作探究中角色的稳定状态，即在合作过程中持续地扮演这一角色；"者"表示阶段性的状态，即在合作过程中间断性地扮演这一角色。

表5-1　角色标签与含义

角色标签	含义及说明	自我陈述举例
组长	带领小组成员进行探究任务。	组织纪律，分工。 顶梁柱。 领导、思考问题等。 管理员。 带领大家一同前进，探究学习问题。 管理组内纪律，带领组员一同探究，完成教师交给的任务。

续表

角色标签	含义及说明	自我陈述举例
检查员	对合作进程、成员参与进行监督和促进（外部脚本中提供的角色）。	管理组员学习、分工。 防止探讨偏题。 督促同学合作。 保持话题不偏离主题。 监督同学讨论。
记录员	负责实验单探究内容的记录。	学习探究单是我写的。 记录学习单。 我是记录者和发言者。 讨论得出的结果由我写在学习单上。 我在合作中扮演写字与表达的角色，写探究单。 记录小组组员的想法，并提出建议。
整合者	整合小组讨论得到的观点。	我主要负责总结，我的角色是"胶水"。 我在合作学习中扮演整理知识点的角色。 整合大家的观点。 总结者，总结其他组员的结论。 在大家思路最乱的时候我可以提供帮助，使他们的思路更清晰。
探究员	提出探究内容的问题解决方案与思路，分析并得出结论。	探究王，探究并回答问题。 小小设计师，设计不同的方法让两个灯泡同时亮起。 主要帮助分析，辨析。 负责进行实验，寻求问题答案。 做实验，帮忙，反驳，思考。 思考问题，和大家一起完成探究单，我给自己起名为思想者。 我是智多星（为小组找答案）。
实验员	强调操作平板电脑进行实验。	技术人员，画电路图。 技术人员，操纵。 平板操作工，给同学提供方案。 实验者，为小组一次次实验电灯泡的亮光程度。 一个电路师，帮×××做电路。 做演示，主编。 我是操作者，操作实验。 技师。

续表

角色标签	含义及说明	自我陈述举例
提议者	提出关于探究的建议和想法。	补充工，提议工。 我是出主意的人。 想法提出者。 我提了一些意见。 小小提议师，我与其他小组成员一同写出了第二题。 组员，合作成员，讨论。 建议员。
辅助者	辅助或配合他人完成小组任务。	配角，配合别人。 普通组员，辅助工作。 辅助员，当别人有什么问题时，我可以帮他。 辅助别人，辅助工。 助理。 我应该是一个辅助。 我的角色是帮助作答者，具体辅助了组长。
观察者	虽然较少实验操作和讨论，但通过观察或思考进行学习。	沉思者。 沉思。 观察，我看了自己组员的讨论结果。 观察员。 学习。
旁观者	将自己视为小组合作中的局外人。	旁观者。 空气人。 啥都没干，干瞪眼。 被无视的人。
空	在问卷中没有填写自己所扮演的角色。	

（二）角色类属

为进行角色分布与流动的后续分析，需要对角色标签进行归类。在小组合作中，部分小组成员通常兼任多个角色。比如，组长同时担任检查员（标记为"组＆检"），再如，检查员同时担任记录员（标记为"检＆记"）。此外，在自我报告中，大部分组长都指出了自己探究类的角色，因此默认组长会同时有探究类职责，不特别指出组长兼任探究员或实验员的情况。

根据角色标签与角色兼任的实际情况，本研究对角色进行类属划分，具体分为五个类属：R1 协调类、R2 整合类、R3 探究类、R4 辅助类、R5 边缘类。角色类属与标签见表 5-2。R1 类角色负责小组的任务分工、合作协调与过程监督。例如，小组成员担任检查员但不兼任记录员的，归为 R1。R2 类角色负责实验现象的整合与记录，小组成员担任记录员或整合者的，均归为 R2。R3 类角色主要进行实验操作、探究分析、结论得出。R4 类角色则在讨论过程中提出想法或辅助他人。R5 类角色则在小组中处于边缘位置。在前期调研中对教师的访谈可得出："那些表现不好的，确实容易被边缘化。但也跟这位同学的性格有关。"这从侧面反映了边缘类角色对合作探究的贡献较少。

表 5-2 角色类属与标签

角色类属	类属含义及说明	角色标签与兼任
R1 协调类	负责任务分工，进行合作协调，监督讨论过程。	组长、检查员、组 & 检
R2 整合类	整合组员观点，记录探究内容，填写实验单。	记录员、整合者、组 & 记、检 & 记、组 & 检 & 记
R3 探究类	进行实验探究，分析并得出结论。	探究员、实验员
R4 辅助类	提出想法或进行辅助工作。	提议者、辅助者
R5 边缘类	在合作中处于边缘位置。	观察者、旁观者、空

二、角色分布与转换

(一) 角色分布

在三轮探究实验中，共有 379 人次参与了小组互动。各班各组成员所担任的角色会发生变化，在进行角色分布描述时，将按照三轮实验总共出现的角色频次来统计。[1] 根据描述统计分析结果，各班三轮实验中累积的角色数值及对应百分比，如表 5-3 所示。

---

[1] 注：在光的折射探究实验中，B-04-19 参加了小组活动但未填写问卷。根据其他组员的问卷内容，将 B-04-19 角色编码为 R5。

表 5-3　角色类属各班人数分布描述统计

角色类属	A 班	B 班	C 班	D 班	总计
R1 协调类	18（19.35%）	27（27.84%）	13（15.79%）	15（13.83%）	73
R2 整合类	21（22.58%）	14（14.43%）	18（21.05%）	20（19.15%）	73
R3 探究类	26（27.96%）	20（20.62%）	31（43.16%）	41（32.98%）	118
R4 辅助类	20（21.51%）	10（10.31%）	22（10.53%）	10（23.40%）	62
R5 边缘类	8（8.60%）	26（26.80%）	10（9.47%）	9（10.64%）	53
总计	93（100.00%）	97（100.00%）	95（100.00%）	94（100.00%）	379

注：表中的数据为人数及其所占百分比。

图 5-1 为各班在三轮实验中角色类属的百分比雷达图，可以发现以下问题。

A 班（1∶1，有外部脚本）和 D 班（1∶m，无外部脚本）的角色整体分布情况较为相近：R3 类角色占比最大，接下来是 R2 类和 R4 类角色，其次是 R1 类和 R5 类角色。此外，因为 A 班存在外部脚本，检查员的组内指派使得 A 班中的 R1 类角色略多于 D 班。

B 班（1∶m，有外部脚本）的 R1 类和 R5 类角色占比均较大，分别为 27.84% 和 26.80%。其次是 R3 类角色（20.62%）。R2 类和 R4 类角色的占比则较小，分别为 14.43% 和 10.31%。相比于 A 班和 D 班，在 1∶m 条件下且有外部脚本的 B 班，R1 类与 R5 类角色较多，R3 类、R2 类、R4 类角色较少。

C 班（1∶1，无外部脚本）的 R1 类、R2 类、R5 类角色与 A 班和 D 班的角色占比较为接近；C 班的 R4 类角色占比较小；R3 类角色占比高达 43.16%。相比于有外部脚本的 A 班，同样是在 1∶1 条件下，无外部脚本的 C 班，有更多 R3 类角色、更少的 R4 类角色。

（二）角色转换

在三轮实验中，各班除了组长是固定的之外，其余组员的角色则存在一定的流动与变化。本研究使用桑基图对三轮实验中角色的转换进行可视化呈现（见图 5-2）。Lig、Ele、Mag 分别代表"光的折射""简单电路""电磁感应"三个探究主题。R1、R2、R3、R4、R5 分别代表协调类、整合类、探究类、辅助类、边缘类角色。♯ 表示未参与该轮实验的

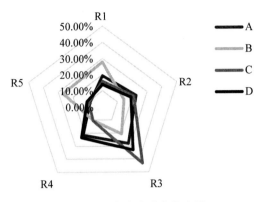

图 5-1　角色类属分布雷达图

学生，以此表示上一轮实验未能参与的学生在此轮实验中所扮演的角色类型（例如，B班5位学生未参与"光的折射"探究活动）。图5-2反映了各班在三轮实验中的角色转换情况。

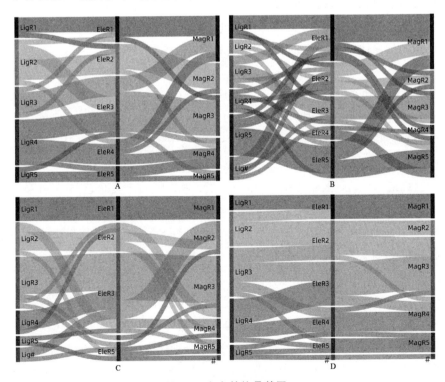

图 5-2　角色转换桑基图

由于小组成员存在角色兼任情况，且当角色兼任包含检查员或记录员时，角色将分别被归为 R1 和 R2 类。因此，需要对 R1→其他角色，其他角色→R1 的转变进行以下说明。

R1→其他角色。在无外部脚本时，代表组长工作重心的转变，可见 C 班和 D 班组长的工作重心较少发生变化。在有外部脚本时，除了可以是组长工作重心的转变之外，如 R1→R2，即表示组长的工作重心变为整合记录；还可以由检查员向其他类角色的转换，如 R1→R3，即表示检查员到探究员、实验员的角色流动。

其他角色→R1。在无外部脚本时，代表组长工作重心的转变。例如，R2→R1 则表示组长的工作重心不再为整合记录，无外部脚本的 C 班和 D 班中仅有 D-05-14 的角色从 R2（组 & 记）变为 R1（组长）。在有外部脚本时，除了可以是组长工作重心的转变之外，如 R2→R1；也可以是其他类角色向检查员转换，如 R2→R1，即表示整合类角色变为协调类角色，如由表示记录员变为检查员。

对三轮实验中各班角色转换的桑基图进行分析可以发现：

从外部脚本角度来看，在 1：m 条件下外部脚本有更为明显的作用。B 班（1：m，有外部脚本）相比于 D 班（1：m，无外部脚本），角色转换发生得更为频繁，也更多地发生由同一类角色向多类角色的转换，即发生成员工作重心的转变。相反，外部脚本在 1：1 条件中的作用并不明显，且 A 班（1：1，有外部脚本）和 C 班（1：1，无外部脚本）均出现较多的角色转换。

从虚拟教具角度来看，与 A 班（1：1，有外部脚本相比）B 班（1：m，有外部脚本）有更多的 R1 类角色转换为其他类角色，即发生检查员或组长工作重心的转变。并且，1：1 条件下的 A 班和 C 班有较为频繁的角色转换。但相比于 1：m 条件下的 B 班和 D 班，A 班和 C 班的 R3 类角色占比在三轮实验中均较大，即当每个人都拥有平板电脑进行操作时，他们更倾向于认为自己是小组中负责实验探究的角色。

第二节　小组结构

一、小组社会网络

社会生活中的隐喻"织构"（fabric）和"网"（web），有助于我们理解"社会结构"的概念（约翰·斯科特，2007，p.4）。正是因为社会化行动具有"相互交织""互相关联"这样的纺织式（textile）隐喻，社会"网络"这一隐喻才走到台前（约翰·斯科特，2007，p.4），被研究者应用到社会交互行为的研究中。本研究应用社会网络分析这一方法来描绘小组中成员角色在实验探究中的互动情况。

（一）社会网络图

在每轮探究实验中，学生需要在实验单中填写实际座次情况，即学生的邻近关系。在每轮探究实验后，学生需要完成"科学探究主题活动的反思问卷"。问卷中的反思报告除了包含前面提到的小组角色、资源使用之外，还包含成员交流，即让学生回答"在本次任务中，你与哪几个组员交流得比较多"。根据学生在实验单和反思报告中的成员交互信息，研究者能够使用社会网络分析的方法，描绘小组的"社会网络"。

在小组社会网络中，节点代表成员个体，座次信息用于确定节点在网络中的位置。有向边则代表成员间的交互。例如，A→B表示在反思报告中A认为A与B交流较多。在社会网络分析中，从节点发出的有向边之和代表出度，指向节点的有向边之和代表入度。本研究使用Gephi软件进行小组社会网络的描绘。

如图5-3所示，在本研究绘制的小组社会网络图中，节点包含学生的学号和角色标签两个信息，有向边代表小组成员的交互情况。A→B代表A在主观上认为A与B交流得较多，因而一个节点的入度在一定程度上代表了该节点对应学生在小组中的重要程度。相应地，在进行小组社会网络绘制时，颜色的明度反映了节点的入度大小，节点颜色越深代表入度越大，颜色越浅代表入度越小。

（二）网络密度与成分

在绘制小组社会网络图后，本研究使用密度和成分这两个社会网络

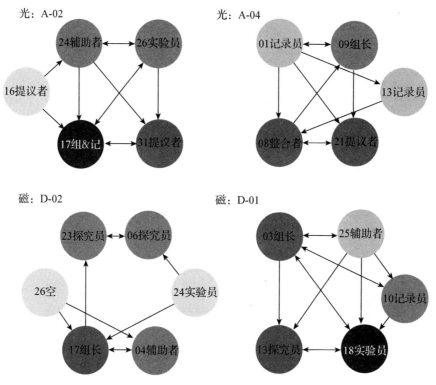

图 5-3　小组社会网络图示例

分析的概念来提取小组的社会网络特征。

首先，小组社会网络图中的网络密度，代表小组成员之间交互的密切程度。

网络密度指网络图中节点之间的关联，反映了该网络的紧凑程度。节点之间的关联越多，网络密度就越大；完备的网络，指网络中所有节点之间都相互关联（邻接）（约翰·斯科特，2007，p.58）。密度的取值范围为 [0，1]，一个完备图的密度为 1（约翰·斯科特，2007，p.59）。有向图中节点的度数等于出度和入度总和。用 n 表示有向图中节点的数量，如果该有向图是完备图，那么该有向图中所有节点的度数之和为 $n(n-1)$。用 d_i 表示节点 i 的度数，则有向图的网络密度可以用如下公式来表示：

$$\sum d_i / n(n-1)$$

接下来，使用"行动导向成分"来分析小组在探究活动中的工作侧重点。

成分（component）是子图（sub-graph）的下位概念。网络图中的子图，指从该网络图中选取出部分点，加上这些点之间相连的边，这样的集合被称为子图（约翰·斯科特，2007，p.84）。成分指"最大关联的子图"，即所选取的子图中的所有点都有关联（约翰·斯科特，2007）。对于有向图，一种简单的分析方法是不考虑边的方向，对弱成分进行分析，再结合所选取的弱成分的内在结构进行综合分析（约翰·斯科特，2007）。

在社会网络分析中，选择什么样的子图或成分进行分析，依赖于研究者的理论、关注点和经验关切点（约翰·斯科特，2007）。为找到"行动导向成分"，本研究需要先找到小组网络图中占主导地位的节点。相对局部中心度（standardized centrality），指点的实际度数与可能的最多度数之比，无向图的相对局部中心度公式为 $d_i/(n-1)$；有向图则需要对点入度和点出度进行区分，分为点的内中心度和外中心度（约翰·斯科特，2007）。前面提到节点的入度反映了学生在小组中的重要程度，因而本研究将选取节点相对局部内中心度（standardized in-degree centrality）进行有向图成分的提取。下面介绍小组行动导向的分析步骤。

首先，找到某个组中相对局部内中心度最高的点。其次，从该点出发，找出节点数为 3 的成分，并选择其中总度数（该成分的出度和入度之和）最高的成分。如果找出多个总度数最高的成分，则选择双向连线最多的成分。符合以上标准的成分被称为该组的"行动导向成分"，如果一个小组不包含这样的成分，那么这个小组可以被认为无明显导向。行动导向的划分主要依据"行动导向成分"的内部结构，即 R2 类和 R3 类角色在成分中的交互情况。

本研究将小组的行动导向分为三种：任务导向、探究导向、无明显导向，分别赋值为 1，−1，0。具体地，小组的行动导向赋值规则如表 5-4 所示。任务导向，代表 R2 类角色在整个小组网络中占主要地位，即该小组的工作侧重于实验单任务的完成。探究导向，代表 R3 类角色在整个小组网络中占主要地位，即该小组的工作侧重于使用虚拟教具进行实验操作与探究。无明显导向，则指小组的工作重心介于任务导向和探究导向之间，没有明显的侧重。如图 5-3 所示，在光的折射实验中，A-02 组和

A-04 组属于任务导向；在电磁感应实验中，D-01 组属于实验导向，D-02 组则无明显导向。

表 5-4　小组行动导向赋值规则

小组行动导向	赋值规则	值
任务导向	小组交互网络的"行动导向成分"中包含 R2 类角色，且 R2 类角色入度不为 0。	1
探究导向	小组交互网络的"行动导向成分"中包含 R3 类角色，且不包含 R2 类角色或 R2 类角色入度为 0。	−1
无明显导向	小组中无"行动导向成分"。 小组交互网络的"行动导向成分"中不包含 R2 和 R3 类角色。 小组交互网络的"行动导向成分"中不包含 R3 类角色，可以包含 R2 类角色但需要其中的记录员入度为 0。	0

二、小组结构分析

（一）全部组的小组结构

根据学生在实验单和反思报告中的成员交互信息，本研究对小组的社会网络进行了绘制，并提取了网络密度和行动导向这两个特征来描述小组结构。

经过网络密度计算和"行动导向成分"分析，本研究得到各小组在三轮实验中的小组结构特征信息，如表 5-5 所示。小组结构用网络密度和行动导向来表示：网络密度取值为 [0，1]；行动导向取值为 1，0，−1，分别代表任务导向、无明显导向、探究导向。

表 5-5　小组结构特征信息表

探究主题	光的折射		简单电路		电磁感应	
班级组别	网络密度	行动导向	网络密度	行动导向	网络密度	行动导向
A-01	0.45	−1	0.50	−1	0.35	−1
A-02*	0.55	1	0.35	1	0.40	1

探究主题	光的折射		简单电路		电磁感应	
班级组别	网络密度	行动导向	网络密度	行动导向	网络密度	行动导向
A-03	0.40	1	0.33	1	0.30	1
A-04	0.50	1	0.50	1	0.45	1
A-05	0.50	1	0.50	1	0.45	1
A-06	0.45	1	0.30	−1	0.25	−1
B-01	0.45	0	0.17	0	0.17	0
B-02	0.30	−1	0.30	0	0.23	−1
B-03	0.21	1	0.23	1	0.30	0
B-04	0.30	1	0.60	1	0.50	1
B-05*	0.30	−1	0.27	1	0.20	0
B-06	—	—	0.60	−1	0.60	−1
C-01	0.50	−1	0.45	−1	0.30	−1
C-02	0.50	1	0.55	1	0.75	1
C-03	0.57	−1	0.53	1	0.43	−1
C-04	0.58	1	0.37	−1	0.33	1
C-05	0.33	−1	0.33	−1	0.30	−1
C-06*	0.83	−1	0.45	1	0.45	−1
D-01	0.40	1	0.35	1	0.60	−1
D-02	0.23	1	0.43	1	0.30	0
D-03*	0.60	1	0.55	1	0.60	1
D-04	0.33	1	0.45	1	0.50	1
D-05	0.55	1	0.50	−1	0.45	0
D-06	0.65	1	0.35	−1	0.40	−1

注：* 表示该小组为录制组，—表示该组学生未参加该轮实验。

根据小组结构特征信息，绘制如图5-4所示的小组结构分布图。圆点代表小组，横轴代表该小组的网络密度。处于坐标轴上方（行动导向值为1），代表该组是任务导向的；处于坐标轴下方（行动导向值为−1），代表该组是探究导向的；处于坐标轴之中（行动导向值为0），代表该组无明显的行动导向。

对三轮实验中各实验条件的小组结构进行分析可以发现以下结果。

在行动导向方面，各班均没有呈现出对"任务"或"探究"行动导向的明显倾向，且行动导向的变化没有形成一定规律。从表5-5中可以发现，在三轮实验中，行动导向发生变化的小组有：A-06、B-02、B-03、B-05、C-03、C-04、C-05、C-06、D-01、D-02、D-05、D-06。可以发现，有外部脚本的小组行动导向发生变化的次数少于无外部脚本的小组，即外部脚本使小组的行动导向更为稳定。

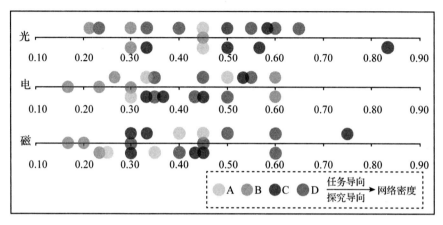

图 5-4　小组结构分布图

注：小组结构分布图中圆点透明度为 80%，颜色与图例不符的位置，代表该位置有多个圆点，即有多个小组的网络密度与行动导向取值相同。

在网络密度方面，如图 5-4 所示，在四个班中 B 班（1∶m，有外部脚本）的网络密度在三轮实验中均偏低，即在 1∶m 条件下，有外部脚本的小组中成员之间交互的密切程度并不高。此外，A 班（1∶1，有外部脚本）的网络密度也略低于 C 班（1∶1，无外部脚本）和 D 班（1∶m，无外部脚本）。这说明外部脚本的作用会影响小组成员的交互密切程度，这种影响在 1∶m 条件下更为明显。

结合第四章对学习成效的分析结论可以得出，小组成员之间主观上认为的密切交互并不代表会带来更好的探究效果，密切交互可能代表的是小组成员间的零散互动，无法推进小组任务。研究者（Lin，Wong，& Shao，2012）指出，面对面合作中成员之间有密切交互的小组，虽然看起来是"理想的"，但实际上并不能带来更好的学习成效。在本研究中，外部脚本使得小组成员的交互密切程度降低，也使得小组的行动导向更为稳定。结合第四章的相关结论可以得出，行动导向偏向任务导向或探究导向或无明显导向，并不会对合作成效产生明显影响。在真实科学课堂的小组合作中，稳定的行动导向和遵循小组规则进行互动会有更好的学习成效。特别是在1∶m且提供外部脚本的条件下，小组的行动导向更为稳定，成员间遵循规则进行互动，因而能够获得更好的学习成效。

（二）录制组的小组结构

本研究在实验开始前，随机选取了A-02组、B-05组、C-06组和D-03组作为录制组，以这四个组为代表来反映各供给情境下小组的交互行为。

录制组A-02组、B-05组、C-06组、D-03组在三轮实验中累积共有62人次参加，R1类、R2类、R3类、R4类、R5类角色在各组的分布情况为A-02 [2，3，3，6，1]、B-05 [5，2，6，4，1]、C-06 [3，3，5，1，2]、D-03 [3，3，5，4，0]。其中B-05组的人数为6，但以主要参与人员来论，四个录制组在角色类属分布上大致与表5-3中所示的各类成员在各班分布情况类似，能够用于代表各班在相应技术供给下的交互情况。

图5-5描述了录制组在三轮实验中的小组结构分布情况。如图5-5所示，有外部脚本的小组网络密度低于无外部脚本的小组：在1∶m条件下，B-05组的网络密度低于D-03组；在1∶1条件下，A-02组的网络密度低于C-06组。这进一步证实了外部脚本的作用在一定程度上会降低小组成员的交互程度。

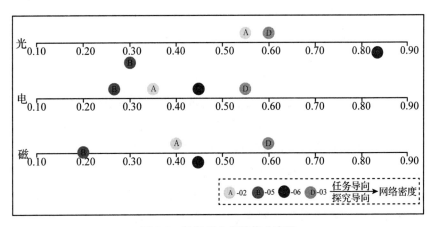

图5-5　录制组小组结构分布图

录制组 A-02 组、B-05 组、C-06 组、D-03 组在三轮实验中的实验单总成绩分别为：A-02〔50，70，90〕，B-05〔90，80，95〕，C-06〔70，70，70〕，D-03〔65，80，80〕。由此可见，录制组也能够反映出外部脚本降低了小组的交互程度，却带来了更好的学习成效这一规律。

图 5-6、图 5-7、图 5-8、图 5-9 分别为录制组 A-02 组、B-05 组、C-06 组、D-03 组三轮实验的社会网络图。下面将根据小组网络中节点的相对局部内中心度来对小组的主导成员和其他成员进行分析。

A-02 组中的主导成员为 A-02-17 和 A-02-26。A-02-17 作为组长在三轮实验中均兼任了记录员的角色，这也使得 A-02 组在三轮实验中体现出稳定的任务导向。A-02-26 则作为主要参与者，依次担任了实验员、检查员、实验员的角色。A-02-16、A-02-24、A-02-31 在小组中则更多地扮演辅助类角色，其中，A-02-16 即便在实验中担任检查员的角色，但该成员在三轮实验中的相对局部内中心度始终为 0，即该成员的入度为 0，从座次来看，A-02-16 在小组中处于较为边缘的位置。

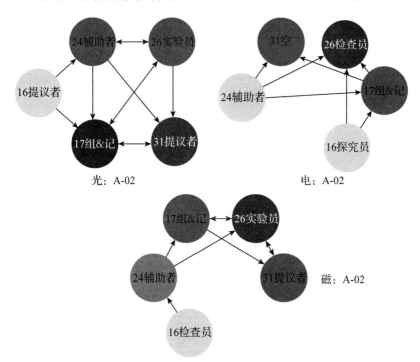

图 5-6　A-02 组三轮实验的社会网络图

B-05 组中的主导成员为 B-05-08 和 B-05-34。B-05-08 在三轮实验中担任探究类角色。B-05-34 则作为主要参与成员分别承担了探究员、记录员、检查员的角色。尽管 B-05-29 在小组中担任组长，但该成员在小组中的参与积极性却不高，这一点也能够从其出度和入度以及后续的视频分析中得到印证。此外，虽然 B-05-11 为探究类角色，但其在小组网络中的入度并不高。而 B-05-22、B-05-26 则大多作为边缘类角色参与小组工作。

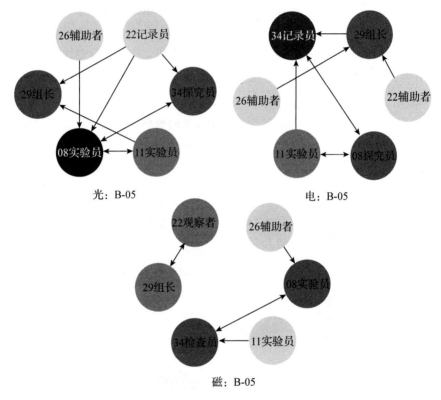

图 5-7　B-05 组三轮实验的社会网络图

C-06 组中的主导成员为 C-06-06 和 C-06-26。C-06-06 在实验中担任组长，C-06-26 则担任探究类角色。C-06-16 在三轮实验中担任了整合类和探究类角色。C-06-01 是小组中较为边缘的成员，未参与光的折射探究活动，且在后续两轮实验中有较低的相对局部内中心度。C-06-21 在光的折射和电磁感应两次实验中分别扮演探究类角色与辅助类角色，在简单电路中却是边缘类角色（旁观者），这是因为在该轮实验中该成员中途才进入教室，加入小组活动中，因此他自我报告为"啥都没干，干瞪眼"。

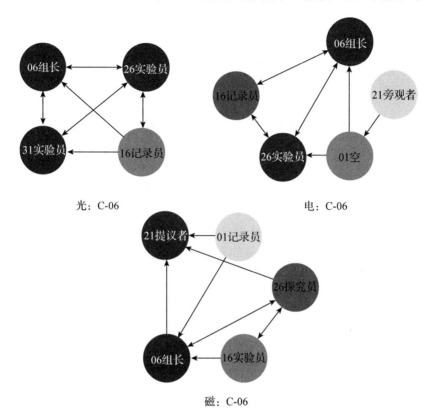

光：C-06　　　　　　　　　　　　电：C-06

磁：C-06

图 5-8　C-06 组三轮实验的社会网络图

D-03 组中的主导成员为 D-03-08、D-03-27。D-03-08 在小组中担任组长，与 D-03-30 有较为密切的互动。D-03-27 则担任记录员，并在小组中持续地有最高的相对局部内中心度，这使得 D-03 组在三轮实验中体现出稳定的任务导向。此外，成员 D-03-07 和 D-03-19 则在小组中分别担任探究类角色与辅助类角色，同时也有着相对较低的相对局部内中心度。在小组视频中，D-03-08 和 D-03-30 主要进行实验操作，D-03-27 作为记录员围绕实验单与他人进行交互，D-03-07 和 D-03-19 则为小组做辅助工作。

对录制组进行小组结构的分析后，下面将从录制视频中成员的具体行动入手，分析各小组在技术供给作用下的行为模式。

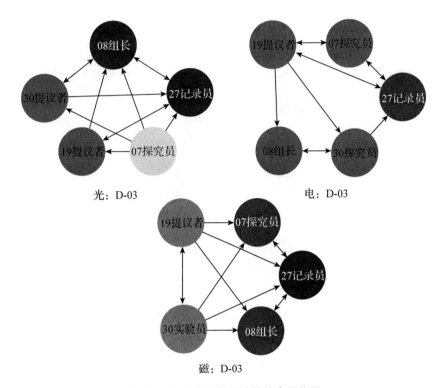

光：D-03

电：D-03

磁：D-03

图 5-9　D-03 组三轮实验的社会网络图

第三节　行为模式

行为（behavior）涉及主体的整体表现，而生态心理学中的行动（action）强调个体在环境中受知觉影响，具有一定目的的动作（Gibson，1977）。从具身认知的角度来分析合作探究中的行为，需要强调行动的即时性、目的性、动态性。具身认知强调人在环境中主动发起的行动，以及行动所带来的知觉对接下来行动的影响。心理过程涉及外部操作和内部操作，外部操作以行动的形式进行，内部操作涉及主体合理利用环境的能力（Kiverstein & Clark，2009）。知觉的目的是传递可供性（Shapiro，2014，p. 23）。在进行视频分析时，我们难以直观地捕捉并呈现学生在技术供给作用下的知觉，但是小组中成员之间行动的连贯性、即时性则能够间接地反映知觉—行动循环在合作探究中的快速更迭。

勒温认为行为是人和环境交互作用的结果（转引自朱建军，吴建平，2009，p. 44），在合作探究中，小组成员与技术供给作用的学习环境进行交互，形成了小组内部的互动行为。行为模式（behavioral patterns）指所编码内容的显著性时序关系（sequential relationship），一个行动紧接着另一个特定行动而出现的时序关系具有统计学显著性时，则认为该时序关系构成了行为模式的一部分（Zhang，Liu，Chen et al.，2017）。滞后序列分析（lag sequential analysis，LSA）是一种用来检验两个行动时序关系的统计学显著性的方法，能够揭示所编码内容的时序转换模式（Bakeman & Gottman，1997）。使用滞后序列分析方法并结合具体行动进行内容分析，能够对不同技术供给下所发生的行为模式进行分析比较。

一、行动编码

（一）行动引导的合作探究编码表

本研究所设计的合作探究活动属于引导型探究，即学生根据实验单的探究问题，设计或选择方法、步骤进行探究（Banchi & Bell，2008）。基于此，在对所收集的合作探究视频数据进行初步分析与试编码后，结合学生在合作探究中的具体行动和探究过程，本研究设计了"行动引导的合作探究编码表"（见表 5-6），以此来探究小组的行为模式。

编码表共分为 4 个维度，学习相关（academic-related）、社交连接（social connection）、技术问题（technical issues）、偏离主题（off-topic），12 个编码。其中社交连接、技术问题、偏离主题均仅包含一个编码。学习相关维度包含以下编码：A1 问题提出（ask）、A2 行动回应（respond）、A3 信息提供（offer）、A4 实验执行（conduct）、A5 现象分析（analyze）、A6 差异协商（negotiate）、A7 结论得出（conclude）、A8 任务引导（lead）、A9 进度检查（check）。社交连接维度包含编码：S1 社交连接；技术问题维度包含编码：T1 技术问题；偏离主题维度包含编码：O1 偏离主题。

表 5-6 行动引导的合作探究编码表

编码	行动	含义	示例	参考文献
A1	问题提出 (ask)	提出问题或指出不确定的内容以寻求可能的解决办法。	(1) 这个是多少度？（用手指平板电脑）(2) 导线的作用是什么？（读实验单）	Wang, Ma, & Wu, 2020; Wang, Duh, Li et al., 2014; Bell, Urhahne, Schanze et al., 2010.
A2	行动回应 (respond)	对他人的提问进行回答，或对他人提供的信息或其他行为进行回应。	(1) 对，不需要开关。(2) 哎，还真是。	Wang, Ma, & Wu, 2020; Bell, Urhahne, Schanze et al., 2010.
A3	信息提供 (offer)	主动提供信息，如识别变量、实验假设、解决办法。	(1) 应该是靠磁感线辅助。(2) 你放到最近处试试。	Olympiou & Zacharia, 2018; Bell, Urhahne, Schanze et al., 2010.
A4	实验执行 (conduct)	进行实验操作或验证假设。	(1) 咱们看这个光的强度。(2) 把这个接到负极上。	Olympiou & Zacharia, 2018; Wang, Duh, Li et al., 2014; Bell, Urhahne, Schanze et al., 2010.
A5	现象分析 (analyze)	对实验现象进行描述或对实验现象进行分析。	(1) 你看，上面是空气下面是空气，是直的。(2) 它不会完全变直，但是它还会折射一点。	Olympiou & Zacharia, 2018; Wang, Duh, Li et al., 2014; Bell, Urhahne, Schanze et al., 2010.

续表

编码	行动	含义	示例	参考文献
A6	差异协商 （negotiate）	指出不一致或不认同的观点或行为，并进行协商。	（1）这是反射、反射的，这不是折射的。 （2）它说只是增加一个小灯泡，但是还要有这些东西。	Wang, Ma, & Wu, 2020; Hou & Wu, 2011; Gunawardena, Lowe, & Anderson, 1997.
A7	结论得出 （conclude）	得出结论或应用共同建构的方案。	（1）线圈中会产生电流、灯泡会亮。 （2）如果都是同一种物质，它就是直的。	Wang, Duh, Li et al. , 2014; Hou & Wu, 2011; Gunawardena, Lowe, & Anderson, 1997.
A8	任务引导 （lead）	进行任务协调与分配或引导讨论方法。	（1）咱们先想探究任务 2，然后再讨论。 （2）来，你们说，我来写。	Wang, Ma, & Wu, 2020; Hou & Wu, 2011.
A9	进度检查 （check）	检查或监控学习任务的进展。	（1）咱们第一个问题还没讨论完。 （2）填完了吗（对 Y 说）？	Wang, Ma, & Wu, 2020.

续表

编码	行动	含义	示例	参考文献
S1	社交连接 (social connection)	吸引他人的注意；对个人或小组表现进行评价。	(1) 好，看好了，你看。 (2) 又发现了啊，我们真聪明。	Wang, Ma, & Wu, 2020; Yang, Li, & Xing, 2018; Hou & Wu, 2011.
T1	技术问题 (technical issues)	提出或解决与任务相关的技术问题。	(1) 你扫（描）错了。 (2) 哎呀，卡住了。	Hou & Wu, 2011; Lan, Tsai, Yang et al., 2012; Hou, Wang, Lin et al., 2015.
O1	偏离主题 (off-topic)	与任务无关但影响小组互动的行为。	(1) 我喜欢在下雨天睡觉。 (2) 待会我要找体育老师补测。	Wang, Ma, & Wu, 2020; Olympiou & Zacharia, 2018; Hou & Wu, 2011.

编码 A1 问题提出、A2 行动回应、A3 信息提供、A6 差异协商、A8 任务引导、A9 进度检查主要参考了其他研究中（Wang，Ma，& Wu，2020）编码表的部分条目。同时，结合探究学习特征，编码 A1 问题提出和 A3 信息提供还参考了不同研究（Bell，Urhahne，Schanze et al.，2010；Wang，Duh，Li et al.，2014）中的变量识别/问题导向和假设提出；编码 A4 实验执行、A5 现象分析、A7 结论得出主要参考了一些研究（Olympiou & Zacharia，2018；Wang，Duh，Li et al. 2014；Bell，Urhahne，Schanze et al.，2010）中的相关探究阶段。

（二）编码与统计

在技术供给与约束的学习环境中，学生通过增强信息实现知觉—行动循环，增强信息通常以多模态的方式来呈现，如言语、手势、视觉材料以及物理操作（Newell，1996，p.417；Abrahamson，Sánchez-García，& Smyth，2016）。在编码时，本研究关注小组所呈现的多模态信息，即不仅对学生的言语信息进行编码，而且关注与合作探究活动相关的肢体动作，尤其是手势在探究中的作用，以此来辅助识别行动发起者的意图。在使用"行动引导的合作探究编码表"进行视频编码前，需对包含多模态信息的视频资料进行转录，以提取"行动"这一编码单元。在转录过程中存在两个难点，分别是行动的识别和区分行动间的时序关系。行动的识别，以该行动对小组互动产生影响为依据，对具有编码表中对应目的的行动进行识别；区分行动间的时序关系，以时间顺序为主，以行动的上下文意义为辅，进行行动在时序上的转录。

通过对四个班级中录制组 A-02 组、B-05 组、C-06 组和 D-03 组三轮实验的 12 个合作过程视频进行分析，共提取出 3553 个编码单元，其中学生行动 3402 个，教师行动 151 个。教师行动分为两种：对全班进行的和对录制小组进行的。对全班进行的共 98 个，如进行实验单的解读和提示、对探究任务的时间进度进行提醒等。对录制小组进行的共 53 个，如解答小组问题、对小组问题进行引导等。教师对录制小组进行的行为会影响小组的合作交互过程。进行滞后序列分析时，应将教师对小组进行的行动也纳入分析中。因此，最后用于滞后序列分析的编码数为 3455。对 3455 个行动编码进行统计分析，得到各录制组三轮实验总的编码数量及百分比分布情况，如表 5-7 所示。

表 5-7　录制组合作视频的编码统计

行动/频次	A-02	B-05	C-06	D-03	总计
A1	56 (6.89%)	40 (4.04%)	59 (6.98%)	28 (3.47%)	183
A2	104 (12.79%)	60 (6.07%)	96 (11.36%)	104 (12.87%)	364
A3	149 (18.33%)	181 (18.30%)	121 (14.32%)	148 (18.32%)	599
A4	73 (8.98%)	141 (14.26%)	59 (6.98%)	110 (13.61%)	383
A5	93 (11.44%)	88 (8.90%)	149 (17.63%)	155 (19.18%)	485
A6	20 (2.46%)	36 (3.64%)	52 (6.15%)	41 (5.07%)	149
A7	69 (8.49%)	73 (7.38%)	85 (10.06%)	24 (2.97%)	251
A8	59 (7.26%)	149 (15.07%)	91 (10.77%)	50 (6.19%)	349
A9	21 (2.58%)	20 (2.02%)	27 (3.20%)	18 (2.23%)	86
S1	49 (6.03%)	80 (8.09%)	41 (4.85%)	34 (4.21%)	204
T1	6 (0.74%)	12 (1.21%)	3 (0.36%)	17 (2.10%)	38
O1	114 (14.02%)	109 (11.02%)	62 (7.34%)	79 (9.78%)	364
总计	813 (100.00%)	989 (100.00%)	845 (100.00%)	808 (100.00%)	3455

注：表中的数据为人数及其所占百分比。

图 5-10 为录制组三轮实验中总的编码百分比分布情况，圆圈大小代表百分比的值，以此反映录制组各行动编码的相对占比情况。从图 5-10 中可以得出以下四点技术供给和外部脚本影响下行动的明显差异。

在 A1 问题提出方面，A-02 组、C-06 组的占比高于 B-05 组和 D-03 组，即 1∶1 条件比 1∶m 条件有更多的"问题提出"行动。

在 A4 实验执行方面，B-05 组、D-03 组的占比高于 A-02 组和 C-06 组，即 1∶m 条件比 1∶1 条件有更多的"实验执行"行动。

在 A5 现象分析方面，C-06 组、D-03 组的占比高于 A-02 组和 B-05 组，即无外部脚本比有外部脚本有更多的"现象分析"行动。

在 A8 进度检查方面，相比于其他录制组，B-05 组有更多的"进度检查"行动。

由行动占比情况可以看出，在 1∶m 条件下，小组共同使用一台平板电脑会投入更多的认知资源在实验操作上，而在 1∶1 条件下，小组成员各自使用平板电脑，会通过问题提出来进行相互交流。无外部脚本时，

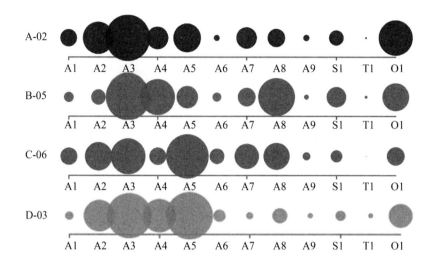

图 5-10　录制组编码分布的多轴气泡图

小组会投入更多认知资源在现象分析上。有外部脚本 1∶m 条件下的小组
则有更多的"进度检查"行动。虚拟教具与外部脚本对合作过程的影响，
还需要结合行为转换以及具体会话内容来进一步分析。

此外，对录制组三轮实验中各类角色的行动频次进行统计可以发现，
R3 类角色在小组合作中的行动频次最多，且 A3 信息提供和 A5 现象分析
是 R3 类角色发出的较多的行动类型（见表 5-8）。此外，R1 协调类、R2
类角色也有较多的行动频次，R4 类的行动频次则相对较少，R5 类则较少
发起行动，这也与表 5-1 中的各角色含义相符合。

表 5-8　录制组角色类属与行动频次统计

行动频次	A1	A2	A3	A4	A5	A6	A7	A8	A9	O1	S1	T1	总计
R1 类	52	87	102	134	120	37	51	99	20	143	45	13	903
R2 类	54	78	127	60	72	31	95	119	24	37	44	9	750
R3 类	46	107	228	151	199	51	84	93	23	118	82	9	1191
R4 类	21	80	104	37	86	22	20	30	15	52	26	4	497
R5 类	6	8	7	1	8	3	1	3	2	14	7	1	61
总计	179	360	568	383	485	144	251	344	84	364	204	36	3402

由于各录制组角色类属参与人次分布不等，本研究不针对各录制组中各类角色的行动频次进行统计比较，而是采用滞后序列分析法，将小组视为一个有机整体，来探究小组成员内部在合作中交互而形成的行为模式。

二、行为转换分析

为探究各组间行为模式的显著性差异，本研究使用 GSEQ 5.1 软件进行滞后序列分析。将各组在三轮实验中编码后的行为序列在 GSEQ 5.1 软件中进行预处理，并生成行为转换频率表和调整后残差表。行为转换（behavior transition），指一个行动紧接着另一个行动而发生的现象。行为转换频率，指一个行动接着另一个行动发生的次数。调整后残差值（adjusted residual results），指一个行为转换频率的 Z 分数（Z-score），当 Z 分数大于 1.96 时，该行为转换在统计学上是显著的（$p < 0.05$）（Bakeman & Gottman，1997）。

以 A-02 组为例，在光的折射、简单电路、电磁感应三轮实验中，A-02 组共形成 810 个行为转换，如表 5-9 所示。行代表起始行动，列代表接下来的行动，行和列对应的数值则是该行为转换的频率。例如，在表 5-9 中，第 3 行第 4 列的数值为 22，表示行动 A4 紧接着行动 A3 共发生了 22 次。

表 5-9　行为转换频率示例表（A-02 组）

	A1	A2	A3	A4	A5	A6	A7	A8	A9	S1	T1	O1	总计
A1	8	17	11	0	2	0	4	5	2	3	0	4	56
A2	10	11	25	8	12	3	7	12	2	6	1	7	104
A3	9	24	33	22	20	8	10	4	3	9	1	5	148
A4	0	2	12	19	18	0	3	7	4	4	1	3	73
A5	4	10	21	7	13	4	12	6	1	7	0	8	93
A6	0	2	4	1	4	1	3	0	2	2	1	0	20
A7	4	7	16	6	4	2	10	6	0	3	0	9	67
A8	4	19	6	4	3	1	6	11	0	2	0	3	59
A9	5	3	3	0	2	0	3	1	2	0	0	2	21

续表

	A1	A2	A3	A4	A5	A6	A7	A8	A9	S1	T1	O1	总计
S1	4	7	10	4	9	0	2	1	2	8	0	2	49
T1	0	1	1	1	0	1	0	0	0	0	1	1	6
O1	8	1	7	1	5	0	9	6	2	4	1	70	114
总计	56	104	149	73	92	20	69	59	20	48	6	114	810

B-05 组、C-06 组和 D-03 组分别形成 986、842、806 个行为转换。受篇幅限制此处不予赘述，对应的行为转换频率表详见附录 E。

接下来呈现由 GSEQ 5.1 软件生成的调整后残差表。A-02 组、B-05 组、C-06 组和 D-03 组行为转换调整后残差表分别见表 5-10、表 5-11、表 5-12、表 5-13。

表 5-10　A-02 组行为转换调整后残差表

	A1	A2	A3	A4	A5	A6	A7	A8	A9	S1	T1	O1
A1	2.25*	4.06*	0.25	−2.44	−1.9	−1.23	−0.38	0.49	0.55	−0.19	−0.67	−1.55
A2	1.16	−0.74	1.59	−0.50	0.06	0.29	−0.70	1.79	−0.38	−0.07	0.28	−2.31
A3	−0.44	1.36	1.36	2.75*	0.91	2.55*	−0.85	−2.37	−0.38	0.09	−0.10	−4.14
A4	−2.44	−2.70	−0.45	5.32*	3.75*	−1.43	−1.41	0.79	1.74	−0.17	0.66	−2.57
A5	−1.06	−0.64	1.11	−0.53	0.85	1.21	1.61	−0.33	−0.92	0.70	−0.89	−1.61
A6	−1.23	−0.38	0.19	−0.63	1.23	0.74	1.05	−1.27	2.20*	0.78	2.25*	−1.83
A7	−0.32	−0.61	1.21	−0.02	−1.45	0.28	1.96	0.55	−1.36	−0.52	−0.74	−0.16
A8	−0.04	4.62*	−1.69	−0.62	−1.58	−0.4	0.47	3.49*	−1.27	−0.86	−0.69	−2.06
A9	3.09*	0.20	−0.49	−1.46	−0.27	−0.74	0.96	−0.45	2.11*	−1.17	−0.40	−0.61
S1	0.36	0.31	0.38	−0.21	1.60	−1.15	−1.15	−1.46	0.75	3.18*	−0.62	−2.08
T1	−0.67	0.28	−0.11	0.66	−0.88	2.25*	−0.75	−0.69	−0.39	−0.62	4.57*	0.18
O1	0.05	−4.12	−3.64	−3.27	−2.53	−1.83	−0.26	−0.9	−0.53	−1.18	0.18	15.68*

注：* 表示 Z-score>1.96，$p<0.05$，下同。

表 5-11　B-05 组行为转换调整后残差表

	A1	A2	A3	A4	A5	A6	A7	A8	A9	S1	T1	O1
A1	2.76*	2.41*	0.27	−0.33	−0.89	−1.26	0.02	−0.87	0.22	0.45	−0.72	−1.25
A2	0.38	0.19	1.03	0.92	−1.10	−0.85	−0.22	0.04	−1.15	0.06	−0.89	−0.27
A3	−1.38	0.36	2.55*	2.65*	0.56	1.51	0.84	−1.08	−1.55	−1.69	−1.65	−3.65
A4	−2.16	−0.20	−0.16	1.30	4.00*	−1.51	−0.48	−2.24	0.10	2.55*	0.25	−1.88
A5	−0.32	0.77	3.13*	−1.78	2.41*	−0.13	−0.65	−1.90	0.17	1.58	−1.09	−2.75
A6	−0.37	0.63	−0.63	0.00	1.13	4.33*	0.93	−1.06	1.58	−1.16	−0.67	−2.12
A7	−0.59	0.79	−0.44	0.54	−1.07	1.51	3.53*	1.09	−1.28	−2.19	−0.99	−1.58
A8	1.78	1.46	−1.92	−1.09	−2.90	0.74	−1.37	5.24*	2.51*	0.62	−1.47	−2.40
A9	3.65*	−1.15	−0.98	−1.85	−0.62	−0.88	−1.28	3.20*	2.55*	−1.34	−0.50	0.57
S1	−0.74	−1.89	1.00	0.85	1.17	−1.19	0.93	−1.59	−1.34	0.64	−1.04	0.80
T1	−0.72	−0.89	−0.90	−1.42	−1.09	−0.68	−0.99	−0.64	−0.50	0.03	23.45*	−1.23
O1	0.30	−2.82	−3.94	−2.20	−2.75	−1.61	−1.58	−0.04	−0.15	−0.69	−0.30	14.88*

表 5-12　C-06 组行为转换调整后残差表

	A1	A2	A3	A4	A5	A6	A7	A8	A9	S1	T1	O1
A1	1.03	0.54	0.97	−1.10	−1.57	−0.92	1.81	0.27	−0.64	1.33	1.79	−2.25
A2	0.59	−0.32	0.68	0.59	1.99*	−1.32	−0.25	−0.83	−1.23	0.16	−0.62	−1.27
A3	−2.46	0.06	−0.11	2.59*	1.95	2.26*	−0.40	−1.92	0.15	−0.41	−0.71	−1.85
A4	−0.57	−0.31	−0.18	3.70*	3.38*	−2.04	−0.43	−2.34	−0.64	0.08	−0.48	−1.73
A5	−0.78	2.31*	2.00*	−0.78	1.85	−0.43	−0.28	−2.62	−0.82	−0.09	0.72	−2.39
A6	−1.46	0.03	0.62	−1.46	0.30	3.44*	−1.54	1.56	−1.33	−0.35	−0.45	−0.45
A7	1.91	1.24	−1.99	−1.27	−0.26	−0.57	4.02*	−1.14	−1.06	−0.58	−0.58	−0.52
A8	2.11*	−1.14	−1.25	−1.41	−4.07	2.52*	−0.77	8.00*	−1.15	−0.72	−0.60	−1.12
A9	0.11	−0.66	0.62	−1.44	−1.94	−1.36	−1.12	1.94	6.97*	−1.19	−0.32	0.76
S1	0.11	−0.34	0.05	0.74	−1.37	−0.35	−0.61	0.81	1.60	1.49	−0.39	−0.62
T1	−0.47	−0.62	0.94	−0.47	−0.80	0.45	−0.58	−0.60	−0.31	−0.39	9.60*	1.73
O1	−0.14	−2.52	−1.85	−0.66	−2.06	−2.10	−0.99	−2.00	1.59	0.60	−0.49	13.36*

表 5-13　D-03 组行为转换调整后残差表

	A1	A2	A3	A4	A5	A6	A7	A8	A9	S1	T1	O1
A1	1.08	1.37	1.42	0.12	−0.68	−0.37	−0.94	0.24	−0.81	−1.13	−0.79	−1.13
A2	0.22	−0.13	1.33	−2.17	1.33	−0.14	−0.06	2.50*	−1.65	−0.20	−0.87	−1.48
A3	0.43	−0.57	−0.04	8.24*	−2.41	0.20	−0.22	0.00	−0.80	−1.02	−1.98	−3.83
A4	1.78	−0.67	1.54	0.64	2.56*	−1.68	−0.17	−0.72	−1.71	−0.84	−1.66	−2.34
A5	−0.19	1.87	0.36	−3.13	4.58*	2.08*	0.20	−2.03	−0.88	0.21	−2.03	−3.66
A6	−0.37	−2.05	1.44	−0.26	0.45	4.31*	−0.21	−1.67	0.09	0.22	0.15	−1.63
A7	0.19	1.79	−0.75	0.46	−0.32	−0.21	0.35	−1.27	0.65	1.02	0.71	−1.64
A8	−1.39	0.24	0.31	−0.75	−1.34	−1.03	−0.42	1.20	3.84*	0.65	0.96	0.05
A9	−0.79	0.59	−1.34	−0.93	−1.41	−0.96	3.60*	−0.03	4.35*	1.56	1.09	−0.55
S1	−0.17	2.41*	−1.02	−1.84	−0.24	0.22	1.02	0.68	−0.90	2.24*	1.56	−1.96
T1	−0.79	−0.14	−1.98	−0.93	−2.03	−0.96	−0.73	0.99	4.35*	0.34	13.04*	−1.37
O1	−1.11	−3.22	−3.18	−2.28	−4.23	−2.15	−0.93	0.63	−0.60	−0.76	−0.53	19.38*

根据行为转换的显著性水平，同时以行为转换频率大于等于 4 为标准，综合得出本研究关注的小组行为模式。具体地，A-02 组、B-05 组、C-06 组和 D-03 组被纳入行为模式图的行为转换数目分别为 11，15，13，12。图 5-11 为四个录制组三轮实验综合得出的行为模式图，以可视化方式表达四个录制组在整体水平上体现出的行为模式。箭头表示其连接的两个行动所构成的行为转换在统计学上是显著的，即该行为转换在该小组中发生的频次较多；数值代表行为转换的 Z 分数（Z-score＞1.96，$p<0.05$）。例如，A3→A4（offer→conduct），表示由信息提供到实验执行这一行为转换在统计学上是显著的，且被用来构成录制组行为转换模式图的一部分。

接下来将根据技术供给设计并结合具体会话内容，对四个录制组的行为转换模式进行比较分析，如图 5-11 所示。

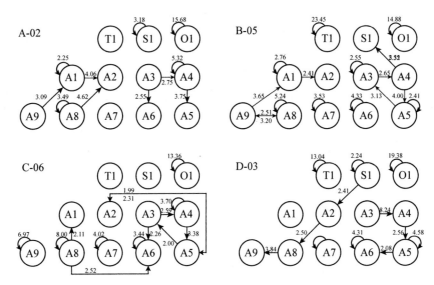

图 5-11 录制组行为转换模式图

（一）共同的行为转换

A-02 组、B-05 组、C-06 组和 D-03 组共同表现出来的显著行为转换有两个，分别是 A3→A4（offer→conduct）和 A4→A5（conduct→analyze）。这表明从信息提供到实验执行行为转换、从实验执行到现象分析的行为转换，在四个录制组的行为模式中均具有显著水平。

信息提供、实验执行、现象分析属于合作学习中与实验探究密切相关的行动，并形成 A3→A4（offer→conduct）和 A4→A5（conduct→analyze）的显著行为转换。其中，信息提供指小组成员在合作过程中主动提供信息，如识别变量、实验假设、解决办法等，为实验执行起到先导和铺垫作用。并且，在实验执行后，紧跟着现象分析，也是合作探究中最为常见的行为转换。先前研究者关于探究学习的行为类型分类中，也指出了相应的次序关系。例如，研究者（Wang，Duh，Li et al.，2014）合作探究学习中的行为类型依次包括变量识别、假设提出、实验执行、数据解释。再如，奥林匹奥和扎卡赖亚（Olympiou & Zacharia，2018）在小组合作探究的"探究周期"中也依次包含预测、实验搭建、直接观察、解释。

此外，尽管前人研究将结论得出列为合作探究的后续阶段（Bell，Urhahne，Schanze et al.，2010；Wang，Duh，Li et al.，2014），但在本

研究中，四个录制组中的 A7（conclude）结论得出这一行动，除 B-05 组、C-06 组和 D-03 组存在明显的自重复现象外，四个录制组均无其他行动与 A7 构成显著行为转换。这表明，结论得出并不总是出现在现象描述或差异协商之后，可以发生在探究实验进行后，小组成员的集体知识贡献中。例如，B-05 组在光的折射探究实验中，B-05-34（组长）、B-05-11（实验员）和 B-05-22（记录员）的交互如下。

B-05-34：是以什么来着（对 B-05-11）。（A1）

B-05-22：是以直线。（A5）

B-05-34：对。（A2）

B-05-22：是以直线什么呀？（A3）

B-05-34：是以直线进行的。（A5）

B-05-11：（操作平板。）（A4）

B-05-34：是以直线什么来着（对 B-05-11）？（A3）

B-05-11：是以直线传播的。（A7）

B-05-34：是以直线传播的（几乎与 B-05-11 同时）。（A7）

结合学习情境来看，学生以小组为单位，记录员负责完成小组实验单。当小组共享集体工作记忆时，记录员无须与其他成员进行过多的确认与协商，便能够将相应的结论记录在实验单上。小组长期合作而形成的内部脚本，也使得记录员的记录行为与填写内容被小组成员普遍认可。

（二）虚拟教具的作用

从虚拟教具的供给比例来看，1∶m 和 1∶1 条件分别有如下共同点。

1.1∶m 条件下的行为特点

以 B-05 组和 D-03 组来代表 1∶m 条件下合作探究的小组行为模式，有四种共同的显著行为转换：A8→A9（lead→check）、A5→A5（analyze 自重复）、A6→A6（negotiate 自重复）[1]、T1→T1（technical issues 自重复）。

A8→A9（lead→check）的行为转换，说明在 1∶m 条件下任务引导后通常紧跟着进度检查这一行动。这表明，当小组资源有限时，小组成员的集体注意力更易受到任务引导行为的影响，从而对小组任务的进展

———————————

[1]　C-06 组也有 A6→A6 的显著行为转换，将在外部脚本的作用中进行分析。

予以关注，共同推进任务的进行。这体现了在 1：m 条件下小组有更高的元认知水平，能够对合作学习进行及时的监控与管理（Antle，2014，pp. 55-56；King，2007）。例如，D-03 组在简单电路探究活动中，D-03-27（记录员）、D-03-19（提议者）、D-03-08（组长）和 D-03-30（探究员）之间的交互如下所述。

D-03-27：你们别试了，快试两个小灯泡吧（对 D-03-08 和 D-03-30）。（A8）

D-03-19：对，他们就是在试两个小灯泡（同时指实验单）。（A9）

A5→A5（analyze）的行为转换，说明在 1：m 条件下现象分析自重复现象发生得较为频繁。小组成员共享同一个平板电脑时，具有同一个借助平板电脑切入小组交互的"进入点"，并且是根据同一个"参考锚点"来开展实验现象相关的会话，形成共享事务空间（shared transaction space）（Antle，2014，p. 65）。小组被视为分布式认知系统（Theiner，2014，p. 353），当成员将个体认知通过现象分析行动建立群体交互记忆系统时，有助于信息交换来促进集体信息处理。个体的贡献取决于他人的贡献，即认知互赖（Theiner，2014，p. 351）。在 1：m 条件下，小组成员能够更多地围绕同一实验现象进行信息分享与知识贡献。例如，B-05 组在光的折射探究活动中，多位成员参与实验现象的描述分析。

B-05-34：等会儿你先调空气，都调成空气，咱们看一眼。（A3）

B-05-34：全部调成空气。（A4）

B-05-11：是没有反射的。（A5）

B-05-08：是没有折射的。（A5）

B-05-34：是不会折射的。（A5）

A6→A6（negotiate）的行为转换，说明在 1：m 条件下差异协商自重复现象发生得较为频繁。差异协商行动的发生，通常代表学生对其他成员的观点或行为的协商，而差异协商形成自重复时，则代表学生在围绕某一个具有争议的现象或解释进行商讨。这类行为有助于小组得出更为全面和正确的实验结论。例如，在 D-03 组中，在光的折射探究活动中，D-03-08（组长）和 D-03-30（提议者）之间进行差异协商。

D-03-08：看好了，它是怎么折射的。（A6）

D-03-30：直线它反射了吧？（A6）

D-03-08：你看，在那儿，看到了吗，它直接顺着这儿折回去的（指着平板电脑）。（A6）

D-03-30：那应该是反射吧。（A6）

资源有限对小组合作也有一定的负面作用。B-05 组和 D-03 组均有 T1 的自重复，这表明当小组中只有一个平板电脑时且该平板电脑出现问题时，集体注意力将投入在有限资源引起的技术问题上。而当一个组有多个平板电脑的时候，由技术问题引起的全体成员探究活动中断是较少出现的。部分平板电脑出现技术问题时，可以由部分成员去解决，或者两个成员共享一个平板电脑，主要探究成员则继续进行实验探究，使得小组整体的实验进度不受个别技术问题的影响。

从另一个角度来看，技术能够在合作中培养成员的小组意识（Suthers，2005）。比如，1∶m 条件下的小组在现象描述中更常使用"咱们""我们"这样的第一人称，可见，1∶m 条件所带来的共享事务空间有助于小组中积极互赖关系的形成（Antle，2014，pp.68-69）。前人研究表明，群体意识有助于提升交互质量和学习成效（马秀麟，梁静，李小文等，2019）。而 1∶1 条件下的小组则更多地使用"你们""你"这样的第二人称，在进行分布式操作的过程中，不自觉地破坏了小组这一有机整体，抑制了小组成员的群体意识。

2.1∶1 条件下的行为特点

以 A-02 组和 C-06 组来代表 1∶m 条件下合作探究的独特小组行为模式，有两种共同的显著行为转换：A3→A6（offer→negotiate）、A4→A4（analyze 自重复）。

A3→A6（Offer→Negotiate）的行为转换，说明在 1∶1 条件下信息提供后通常紧跟着差异协商这一行动。在 1∶1 条件下，每个学生都有一个平板电脑，使个体获得了对可触控工具的所有权意识（Antle，2014，p.61）。在角色分布分析部分，也能够发现 1∶1 条件下的小组有更多的探究类角色，这说明当资源充足时，由于对虚拟教具具有所有权，因此更多的学生会认为自己承担着重要的探究任务。但实际上，这种对工具所有权的意识，有时会阻碍探究的进行，如侵略或抗议行为的发生（Antle，2014，p.66）。例如，在 C-06 组中，在光的折射探究活动中，C-06-06（组长）和 C-06-21（实验员）之间进行的差异协商。C-06-21 拒绝了组长关于尝试光波的提议，使得二人无法根据同样的现象进行后续分析。

C-06-06：看一下光波（指 C-06-21 的平板电脑）。（A3）

C-06-21：看什么光波，光线（语调升高）。（A6）

此外，1∶1 条件还会导致小组成员重复的实验行为，即组员需要投入时间和精力分别进行观点验证，来达成共识。尽管在某些情况下，小组成员能够通过操作多台平板电脑，来进行分布式问题解决，在同一时段内尝试多种问题解决方案。例如，在简单电路探究活动中，A-02 组有多人在尝试不同的电路连接方式，但又由于信息交流不完全，使得这种分布式问题解决的合作策略并未得到合理运用。信息滞留在成员各自的实验空间中，较难在成员之间进行有效传递。

结合前面对小组结构的讨论可以发现，网络密度高并不能代表有效的小组互动，反而会削弱探究效果。例如，在 C-06 组中，在简单电路探究活动中，C-06-26（实验员）和 C-06-16（记录员）之间进行的差异协商。

C-06-26：分析开关在电路中的作用（读实验单）。（A1）

C-06-26：开关可以不用（指 C-06-16 的平板电脑）。（A7）

C-06-16：对，也可以不用。（A2）

C-06-26：那如果这样的话，咱们加个开关啊（操作 C-06-16 的平板）。（A3）

C-06-16：加个开关根本不管用。（A6）

C-06-26：你看，可以吧（操作 C-06-16 的平板电脑）？（A6）

C-06-16：可以，但是你不加也没啥事。（A6）

A4→A4（conduct）的行为转换，说明在 1∶1 条件下小组成员通常通过出声思维来描述自己的实验操作，其他小组成员受到该行动的影响后，也进行相关的实验操作。例如，在 A-02 组中，在简单电路探究活动中，A-02-17（组 & 记）和 A-02-26（检查员）之间进行的交互。

A-02-26：我把开关朝着（某个方向），打开，开关（操作自己的平板电脑）。（A4）

A-02-17：我也弄，再弄个电源（操作自己的平板电脑）。（A4）

A-02-26：导线（操作自己的平板电脑）。（A4）

在这一过程中，小组成员的实验操作是在独立空间中进行的，成员间未共享同一工作界面，因而会出现信息交换不完全的情况。结合第四章中的相关结论，进一步表明，1∶1 条件下的小组有着低于 1∶m 条件下的小组的心理负荷，主要是由于成员之间信息交互不充分，未形成共享事务空间。

（三）外部脚本的作用

1. 有外部脚本条件下的行为特点

以 A-02 组和 B-05 组来代表有外部脚本的情况下合作探究的独特小组行为模式，有四种共同的显著行为转换：A1→A2（ask→respond）、A9→A1（check→ask）、A1→A1（ask 自重复）、A8→A8（check 自重复）。

A1→A2（ask→respond）的行为转换，说明在有外部脚本的情况下问题提出后通常紧跟行动回应。这表明，在外部脚本的作用下，小组成员间具有更为积极、友好的合作氛围（Wang，Ma，& Wu，2020）。

A9→A1（check→ask）的行为转换，说明在有外部脚本的条件下进度检查后通常紧跟着问题提出。这表明，在外部脚本的作用下，小组成员具有较强的行动力和任务意识，能够在进度检查后快速进入探究任务中。例如，B-05 组在光的折射探究活动中，B-05-22（记录员）和 B-05-11（实验员）的互动。

B-05-22：然后第一个完了，第二个（给大家看实验单）。（A9）

B-05-11：光线，从空气射入……（接过实验单，读题来向大家提出问题）。（A1）

表 6-7 也显示，有外部脚本的 B-05 组中的 A8 行动所占百分比（15.07%）也大于无外部脚本的 D-03 组中的 A8 的百分比（6.19%）。

有外部脚本的 A-02 组和 B-05 组均有 A1→A1（ask 自重复）、A8→A8（check 自重复）的显著行为转换，这说明在外部脚本的作用下，小组会更多地围绕任务识别与推进发起行动。例如，B-05 组在简单电路探究活动中，B-05-34（记录员）和 B-05-29（组长）的交互。

B-05-34：缺少电池，小灯泡会发光吗（读实验单）？（A1）

B-05-34：电池的作用是啥？（A1）

B-05-29：电池的作用是什么？（A1）

第四章研究结论表明在 1∶m 条件下更适合有外部脚本的干预，在 1∶1 条件下则不适合这种干预。例如，B-05 组（1∶m；有外部脚本），在电磁感应探究主题中，B-05-08（实验员）和 B-05－34（检查员）的交互能够体现出外部脚本对探究进程的正面促进作用。

B-05-08：检查员，你这个检查员。（A8）

B-05-34：（看向自己的检查员卡片）。（A2）

B-05-34：等会啊，过来啊，小组的人员都过来。（A8）

再如，B-05 组（1∶m；有外部脚本）在四个组中独有的行为转换，A5→A3（analyze→offer）也表明，外部脚本会对 1∶m 条件下的小组合作有一定的正向促进作用，使小组能够快速地通过从现象分析到信息提供的行为转换，将信息从实验空间之内传递至实验空间之外，即实现从围绕虚拟教具进行现象分析到在成员之间进行信息提供的转换。

此外，B-05 组还具有 A4→S1（conduct→social connection）这一独特的显著行为转换，表明小组具有较好的合作氛围。例如，B-05 组在光的折射探究实验中，B-05-34（组长）和 B-05-11（实验员）的交互。

B-05-11：你看折射光（操作平板电脑）。（A4）

B-05-34：又发现了啊，我们真聪明。（S1）

相反，A-02 组（1∶1；有外部脚本），则由于小组成员分别操作平板电脑，因此较难形成共享事务空间（Antle，2014，p. 65）。尽管 A-02 组有 A8→A2（lead→respond）的显著行为转换，却存在外部脚本应用不恰当的情况，即外部脚本不适用于 1∶1 条件下的小组合作。例如，A-02 组在光的折射探究主题中，A-02-17（组 & 记）和 A-02-16（提议者）进行了 A-02 组独特的（1∶1；有外部脚本）交互。

A-02-17：来，你说一下你的观点（对 A-02-16）。（A8）

A-02-17：你的观点？（A1）

A-02-16：这个，但是，说不出来了。（A2）

A-02-16 在得到 A-02-17 的指示后才关注小组进展，但其回答并未对小组任务做出贡献。组长也没有根据小组成员的反馈和小组合作情况做出行动调整，而是刻板地根据外部脚本进行行动。J. 莱夫和 E. 温格（2004，pp. 47-49）曾指出，中介技术的"不可见性"能够帮助学习者聚焦于学习主题，技术不再作为人工制品本身，而成为参与的具体形式。当外部脚本不适用于学习情境时，则会从学习主题中"凸显"，对小组互动产生负面作用。另外，外部脚本的执行会增加学习者的认知负荷，因为学习者既需要理解、记忆和执行外部脚本，又需要处理合作任务（Dillenbourg & Jermann，2007）。此外，在简单电路和电磁感应探究活动中，A-02-26 作为检查员也没有起到相应的角色作用和承担职责，而是更关注自己与平板电脑进行的交互。

第四章中的研究结论还表明，外部脚本对认知负荷的作用受到供给比例的影响。结合视频内容可以发现，在 1∶1 条件下，由于每个人均能够更多地关注自己对于虚拟教具的操作，外部脚本在合作中则处于不适用的状态，尤其是在实验后期会引起更高的认知负荷；而在 1∶m 条件下，小组关注同一个虚拟教具时，外部脚本则能够引起部分成员的注意，将交互管理部分地卸载给外部脚本，尤其在实验后期，外部脚本与小组内部脚本相适应后（Fischer，Kollar，Haake et al.，2007），适当程度地减轻认知负荷（King，2007）。基尔希纳等人（Kirschner，Sweller，Kirschner et al.，2018）也指出小组成员合作技能的可用性能够降低交互活动所带来的管理负荷，即外部脚本在 1∶m 条件下能够有效地与小组内部脚本相适应，为小组在实验后期的行动提供指导。

2. 无外部脚本条件下的行为特点

用 C-06 组和 D-03 组来代表无外部脚本的情况，并未发现无外部脚本独特的小组行为模式。但从图 5-11 中可以看到，在 C-06 组和 D-03 组的行为模式图中，A1 发生之后并没有其他行动与其形成显著的行为模式，这表明问题提出并未对小组互动产生显著影响。由此可见，无外部脚本条件下的小组合作氛围和成员任务意识未得到良好体现。此外，C-06 组（1∶1；无外部脚本）也出现了 A6→A6（negotiate 自重复）显著行为转换，即无外部脚本且技术供给关系为 1∶1 的 C-06 组，也出现了较多围绕观点进行协商从而促进结论得出的行为。并且，C-06 组还具有 A2↔A5（respond↔analyze）和 A5→A3（analyze→offer）的独特显著行为模式，结合第四章中的研究发现可以说明，在 1∶1 条件下不提供外部脚本，能够使小组有更为积极的合作表现。

本章小结

本章从协调模式的角度对技术供给影响下的合作探究进行了研究。具体从角色互动和行为模式两方面展开。对三轮实验中学生的角色进行类属划分，得到协调类、整合类、探究类、辅助类、边缘类五类角色。角色分布受到虚拟教具和外部脚本的共同作用，当小组资源有限且有外部脚本时，协调类角色在小组中更为突出；小组资源充足且无外部脚本时，更多成员会认为自己在小组中起到探究类的角色。通过社会网络分析发现，无外部脚本的小组更易发生行动导向的变化，在 1∶m 条件下且有外部脚本的小组中成员之间交互的密切程度明显低于其他情况，有外部脚本的小组网络密度低于无外部脚本的小组。可见，外部脚本使得小组成员的交互密切程度降低，也使得小组的行动导向更为稳定。此外，角色的转换并不一定会改变小组的行动导向，而是为改进小组合作进行的协调。稳定的行动导向和互动时遵循小组规则会有更好的学习成效。

对录制组合作视频进行多模态会话分析与行动编码分析，可以发现：行为转换模式受到技术供给的影响，但也保留着合作探究的本质特征。例如，从信息提供到实验执行、从实验执行到现象分析的共同行为转换。虚拟教具的供给比例和外部脚本的提供与否均会对小组的行为转换模式产生影响。虚拟教具的供给比例主要通过资源协调和信息交互来影响行为模式。外部脚本的提供与否则通过合作氛围和任务意识来影响行为模式。通过对合作视频的会话分析，本章还进一步地验证了 1∶m 条件更适合有外部脚本的干预，而 1∶1 条件则不适合这种干预。总的来说，录制组是从全体小组中随机抽选而来的，其小组结构也符合对应实验条件的相关规律，能够在一定程度上反映虚拟教具与外部脚本对合作过程的交互作用。接下来的章节，将继续借助录制组合作视频，对合作探究中的具身参与进行分析。

第六章　合作探究中具身参与的认知网络分析

认知分布于规则、角色、语言、关系和协调活动中，并且具身于人工制品和物体中（Dubbels，2011）。认知与行动密切相关，并嵌入小组交互中。前一章节从互动过程角度描绘了技术供给作用下的小组协调模式。本章节将关注互动协调背后的认知元素，并探究行动所反映出的具身参与。在合作探究中，尤其是在技术供给干预下，小组的具身参与需要结合具体情境进行分析。认知网络分析（epistemic network analysis，ENA）描述了研究者所定义的认知元素，即编码之间的关联。编码的关联所反映的个体或群体认知网络模型，能够描述学习是如何嵌入文化、话语、交互和时间中的（Shaffer，2018）。本章节将从认知框架设计、认知网络建模、认知网络分析三个部分，描绘合作探究中具身参与是如何体现的，以及如何受技术供给的影响。

第一节　认知框架设计

在认知网络分析中，认知框架中的维度与认知元素设计为后续认知网络建模、分析与比较提供了理论基础与分析依据。在第五章中行为转换分析的基础上，本研究将采用认知网络分析的方法对录制组（A-02 组、B-05 组、C-06 组、D-03 组）合作视频中学生的 3038 个主题相关的行动进行再次编码。行动的背后反映的是个体的认知参与。在本研究的小组合作中，学生的行动一方面体现了个体为了完成小组探究任务的认知参与，另一方面个体行动影响着小组的认知状态。

具身参与的意义与学习情境密切相关，因而需要将合作探究的相关认知元素也纳入认知框架中。本研究设计的认知框架共有两个维度，分别是合作探究、具身参与。合作探究维度包含合作支持、实验操作、分析整合、任务协调四个认知元素；具身参与维度包括在线行动、离线认知、认知卸载、经验调取四个认知元素。行为转换分析中编码为偏离主题的行动，在后续认知网络分析中将被剔除。下面将对合作探究和具身参与这两个维度进行介绍。

一、合作探究维度

合作探究维度包含合作支持、实验操作、分析整合、任务协调四个认知元素。

认知指导个体的行动，行动反映个体的认知，二者密切相关（Wilson，2002；Varela，Thompson，& Rosch，1991；Goldman & Vignemont，2009）。合作探究维度四个认知元素与小组成员在合作中的行动目的密切相关。第五章所应用的"行动引导的合作探究编码表"包括 12 个行动编码：A1 问题提出、A2 行动回应、A3 信息提供、A4 实验执行、A5 现象分析、A6 差异协商、A7 结论得出、A8 任务引导、A9 进度检查、S1 社交连接、T1 技术问题、O1 偏离主题。认知框架中合作探究维度的四个认知元素，也与这 12 个行动编码有一定关联。接下来在描述认知元素的含义的同时，也将指出该认知元素与"行动引导的合作探究编码表"的关联。接下来，对合作支持、实验操作、分析整合、任务协调的含义进行描述。

（一）合作支持

合作支持（cooperation support，CS），指维持小组机能正常运转时，小组成员的相关认知参与。例如，合作氛围的维系，小组成员间的鼓励、肯定、回应；再如，技术问题的解决、相关资源和信息的提供。

合作支持与"行动引导的合作探究编码表"中的 A1、A2、A3、S1、T1 相关。

（二）实验操作

实验操作（experiment operation，EO），指进行探究任务相关的提议或操作时，小组成员的相关认知参与。一方面，包括根据实验单信息，提出问题、假设，或进行操作步骤上的建议；另一方面，包括对虚拟教具进行实验操作，通常伴随着学生对实验操作的描述，即出声思维。

实验操作与"行动引导的合作探究编码表"中的 A1、A3、A4、A5 相关。

（三）分析整合

分析整合（integrated analysis，IS），指根据实验现象进行现象描述或问题解决时，小组成员的认知参与。分析整合包括：对虚拟教具的实验现象进行描述、分析；对与探究结论有关的差异进行协商；总结并得出结论，或应用共同建构的方案。

分析整合与"行动引导的合作探究编码表"中的 A5、A6、A7 相关。

（四）任务协调

任务协调（task coordination，TC），指进行与探究任务相关的工作协调时，小组成员的相关认知参与。具体包括小组成员的任务分配、合作策略的协商、小组任务的检查或监控等。

任务协调与"行动引导的合作探究编码表"中的 A1、A6、A8、A9 相关。

由上述描述可知，"行动引导的合作探究编码表"中的编码强调行动在时序上的特征和含义，而本章的认知框架则强调行动背后体现的认知投入。尽管两者是对同一系列的合作视频进行行动编码，却不存在简单的映射关系。

二、具身参与维度

具身参与维度包含在线行动、离线认知、认知卸载、经验调取四个认知元素。

各认知元素均是以具身认知领域的相关观点为基础，结合合作视频中小组成员间的行动特征分析而来。首先，对在线行动与离线认知的描述，主要参考了普维（Pouw，2014）借助具身认知与教具相关的认知过程进行的分析：一方面，教具在知觉和交互上的供给使学习者以特定的方式与环境进行交互，从而有效地将学习者的认知活动嵌入环境中；另一方面，先前操作教具的感觉运动经验，使学习者能够脱离教具的支持而进行认知加工。其次，具身认知理论认为，个体能够将认知卸载到身体或外部环境中（Wilson，2002；Clark，2008），这一观点有助于本研究对合作探究中的认知卸载进行描述。此外，先前的感知运动经验能够被用来理解当下事物与现象的发生（Varela，Thompson，& Rosch，1991；Flood，2018），这一观点则促使本研究关注学生在合作过程中对以往生活经验的调用。接下来，将分别对在线行动、离线认知、认知卸载、经验调取在合作探究中的体现形式进行描述。

（一）在线行动

在线行动（online movement，OM），指基于虚拟教具进行动作执行以推进探究任务时，小组成员的认知参与。在线行动代表着学习者在虚拟教具中的动作执行，并根据相应反馈描述实验现象或根据实验现象得出相应结论。如图 6-1 所示，在简单电路探究实验中，D-03 组在虚拟教具中执行动作以进行探究实验。

认知与思维有时在操作人工制品的过程中就已经发生了（Kiverstein，2012）。在这一过程中，学生通过与虚拟教具进行交互，形成了外部人工制品与认知过程的耦合，人工制品塑造了学生的认知状态（Clark，2005），并作为共享事务空间中的参考锚点（Antle，2014，p.65），影响着学生与环境进行交互的认知过程（Pouw，van Gog，& Paas，2014）。

图 6-1　具身参与之在线行动

（二）离线认知

离线认知（off-line cognition，OC），指脱离虚拟教具进行现象分析与意义共建时，小组成员的认知参与。离线认知代表着学习者不再依赖于对虚拟教具的操作，便能够描述、总结实验现象，并对所得到的规律进行阐释。如图 6-2 所示，在简单电路探究实验中，B-05 组在围绕探究结论进行讨论。

图 6-2　具身参与之离线认知

在这一离线认知的过程中，学生不再依赖于外部支持，逐渐使通过虚拟教具获得的信息或经验内化，在心理上实现表征稳定（Pouw，van Gog，& Paas，2014）。在线认知和离线认知涉及个体对物体的操作动作表征，在线认知与结构性操作的在线加工相关，依靠当前物体提供的视觉和空间信息；离线认知与功能性操作的离线加工相关，依靠对虚拟教具的操作经验（於文苑，刘烨，傅小兰，2018）。

在本研究中，1∶1 条件下的离线认知更多地反映了将个体空间的信息向小组空间进行输入的心智投入。具体而言，为了吸引他人的注意力来实现信息共享，1∶1 条件下的小组成员在脱离虚拟教具的情况下，将实验现象或规律用语言信息表达出来。但在实际合作过程中，由于其他成员处于个体空间的实验操作中，共享注意力的形成时常受阻，使得离线认知未能实现有效的群体信息交互。

（三）认知卸载

认知卸载（cognition offload，CO），指借助虚拟教具或身体来进行交流与思维时，小组成员的认知参与。认知卸载在本研究中涉及两种类型：学习者将认知卸载到虚拟教具上，或使用身体动作来进行表达与思维扩展。需要指出的是，将认知卸载到虚拟教具的情况多于将认知卸载到身体动作的情况。

借助虚拟教具的认知卸载，指学生通过平板电脑向他人传递信息，而无须用语言完整地描述信息，从而实现快速的信息传递。如图 6-3 所示，在电磁感应探究实验中，A-02 组中的 A-02-17 向 A-02-26 展示虚拟

图 6-3 具身参与之认知卸载（虚拟教具）

教具中的实验现象。

借助身体动作的认知卸载，尤其是手势的认知卸载，它是指手势作为认知的一部分，参与学习者的思维表达。手势和所伴随的言语信息在含义上相匹配时，更容易促进概念的理解，因为学习者在此过程中将身体经验融入表达交流中（Macedonia，2019）。前人研究关注了手势在认知中的作用，将手势分为三种类型（Alibali & Nathan，2012；McNeill，1992）：指示类（indexical）手势、表征类（iconic）手势、隐喻类（metaphor）手势。指示类手势用来传递关注焦点，起到指代作用，这类手势的意义很难在没有言语交际的情况下确定（Suthers & Hundhausen，2003），因而在此不做分析。本研究编码合作视频中借助身体动作的认知卸载时，将通过与手势含义相匹配的言语信息，对手势的认知作用进行判断。下面主要介绍表征类手势和隐喻类手势在合作探究过程中的体现。

·表征类手势，侧重对所描述对象或内容的形象表征。举例如下。

在光的折射探究实验中，C-06-26 在描述实验现象"它入射是呈横行状的"时使用表征类手势：一只手表示水面，另一只手表示水平入射的光线（见图 6-4a、图 6-4b、图 6-4c）。

a   b   c

图 6-4 具身参与之认知卸载（表征类手势示例 1）

在光的折射探究实验中，B-05-08 在描述实验规律"如果两种物质……"时，使用表征类手势：用右手比画出数字 2（见图 6-5）。

图 6-5　具身参与的认知卸载（表征类手势示例 2）

·隐喻类手势，侧重用手势来表示所描述的现象规律。举例如下。

在光的折射探究实验中，C-06-21 在描述实验规律"物质是一样的，是直的，物质不同时是弯的"时，使用隐喻类手势：用两只手的近距离，表示物质相同（见图 6-6a）；用两只手的远距离，表示物质不同（见图 6-6b）。

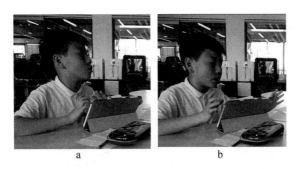

a　　　　　　　　　　b

图 6-6　具身参与的认知卸载（隐喻类手势示例 1）

在光的折射探究实验中，C-06-26 在描述实验现象"因为它离照的水面越远，它反射的距离越远"时，使用隐喻类手势：用一只手代表入射光线（见图 6-7a），换另一只手以代表反射（见图 6-7b）。

a   b

图 6-7　具身参与之认知卸载（隐喻类手势示例 2）

在电磁感应探究实验中，A-01-16 在描述实验现象"就在那一瞬间，它就灭了"时，使用隐喻类手势：一只手先张开，再合上，用来表示灯泡亮后又熄灭了。

（四）经验调取

经验调取（experience retrieve，ER），指调取以往经验来理解当前实验现象时，小组成员的认知参与。经验调取代表学习者在合作探究中借助以往生活中的现象或经验来理解虚拟教具的实验现象。概念表征保留了概念意义获得过程中个体与世界相互作用时产生的感知觉痕迹（Barsalou，1999）。在进行经验调取时，学生通常会使用动词来描绘相关概念。

图 6-8　具身参与之经验调取

如图 6-8 所示，在光的折射探究实验中，D-03-27 借助手表的镜面反射现象，来解释虚拟教具中的实验现象："就像射在手表表皮上一样。"再如，学生在探究中的"就和阳光照到玻璃上是一样的""就像照在尺子上""它折射的时候，水是冻着的""不加开关会一直亮着，这样浪费电"
等表述，均借助过去的生活经验来描述实验现象，或对观点看法进行辅
证。认知依赖于具有多种感觉运动能力的身体（Varela，Thompson，&
Rosch，1991，pp.172-173）。总的来说，经验调取这一具身参与，体现的
是学习者根据以往的身体经验来进行当下的认知参与。

最后，对合作探究中具身参与的认知框架中的认知元素及其含义进
行总结（见表 6-1）。在认知框架中，合作探究维度包含合作支持、实验
操作、分析整合、任务协调，反映着行动背后与探究任务相关的认知参
与；具身参与包括在线行动、离线认知、认知卸载、经验调取，强调具
身认知所涉及的身体及其经验在合作中的体现。尽管小组合作中的任务
协调在一定程度上体现着学生身体相关的互动，但在本研究中，仅将以
上四个具身参与的认知维度纳入后续编码和分析中。

表 6-1　合作探究中具身参与的认知框架

维度	认知元素	缩写	含义
合作探究	合作支持	CS	维持小组机能的正常运转。
	实验操作	EO	探究任务相关的提议或操作。
	分析整合	IS	根据实验现象进行现象描述或问题解决。
	任务协调	TC	探究任务相关的工作协调。
具身参与	在线行动	OM	基于虚拟教具执行动作以推进探究任务。
	离线认知	OC	脱离虚拟教具进行现象分析与意义共建。
	认知卸载	CO	借助虚拟教具或身体来进行交流与思维。
	经验调取	ER	调取以往经验来理解当前实验现象。

第二节　认知网络建模

ENA 是一种能够应用在多种情境中的、分析意义网络结构的方法。
ENA 的假设（Shaffer，2017；Shaffer，Collier，& Ruis，2016；Shaffer &
Ruis，2017）包括：第一，数据（编码）中具有意义的特征能够被系统地
识别出来；第二，数据具有局部结构（local structure），如会话；第三，

在会话中数据的重要特征是编码间的连接关系。ENA 能够将会话中认知元素的共现进行量化，得出具有权重的共现网络，并生成可视化模型。

由以上可知，ENA 是一种能够用来分析合作探究中具身参与情况的分析技术，能够对合作视频会话中的合作探究与具身参与的认知元素进行分析，通过这些认知元素的共现关系进行建模。认知网络分析的过程如图 6-9 所示（改编自王志军，杨阳，2019；吴忭和王戈，2019）。

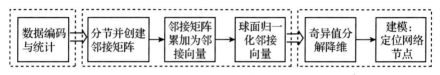

图 6-9　认知网络分析的编码与建模过程

本研究将从"数据编码与统计""分节与邻接向量创建""认知网络的降维与建模"三个主要环节依次介绍该方法在本研究中的应用与建模情况。

一、数据编码与统计

本章认知网络分析采用的最小的编码单元是每个成员在合作探究中的行动，也是第五章中行为转换分析中的编码单元。所分割出的行动能够保证在具身参与这一维度下，最多有一个认知元素与该行动相符合；同时，在合作探究这一维度下，有且仅有一个认知元素与该行动相符合。

进行认知网络分析时，本研究重点关注学生在讨论过程中体现的合作探究和具身参与的认知网络，须剔除教师对录制组的 151 个行动和学生偏离主题的 364 个行动。经统计，在本章中进行编码的行动共有 3038 个，即在后续分析中进行认知网络分析的编码单元共有 3038 个。

接下来，采用"合作探究中具身参与的编码框架"对每个行动进行编码，将符合的认知元素赋值为 1，不符合的认知元素赋值为 0。具体规则为：如果该行动符合合作探究中"实验操作"这一认知元素，则将该元素的"实验操作"赋值为 1，将合作探究的其余 3 个认知元素赋值为 0；如果该行动符合具身参与中"在线行动"这一认知元素，则将其赋值为 1，具身参与的其余 3 个认知元素均赋值为 0，以此类推。

由表 6-2 所示，全部 3038 个行动均被编码为合作探究维度中的四个认知元素之一，即每个行动都体现了合作探究中的一个认知元素。

表 6-2　录制组合作探究维度认知元素编码统计

认知元素	A-02	B-05	C-06	D-03	总计
CS	197 （29.36%）	168 （19.24%）	168 （21.54%）	158 （22.13%）	691
EO	232 （34.58%）	342 （39.18%）	280 （35.90%）	339 （47.48%）	1193
IS	151 （22.50%）	184 （21.08%）	196 （25.13%）	144 （20.17%）	675
TC	91 （13.56%）	179 （20.50%）	136 （17.44%）	73 （10.22%）	479
总计	671 （100.00%）	873 （100.00%）	780 （100.00%）	714 （100.00%）	3038

注：表中的数据为人数及其所占百分比。

　　录制组合作探究维度认知元素编码占比情况如图 6-10 所示。从整体上来看，各组的"实验操作"占比相较于其他认知元素均较高，其次是"合作支持"和"分析整合"，"任务协调"的占比则相对较低。从小组之间的占比差异来看，A-02 组有较高的"合作支持"占比；D-03 组有较高的"实验操作"占比，以及较低的"任务协调"占比；B-05 组有中等程度的"实验操作"占比，以及较高的"任务协调"占比。这说明在 1∶m条件下，有外部脚本的 B-05 组比无外部脚本的 D-05 组有更多"任务协调"的认知参与；在 1∶1 条件下，有外部脚本的 A-02 组比无外部脚本的 C-06 组有更多"合作支持"的认知参与。

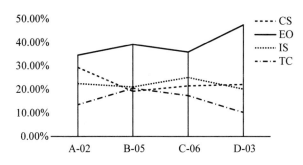

图 6-10　录制组合作探究维度认知元素编码占比

　　在具身参与方面，共有 1696 个行动被编码（见表 6-3），即共有 1696个行动"合作探究"和"具身参与"两个维度均有认知元素被编码为 1。

表 6-3　录制组具身参与维度认知元素编码统计

认知元素	A-02	B-05	C-06	D-03	总计
OM	243（63.95%）	346（76.55%）	248（61.69%）	401（86.80%）	1238
OC	86（22.63%）	91（20.13%）	115（28.61%）	39（8.44%）	331
CO	45（11.84%）	12（2.65%）	37（9.20%）	11（2.38%）	105
ER	6（1.58%）	3（0.66%）	2（0.50%）	11（2.38%）	22
总计	380（100.00%）	452（100.00%）	402（100.00%）	462（100.00%）	1696

注：表中的数据为人数及其所占百分比。

录制组具身参与维度认知元素编码占比情况如图 6-11 所示，被编码为具身参与的节中，在线行动认知元素明显多于其他三类认知元素，离线认知则略多于认知卸载和经验调取。这表明，虚拟教具在场时，通过虚拟实验工具执行动作并得到反馈是小组合作中最常见的具身参与。知识内化的过程是循序渐进的，离线认知体现了从依赖外部资源到依赖内部资源的转换（Pouw，2014），多体现在结论性观点表达或与他人进行意义协商时，能够脱离虚拟教具从而综合、快速地表达信息。此外，从小组之间的占比差异来看，B-05 组和 D-03 组有更高的在线行动占比，其中 D-03 组有更低的离线认知占比。

相比于离线认知，认知卸载则更多地体现为信息的共享与思维的辅助表达。对于本研究中的三轮探究实验，五年级小学生更多地关注当下的实验现象，较少借助过往经验来理解实验现象，这也受到探究主题和内容的影响。此外，本研究中的研究对象处于皮亚杰发生认识论中从具体运算到形式运算的过渡阶段（皮亚杰，1981a，pp.31-35；皮亚杰，2015，pp.1-11），因而需要借助虚拟教具的操作过程进行思维，经验调用还需要通过持续引导才能够有更好的效果（Abrahamson & Lindgren，2014），而小组自我调控的合作过程，尚缺乏类似于教师提示的外部引导。

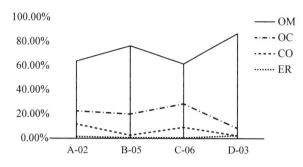

图 6-11　录制组具身参与维度认知元素编码占比

二、分节与邻接向量创建

会话（conversation）是建立认知元素之间连接的最大有效范围，一个会话指一组人围绕一个主题进行的讨论或行动。分析单元（unit）是进行分析比较的最小单元，在本研究中能够进行分析的最小单元是在某一探究主题下某个录制组的某个成员的全部行动。本研究关注小组整体的认知网络，将分析单元设置为各探究主题中不同技术供给的小组的会话，如探究主题"光"中 A-02 组的会话。本研究使用 ENA 网络工具（version 1.5.2）（Marquart，Hinojosa，Swiecki et al.，2018）来进行编码后数据的处理和分析。

认知元素间的连接关系被称为共现（co-occurrence）。分析单元由多个节构成，每个节中认知元素的共现能够创建出邻接矩阵。本研究使用 ENA Web Tool（version 1.5.2）（Marquart，Hinojosa，Swiecki et al.，2018）来进行编码后数据的处理和分析。

ENA 方法关注邻近出现的认知元素之间的连接，即共现关系（co-occurrence），而节（stanza）是认知元素之间建立共现关系的最小单元。一个分析单元由多个节构成，每个节包含多个时间临近且内容相关的行动。一个节中的所有行动被编码为认知元素后，同一个节中的认知元素相关联，不同节的认知元素则不相关联。分节便是确定一个节应包含多少个行动，ENA 工具使用滑动窗口（moving stanza window）的大小来进行分节与数据分析，具体分析邻近行动之间认知元素的共现，创建邻接矩阵。本研究将滑动窗口的大小设置为 8（stanza window size＝8），即进行分析时，计算特定会话中每 8 个行动的认知元素编码频次，进而创建邻接矩阵。如表 6-4 所示，1～8 行的节可生成一个邻接矩阵，2～9 行的节也能够生成一个邻接矩阵，依次类推。

表 6-4　编码矩阵与滑动窗口示例

节编号	探究主题	录制组	学生编号	CS	EO	IS	TC	OM	OC	CO	ER
1	Lig	A-02	A-02-17	0	0	1	0	0	1	0	0
2	Lig	A-02	A-02-26	0	1	0	0	1	0	0	0
3	Lig	A-02	A-02-17	0	0	1	0	0	1	0	0
4	Lig	A-02	A-02-17	0	0	0	1	0	0	0	0
5	Lig	A-02	A-02-26	1	0	0	0	0	0	0	0
6	Lig	A-02	A-02-17	0	1	0	0	0	0	0	0
7	Lig	A-02	A-02-17	1	0	0	0	0	0	0	0
8	Lig	A-02	A-02-31	0	0	0	0	0	0	0	0
9	Lig	A-02	A-02-31	0	0	0	0	0	0	0	0
10	Lig	A-02	A-02-26	0	0	0	0	0	0	0	0
11	Lig	A-02	A-02-17	0	0	1	0	0	1	0	0
12	Lig	A-02	A-02-26	1	0	0	0	0	0	0	0

注：节编号按照示例中的顺序进行编号，并不代表原始会话数据中的编号。

根据滑动窗口大小，创建完全部邻接矩阵后，ENA 算法会将分析单元的每个窗口的邻接矩阵进行累积，得到累积邻接矩阵。每个分析单元的累积邻接矩阵能够转换为邻接向量，每个邻接向量代表高维空间中两个认知元素共现的频次。

本研究得出的 ENA 模型共包含 8 个认知元素：EO，CS，IS，TC，OM，OC，CO，ER。ENA 得出的网络由模型中所有分析单元的编码线（coded lines）整合而成。对于一个分析单元，8 个认知元素两两相连，最多可在网络中形成共有 28 个无向编码线的高维空间。

三、认知网络的降维与建模

在 ENA 高维空间中，邻接向量反映了分析单元中认知元素间的关联方式，对不同分析单元的认知网络进行比较，需要进行球面归一化处理，得到归一化的向量（Shaffer，Collier，& Ruis，2016）。不同分析单元在数据中可能具有不同数量的编码线，因此 ENA 算法需对认知网络进行标准化。为进行认知网络的可视化比较，还需将高维空间网络进行降维。ENA 算法采用奇异值分解的方法进行降维处理，生成含多个维度的旋转矩阵，选择前两个能够最大化解释原始数据整体变异量（variance）的维度，以实现高维空间在平面上的二维投影。

　　ENA 生成优化后的节点网络图，来对认知网络进行可视化，完成建模。在节点网络图中，节点对应于认知元素，节点的位置反映了认知网络的关联结构。边，指标准化后的编码线，反映了两个认知元素之间共存或连接的相对频次。如图 6-12 所示，本研究编码框架中的 8 个认知元素分别位于二维空间各象限中。第一维度（X 轴）占原始数据整体变异数的 45.8%，第二维度（Y 轴）占原始数据整体变异数的 23.4%，且两个维度的配准 Pearson 相关系数均接近于 1，因此可以认为 ENA 生成的可视化模型与原始模型具有较强的拟合优度。

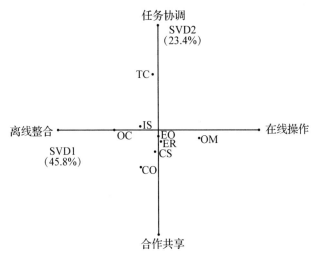

图 6-12　认知网络模型

　　根据生成的认知网络模型中认知元素的分布情况，X 轴（SVD1）和 Y 轴（SVD2）能够被赋予相关的含义。

　　靠近 X 轴的认知元素有 OC、IS、EO、OM，其中 OC、OM 离坐标系中心较远，并且 OC 和 IS 可以综合理解为对探究内容的离线整合，EO 和 OM 可以理解为对虚拟教具的在线操作。由此，X 轴两端分别为离线整合与在线操作。

靠近 Y 轴的认知元素有 TC、ER、CS、CO，其中 TC、CO 离坐标系中心较远，并且 CS 和 CO 可以综合理解为在合作过程中为了促进小组互动而进行的信息、资源的共享。由此，Y 轴两端分别为任务协调与合作共享。

综上，根据合作探究中具身参与的认知框架，本研究对四个录制组三轮实验中 3038 个与探究主题相关的行动（每个行动代表一个节）进行编码。以滑动窗口值为 8，使用 ENA 工具对分析单元进行认知网络分析。最终得到如图 6-12 所示的认知网络模型。其中，X 轴从左到右形成离线整合与在线操作的连续统，Y 轴从上至下形成任务协调与合作共享的连续统。

第三节　认知网络比较

一、认知网络的分布情况

（一）认知网络

建立认知网络模型后，ENA 工具能够分别呈现分析单元的认知网络。认知网络中边的粗细和饱和度反映了编码关联的程度。图 6-13 为录制组在不同探究主题的合作探究中表现出的认知网络，Lig 代表光的折射，Ele 代表简单电路，Mag 代表电磁感应，图 6-13 中相应的子图标签反映了各录制组在对应探究主题的认知网络。比如，A-02 Lig 代表 A-02 组在光的折射探究实验中的认知网络。

ENA Web Tool 能够整合同一群组多个时段的综合认知网络。图 6-14 为录制组 A-02 组、B-05 组、C-06 组、D-03 组三轮探究实验的综合认知网络。

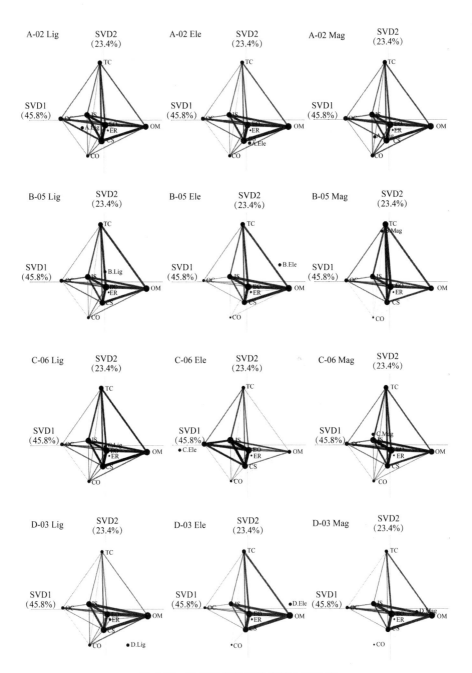

图 6-13　录制组各轮实验中的认知网络

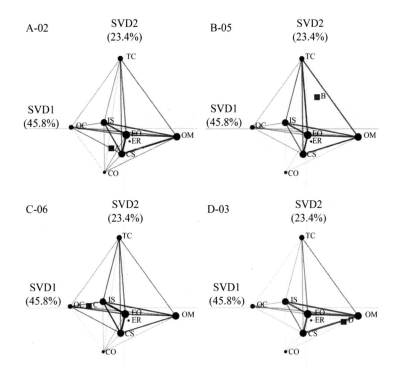

图 6-14　录制组三轮探究实验的综合认知网络

（二）质心

除了根据认知网络中节点之间的连接情况来比较多个分析单元的认知网络，ENA 研究团队还定义了"质心"（centroid）这一重要概念（Shaffer，Collier，& Ruis，2016）。认知网络具有实物的隐喻，也相应地具有质量中心，即质心。实际的质心由高维空间中认知网络边的大小决定，反映了节点之间的连接强度。由于高维空间的质心难以计算，ENA 方法通常使用二维空间中的 ENA 分数来描述质心的近似位置。本研究中认知网络模型的拟合优度较高，因此能够使用 ENA 分数来表征质心的近似位置，进而用于分析多个分析单元的认知网络特征。ENA 算法生成的各分析单元的质心在二维空间中的分布如图 6-15 所示。例如，A. Lig 代表 A-02 组在光的折射探究活动中认知网络的质心。

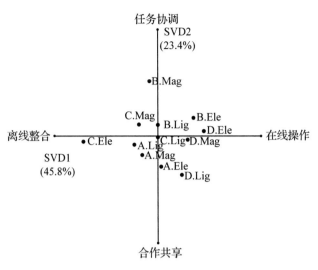

图 6-15 分析单元的质心分布

录制组三轮探究实验的认知网络质心的均值（用方形点表示）以及离群值区间如图 6-16 所示。如图 6-14 所示，在录制组三轮探究实验的综合认知网络图中也分别用方形点标注了质心。

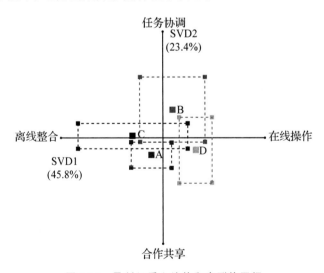

图 6-16 录制组质心均值和离群值区间

将认知网络质心映射到同一个二维空间中，能够通过质心的位置对认知网络进行初步比较。下面结合图 6-15 和图 6-16 对各录制的质心分布情况进行分析。

在离线整合—在线操作维度上，1∶1 条件下的 A-02 组和 C-06 组的质心离群值区间偏向离线整合；1∶m 条件下的 B-05 组和 D-03 组质心离群值区间偏向在线操作。

在任务协调—合作共享维度上，外部脚本和技术供给对认知网络的影响具有交互效应：在 1∶1 条件下，有外部脚本的 A-02 组的质心离群值区间偏向合作共享，无外部脚本的 C-06 组的质心离群值区间偏向任务协调；在 1∶m 条件下，有外部脚本的 B-05 组的质心离群值区间偏向任务协调，无外部脚本的 D-03 组的质心离群值区间偏向合作共享。

二、认知网络的差异分析

进行认知网络建模后，除了可以通过质心的位置来描述认知网络的特征之外，ENA 算法还可以比较不同网络间的差异。ENA 算法将两个认知网络中各边的权重相减，得到认知网络差异图，借助差异图可以对两个分析单元进行比较。接下来，本研究将从虚拟教具和外部脚本两个角度，分别进行技术供给下认知网络差异的分析比较。

（一）虚拟教具的对比

本研究设计了两种虚拟教具供给比例，1∶1 和 1∶m。A-02 组、C-06 组代表 1∶1，B-05 组、D-03 组代表 1∶m。

A-02 组和 B-05 组的认知网络差异如图 6-17 所示，反映了有外部脚本情况下，1∶1 条件和 1∶m 条件下小组的认知网络差异；C-06 组和 D-03 组的认知网络差异如图 6-18 所示，反映了无外部脚本情况下，1∶1 条件和 1∶m 条件下小组的认知网络差异。

首先，对有外部脚本的 A-02 组（1∶1）和 B-05 组（1∶m）的认知网络进行比较（见图 6-17）。从三轮探究实验中两组的综合认知网络来看，A-02 组的综合网络质心位于第三象限，B-05 组的综合网络质心位于第一象限。在三轮探究实验中，A-02 组的网络质心分别位于第三象限、第四象限、第三象限；B-05 组的网络质心分别位于第一象限、第二象限、第二象限。本研究可以获得以下结果。

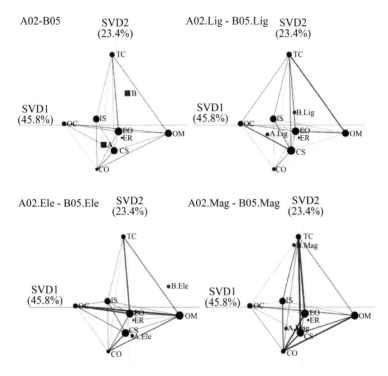

图 6-17　A-02 组和 B-05 组的认知网络差异

· 在离线整合—在线操作维度上，A-02 组的认知网络更偏向于离线整合，B-05 组更偏向于在线操作，即 OC（离线整合）节点与周边节点的连接强度大于 B-05 组。此外，在简单电路探究实验中，A-02 组的 OC-OM（离线认知—在线行动）的连接强度大于 B-05 组；在电磁感应探究实验中，A-02 组的 CO-OM（认识卸载—在线行动）的连接强度大于 B-05 组。

· 在任务协调—合作共享维度上，A-02 组的认知网络更偏向于合作共享，即 CO（认知卸载）节点与周边节点的连接强度也大于 B-05 组；B-05 组的认知网络更偏向于任务协调，即 TC（任务协调）节点与周边节点的连接强度大于 A-02 组。在电磁感应探究实验中，B-05 组的 TC-OM（任务协调—在线行动）、TC-EO（任务协调—实验操作）的连接强度大于 A-02 组。

　　其次，对无外部脚本的 C-06 组（1∶1）和 D-03 组（1∶m）的认知网络进行比较（见图 6-18）。从三轮探究实验中两组的综合认知网络来看，C-06 组的综合网络质心位于第二象限，D-03 组的综合网络质心位于第四象限。在三轮探究实验中，C-06 组的网络质心分别位于原点、第三象限、第二象限；D-03 组的网络质心分别位于第四象限、第一象限、第四象限。本研究可以获得以下结果。

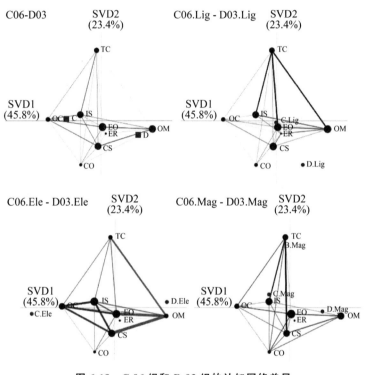

图 6-18　C-06 组和 D-03 组的认知网络差异

　　· 在离线整合—在线操作维度上，C-06 组的认知网络更偏向于离线整合，D-03 组的认知网络更偏向于在线操作，即 OC（离线整合）节点与周边节点的连接强度大于 D-03 组，在简单电路探究实验中，这种差异更为明显。

　　· 在任务协调—合作共享维度上，C-06 组的认知网络在两个维度上的具有大于 D-03 组的连接强度。两者认知网络的差异在三轮探究实验中各有不同，相比于 D-03 组，简单电路探究实验中的 C-06 组更多地表现在离线认知相关的认知连接，而电磁感应实验中的 C-06 组更多地表现在任务协调相关的认知连接。

综上所述，从光的折射、简单电路、电磁感应三轮实验中 A-02 组（1∶1）和 B-05 组（1∶m）的认知网络差异规律可以看出，有外部脚本时，虚拟教具对认知参与的影响较为稳定，A-02 组更偏向于离线认知和合作共享，B-05 组更偏向于在线操作和任务协调；从光的折射、简单电路、电磁感应三轮探究实验中 C-06 组（1∶1）和 D-03 组（1∶m）的认知网络差异则说明，无外部脚本时，虚拟教具对任务协调—合作共享维度认知参与的影响并不稳定，但从离线整合—在线操作维度上可以得出，C-06 组更偏向于离线认知，D-03 组更偏向于在线操作。结合录制组视频内容可知，在 1∶1 条件下，学生会通过更多的信息共享行为来获得其他成员的注意，这种信息共享会通过展示平板电脑的界面，或脱离平板电脑进行总结，以实现非共享工作界面的连通。但这种信息连通往往是邻近座位成员间的，或者是基于兴趣的与任务无关的信息交互，小组整体难以未形成集体注意来基于共享信息进行意义建构。

总的来说，虚拟教具对离线整合—在线操作维度认知参与的影响较为稳定：在 1∶1 条件下，小组的认知参与更偏向于离线整合，而在 1∶m 条件下，小组的认知参与更偏向于在线操作。

（二）外部脚本的对比

A-02 组和 C-06 组的认知网络差异如图 6-19 所示，反映了在 1∶1 条件下，是否提供外部脚本情况下小组的认知网络差异；B-05 组和 D-03 组的认知网络差异如图 6-20 所示，反映了在 1∶m 条件下，是否提供外部脚本情况下小组的认知网络差异。

首先，对 1∶1 条件下 A-02 组（有外部脚本）和 C-06 组（无外部脚本）的认知网络进行比较（见图 6-19）。从三轮探究实验中两组的综合认知网络来看，A-02 组的综合网络质心位于第三象限，C-06 组的综合网络质心位于第二象限。在三轮探究实验中，A-02 组的网络质心分别位于第三象限、第四象限、第三象限；C-06 组的网络质心分别位于原点、第三象限、第二象限。本研究可以获得以下结果。

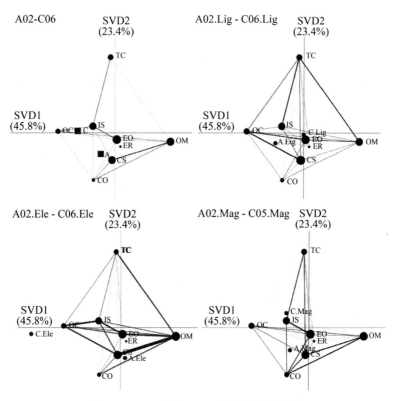

图 6-19 A-02 组和 C-06 组的认知网络差异

·在离线整合—在线操作维度上，A-02 组与 C-06 组的相关连接并无明显差异。

·在任务协调—合作共享维度上，A-02 组与 C-06 组的相关连接在差异上有所变化。例如，A-02 组 OM-CS（在线行动—合作支持）的认知连接在简单电路探究实验中明显强于 C－06 组。任务协调的相关认知连接差异则在三轮探究实验中不断变化，且无明显规律。

接下来，在 1：m 条件下，对 B-05 组（有外部脚本）和 D-03 组（无外部脚本）的认知网络进行比较（图 6-20）。从三轮探究实验中两组的综合认知网络来看，B-05 组的综合网络质心位于第一象限，D-03 组的综合网络质心位于第四象限。在三轮探究实验中，B-05 组的网络质心分别位于第一象限、第二象限、第二象限；D-03 组的网络质心分别位于第四象限、第一象限、第四象限。本研究可以获得以下结果。

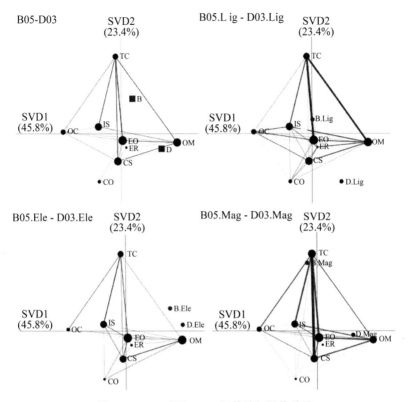

图 6-20 B-05 组和 D-03 组的认知网络差异

· 在离线整合—在线操作维度上，B-05 组和 D-03 组的相关连接并无明显差异。

· 在任务协调—合作共享维度上，B-05 组的认知网络更偏向于任务协调，即 TC（任务协调）节点与周边节点的连接强度大于 D-03 组。从简单电路到电磁感应，相比于 D-03 组，B-05 组任务协调相关的认知连接，从 TC-EO（任务协调—实验操作）和 TC-OM（任务协调—在线行动）转向至 TC-EO（任务协调—实验操作）和 TC-CS（任务协调—合作支持）。

综上所述，离线整合—在线操作维度的认知参与并不受外部脚本的影响，结合前文可得，离线整合和在线操作的偏向主要受虚拟教具供给比例的影响。此外，从光的折射、简单电路、电磁感应三轮探究实验中 A-02 组（有外部脚本）和 C-06 组（无外部脚本）的认知网络来看，1∶1

条件下有无外部脚本对认知网络的影响并不明显。而从光的折射、简单电路、电磁感应三轮探究实验中 B-05 组（有外部脚本）和 D-03 组（无外部脚本）的认知网络来看，在 1：m 条件下，有外部脚本的小组认知参与更偏向于任务协调。结合第四章和第五章中的研究结论，B-05 组有更多的 A8（Check）进度检查行动，以及具有 A8→A8（check 自重复）的显著行为转换，即在外部脚本的作用下，1：m 条件下的小组有更多的围绕任务识别与推进的认知参与，进而对合作探究起到正向促进作用。

本章小结

本章对录制组合作视频中的学生行动进行了再编码，并通过认知网络建模来分析技术供给作用下合作探究中的具身参与。认知框架中的认知元素是行动编码的参考依据。通过对合作视频的分析，本研究设计的认知框架包含合作探究和具身参与两个维度。合作探究维度反映着行动背后的与探究任务相关的认知参与，包含的认知元素有：合作支持、实验操作、分析整合、任务协调。具身参与维度则指具身认知所涉及的身体及其经验在合作中的体现，包含的认知元素有：在线行动、离线认知、认知卸载、经验调取。上一章节中的编码表强调行动在时序上的意义，而本章节认知框架的合作探究维度反映的是行动背后体现的认知元素。具身参与维度则根据具身认知理论并结合具体合作情境设计而来。例如，认知卸载在本研究中既包括借助虚拟教具的交流，也包括经由手势的思维延展。再如，在虚拟教具在场的情境中，经验调取受限于个体的认知发展阶段和先前经验。

通过认知网络相关算法，本研究得到了合作探究中具身参与的认知网络二维模型：X 轴从左到右形成离线整合与在线操作的连续统，Y 轴从上至下形成任务协调与合作共享的连续统。虚拟教具对离线整合—在线操作维度认知参与的影响较为稳定，不受外部脚本的影响：在 1：1 条件下，小组的认知参与更偏向于离线整合，而在 1：m 条件下，小组的认知参与更偏向于在线操作。而在任务协调—合作共享维度上，外部脚本和虚拟教具对认知网络的影响具有交互效应：1：1 且有外部脚本和 1：m 且无外部脚本的小组偏向于合作共享，1：1 无外部脚本和 1：m 有外部脚本的小组偏向于任务协调。结合前面两章节的相关结论，则可以进一步地从认知参与的角度来看待外部脚本和虚拟教具的交互作用。例如，在外部脚本作用下，1∶m 条件下的小组有更多的围绕任务识别与进展的认知参与，进而对合作探究起到正向促进作用。由此可见，认知网络的建模与对比分析，也能够在一定程度上对合作效果做出解释。

第七章　结论与展望

　　本研究通过具身认知中人与技术的供给关系，对技术供给影响下的合作探究进行了探讨。小组作为一个有机整体，对技术供给的感知与相应的行动，正是具身于小组规则、角色互动、协调活动中的。合作效果反映了技术供给对学习成效和感知体验的影响；协调模式和具身参与反映了受技术供给作用下的小组互动过程以及认知与行为的相关规律。首先，本章将分别从合作效果、协调模式、具身参与三个方面总结研究发现，并探讨技术供给之于合作探究的作用规律。其次，从理论、实践、方法层面论述研究的创新点和贡献，并指出研究存在的不足之处。最后，结合相关研究发现对未来研究进行展望。

第一节　研究发现：技术供给对合作探究的影响

一、技术供给之于合作效果

　　合作效果关注技术供给对合作探究学习效果的影响，具体包括学习成效和感知体验两个方面。学习成效包括小组探究任务的合作表现以及合作后的知识获取，探究任务分为概念理解和问题解决两个水平。感知体验包括学生在实验期间的合作体验和在实验前后对科学探究的态度感知。研究发现：探究任务受虚拟教具与外部脚本的复杂交互作用，通用型外部脚本更适用于 1∶m 条件下的合作探究，技术供给对不同难度的探究任务具有差异化影响；知识获取受技术供给的影响与概念理解规律相近并且受心理努力的负面作用，而在感知体验中仅有认知负荷和小组效能受到技术供给的影响。

（一）学习成效受虚拟教具与外部脚本的复杂交互作用

1. 通用型外部脚本更适用于 1∶m 条件下的合作探究

为进行对照与比较分析，本研究所设计的外部脚本属于通用型外部脚本，没有根据虚拟教具的供给比例进行使用策略上的提示，而是从合作探究的角度，对小组合作的互动过程与目标达成提供指导和建议。从三轮探究实验的整体效果来看，对于概念理解和问题解决，提供外部脚本均显著好于不提供外部脚本，说明总体上通用型外部脚本对于小组合作探究任务的完成，具有促进作用。而当我们将虚拟教具供给比例考虑其中时，通用型外部脚本则因供给比例不同而呈现出不同的适应性。

对于概念理解和问题解决在三轮探究实验的整体表现，虚拟教具和外部脚本的交互作用具有相同规律：1∶m 条件的小组对外部脚本适应和利用得更好，而外部脚本则不适于 1∶1 条件下的小组合作，即外部脚本对 1∶m 条件下的合作探究有正向作用，而对 1∶1 条件下的合作探究有负向作用。结合互动过程可以发现，外部脚本对 1∶m 条件具有正向作用，主要是因为外部脚本能够促进小组进行充分的信息交互，形成积极的合作氛围，小组成员也有较强的行动力和任务意识。相反，外部脚本对 1∶1 条件具有负向作用，主要是因为小组成员各自操作平板电脑较难形成共享事务空间（Antle，2014，p. 65），无暇顾及外部脚本的合理应用而导致外部脚本的不恰当使用，不利于合作过程的监控与调节。

2. 技术供给对不同难度的探究任务具有差异化影响

在本研究中，合作探究任务共分为概念理解和问题解决两个水平。概念理解关注学生在小组合作中对实验现象的观察和对相关概念的理解，属于较低水平的探究任务。问题解决关注学生在小组合作中对探究任务的分析和对解决方案的设计与执行，属于较高水平的探究任务。从三轮探究实验的整体效果来看，虚拟教具的供给比例对概念理解与问题解决的影响存在差异：在 1∶m 条件下对概念理解的正向促进作用显著高于在 1∶1 条件下；对于问题解决，1∶m 条件下的优势并不明显。当小组关注同一工作界面时所拥有的共享外部表征（Suthers & Hundhausen，2003），使得小组对实验现象的观察和对相关概念的理解有更好的表现；

而当任务涉及问题解决时，1∶m 条件下的共享工作界面的优势可能会被 1∶1 条件下的分布式问题解决所抵消，使得二者在问题解决这一探究水平上并无显著差异。

从探究主题的实施时序来看，外部脚本对 1∶m 条件的正向促进和对 1∶1 条件的负向促进，均能够在概念理解和问题解决上得到体现，但不同的是促进作用随时间变化的规律。对于概念理解，外部脚本对 1∶m 条件的正向促进作用随时间而减弱，对 1∶1 条件的负向促进作用也随时间而减弱。此外，在不提供外部脚本的情况下，1∶m 条件相较于 1∶1 条件的优势在后两轮探究实验中才体现出来。这说明，外部脚本对 1∶m 条件的优势有促进作用，但未提供外部脚本时，这种优势需经过小组对虚拟教具供给比例的适应期才能够得以显现。对于问题解决，外部脚本在最开始会削弱 1∶m 条件对问题解决的正向促进作用，而随着时间的推移，外部脚本对 1∶m 条件的正向促进作用开始显露；相反，1∶1 条件下且有外部脚本时，小组的问题解决表现则从一开始的较高水平变为较低水平。由此可见，外部脚本与虚拟教具的交互作用不仅受实施时序的影响，还与探究任务的复杂程度相关。

先前经验和熟悉程度会影响小组对技术的感知（Jeong & Hmelo-Silver，2016；Kirschner，Sweller，Kirschner et al.，2018）。外部脚本能够较快地被小组应用到低水平探究任务中，并且随着小组对供给比例的适应，外部脚本对低水平探究任务的影响逐渐褪去。而对于较高水平的探究任务，外部脚本则较难在最开始就得到良好利用，1∶m 条件下的小组需要一定时间形成对外部脚本的适应，才能够逐渐发挥其正向促进作用，而 1∶1 条件下的小组对外部脚本的排斥现象更是随着时间逐渐加强。总的来说，技术供给的设计应能够使小组对其形成良好适应，才能够使技术逐渐融入小组合作的具体参与形式中（J. 莱夫，E. 温格，2004，pp. 47-49），进而提升学习效果。难度较高的探究任务，则更需要结合资源配置进行外部脚本的内容设计。

本研究中的知识获取，指对探究主题相关的知识内容的认识和掌握，用学生的后测成绩来表示。从三轮探究实验的整体效果来看，虚拟教具和外部脚本对知识获取均无显著影响。而从探究主题的实施时序来看，对于虚拟教具与外部脚本的交互作用，知识获取与概念理解有着相近的规律，即外部脚本对于 1：m 的正向促进作用和对于 1：1 的负向作用的时序变化，尤其是外部脚本对 1：m 条件的正向促进作用随时间逐渐减弱。对于低年级学生，后测试题所测得的知识获取在内容上与探究过程中的概念理解任务相关度较高，因而受技术供给的交互作用有相似的规律。

（二）感知体验中认知负荷和小组效能受技术供给的影响

实验期间的合作体验分为自我效能、小组效能、认知负荷、合作满意。实验前后的态度感知分为学习动机、焦虑水平、自我效能、小组效能。相比于学习成效，技术供给未对感知体验产生复杂影响。从实验期间的合作体验来看，虚拟教具和外部脚本主要对实验期间学生的认知负荷产生显著影响。

首先是，认知负荷中的心理努力维度。在实验后期，提供外部脚本时，学生在 1：1 条件下投入了比在 1：m 条件下更多的心理努力，而在 1：1 条件下，提供外部脚本比不提供外部脚本时，学生投入的心理努力更多。可见，外部脚本使得 1：1 条件下的学生投入了更多的心理努力。在 1：1 条件下，每个学生均拥有可供操作的平板电脑，更多地关注于自己对虚拟教具的操作，使得外部脚本在合作中处于不适用的状态，尤其在实验后期需要学生投入更多的心理努力。而在 1：m 条件下，仅有少部分学生可以操作虚拟教具时，外部脚本则能够引起其他小组成员的注意。尤其在实验后期，外部脚本与小组内部脚本相适应后（Fischer，Kollar，Haake et al.，2007），小组能够将交互管理部分卸载给外部脚本（King，2007）。基尔希纳（Kirschner，Sweller，Kirschner et al.，2018）也指出小组能够通过合作技能与策略的运用，降低交互活动带来的工作负担。在本研究中，外部脚本在 1：m 条件下能够有效地与小组内部脚本相适应，为小组在实验后期的行动提供指导，从而降低合作过程中的心理努力。将工作卸载到技术中，可以使小组将精力集中于与任务相关的认知资源和社会资源上（Suthers，2005）。此外，本研究还发现心理努力与知识获取具有负向相关关系。认知资源是有限的，不恰当的教学设计会引起过高的心理努力（Paas & van Merriënboer，1994；van Merriënboer &

Sweller，2005），并对探究任务中相关知识的记忆保持与知识的理解具有一定负面影响，从而使学生在后测中未能获得理想表现。

技术供给对认知负荷的影响还体现在虚拟教具供给比例对心理负荷的影响：1∶m 条件下学生的心理负荷要显著高于 1∶1 条件下的学生。心理负荷与信息交互的数量和程度相关，体现的是学习任务与学习者之间的交互作用（Chu，Hwang，Tsai et al.，2010），但心理负荷并不能直接反映学生的学习成效（Paas & van Merriënboer，1994；Wang，Fang，& Miao，2018）。在本研究中，1∶m 条件下的小组围绕共同焦点进行互动，因此注意力更为集中（Antle，2014，pp. 55-56）。共享注意力有助于共享事务空间的形成（Antle，2014，p.65），有效的信息共享和交互数量更多，心理负荷也更高。而在 1∶1 条件下，小组成员的实验操作多数在独立空间中进行，共享事务空间的形成因分布式操作而受阻，信息共享与交换不充分，因而有着低于 1∶m 条件下的心理负荷。环境和任务作为行动约束，会影响学习过程（Newell，1996；Abrahamson & Sánchez-García，2016），研究者（Choi，van Merrënboer，& Paas，2014）强调了环境对认知负荷的作用。虚拟教具的供给比例作为环境约束影响着合作过程中学生的心理负荷；外部脚本的供给与否作为任务约束，在与虚拟教具共同作用时则会对学生的心理努力产生一定影响。

此外，从实验前后的态度感知来看，经过三轮探究活动，学生在实验后的学习动机、自我效能、小组效能均显著高于实验前；学生在实验前后对科学探究活动的焦虑水平均处于较低水平，并未发生明显变化。其中，仅有小组效能受到技术供给中外部脚本的作用，即经过三轮探究实验，相比于无外部脚本的小组，提供外部脚本的小组有着更高的小组效能。前人研究表明，小组效能会对合作过程产生影响（Gibson，Randel，& Earley，2000；Gegenfurtner，Veermans，& Vauras，2013）。尽管实验期间技术供给未对小组效能产生影响，且外部脚本对学习成效的影响随时间推移而有所变化，但总的来说提供外部脚本还是能够提升学生对所在小组关于科学合作探究的效能感。本研究关注的是基于合作的小组，这样的小组具有长期稳定的合作关系（Johnson & Johnson，1987）。总的来说，在不考虑虚拟教具供给比例的情况下，提供外部脚本有助于探究任务的完成，且有益于学生长期合作关系的维系。

二、行动导向下的协调模式

合作探究中的协调模式，指在合作过程中，在特定的环境、任务、生物体约束条件下，为了完成小组任务，小组成员通过行动来获取信息以达成目标，做出具有一定规律和特征的交互行为。在本研究中，协调模式包括角色互动和行为模式两个方面。研究发现：角色互动受到虚拟教具和外部脚本的共同作用，反映了个体意识和群体规则的权衡结果；适当的内部协调不会影响行动导向的稳定性，密切交互并不能反映高效合作；稳定的行动导向和遵循小组规则进行角色互动才会有更好的学习成效；虚拟教具主要通过资源协调和信息交互来影响行为模式，外部脚本则通过合作氛围和任务意识来影响行为模式。

（一）角色互动受个体意识与群体规则的共同作用

1. 技术供给作用下的角色话语地位

角色互动包括角色转换以及角色互动所反映的小组结构。合作中不同角色的浮现与转换，反映了小组在技术供给的作用下，资源分配、任务协调、角色发展等方面的变化和规律。角色之间的互动，则能够从社会网络分析角度来揭示技术供给影响的小组结构。首先，角色体现着个体在小组中的自我意识，通过自我报告收集学生在小组中扮演的角色信息，采用开放式编码得到合作探究中的11种角色：组长、检查员、记录员、整合者、探究员、实验员、提议者、辅助者、观察者、旁观者、空。从各角色对应的学生自我报告内容来看，技术供给对学生自我角色的认识起到较大作用，尤其是探究员、实验员、检查员等角色，大多围绕技术供给所带来的相关行动来描述职责。

根据学生角色担任或兼任的实际情况，得到技术供给作用下合作探究中的五类角色：协调类、整合类、探究类、辅助类、边缘类。其中，协调类角色负责小组的任务分工、合作协调与过程监督；整合类角色负责实验现象的整合与记录；探究类角色主要进行实验操作和探究分析；辅助类角色在小组中适时地提出想法或进行辅助工作；边缘类角色则主动或被动地处于合作的边缘位置，较少对探究任务所有贡献。正如辛普森等人（Simpson，Bannister，& Mattews，2017）所述，围绕共享资源的交互反映着小组成员的不同话语权利和社会化地位。行动的频次能够用于反映网络节点的活跃程度，进而体现该节点成员的社会地位（Lin，1999）。结合视频分析可以发现，探究类角色在小组合作中行动频次最多，且多为信息提供和现象分析。协调类、整合类角色也有较多的行动频次，辅助类角色的行动频次则相对较少，边缘类角色则较少发起行动。行动频次在一定程度上反映了该角色在小组中的话语地位。探究类角色在小组中更多地围绕探究任务的分析与解决来开展行动，并具有较高的话语地位，其次是协调类角色和整合类角色，接着是辅助类角色，边缘类角色则在小组合作中具有较低的话语地位。

2. 个体意识与群体规则的权衡

受虚拟教具和外部脚本的共同作用，各班在角色类型分布比例上存在差异。当小组资源有限（1∶m 条件）且有外部脚本时，协调类与边缘类角色较多，探究类、整合类、辅助类角色较少；小组资源充足时（1∶1条件），更多成员会认为自己在小组中起到探究类角色的作用，并且在不提供外部脚本的情况下，小组中会出现更多探究类角色，更少的辅助类角色。可见，当小组成员均能对虚拟教具进行随时操作时，可触控性会使学生对虚拟教具有更强的所有权意识（Antle，2014，p. 61）。这也意味着当资源充足时，所有权意识会使更多的学生认为他们自己承担着重要的探究任务。研究者（Looi，Zhang，Chen et al.，2011）认为在 1∶1 条件下进行自主学习，移动设备的所有权意识使学生对学习过程更为负责。而本研究则发现，对于合作探究活动，这种所有权意识和基于虚拟教具的个体化探索会阻碍小组任务的进行，反映的是个体意识对群体规则的超越。一方面，小组成员不再妥协于群体规则，甚至做出对抗组长提议的行为，或仅关注个人探究兴趣而无视小组任务；另一方面，个体的兴趣被放大，小组任务退居到合作背景中，群体意识淡化了。

当小组资源有限且有外部脚本时，小组中会有更多的协调类角色，负责小组的任务分工、合作协调与过程监督；与此同时，也会出现更多的边缘类角色，而不是探究类角色或辅助类角色。技术能够在合作中培养成员的小组意识（Suthers，2005），本研究则发现在资源有限的情况下，成员的小组意识更强，并以小组任务为重来看待自身的角色。在合作学习情境中，信息、技能、角色、工具的合理分配与相应规则的建立，能够促进积极互赖关系的形成，有助于合作的成功（Antle，2014，pp. 67-69）。小组互动受到协调类角色的引导，使成员的个体意识让位于群体规则。例如，一部分成员接受资源协调结果，成为边缘类角色，在不阻碍小组任务的情况下参与小组合作。正如丹尼什等人（Danish，Enyedy，Saleh et al.，2020）所述，当小组成员意识到个人目标与集体活动相一致时，才会产生有意义的群体互动。由此可见，有限的小组资源和合作规则的适当引导，能够使小组中的成员更有合作意识，将个体暂时的需求搁置一旁，遵循群体规则开展活动，以推进小组任务的进行。

3. 稳定的行动导向允许适当的内部协调

根据学生自我报告中小组成员间的交互信息，本研究还通过社会网络分析方法对小组结构进行了探讨。小组结构由行动导向和网络密度共同描述。结合社会网络分析相关概念，本研究提出了小组的行动导向成分，即根据角色交互情况，对小组在合作中的工作重心进行判断。小组的行动导向可分为：任务导向、探究导向、无明显导向。其中任务导向代表小组的工作侧重于实验单任务的完成；探究导向代表小组侧重于使用虚拟教具进行实验操作与探究。研究发现，各小组均没有呈现出对任务导向或探究导向的明显偏向，且行动导向的变化没有形成一定规律。行动导向偏向任务或无明显导向，并不会对合作成效产生明显影响。但无外部脚本的小组更易发生行动导向的变化，由此可见，外部脚本使小组的行动导向更稳定。结合学习成效相关结果可以发现，稳定的行动导向才能够带来更好的学习成效，这也反映了外部脚本对小组合作的促进作用。

小组进行活动协调时，可能会改变已有的群体规则（杨开城，2016，p. 6），如角色转换所体现的个体职能的变化。研究发现，1∶m 条件下的小组更易受外部脚本影响，有外部脚本的小组比无外部脚本的小组出现了更为频繁的角色转换；无论 1∶1 条件下的小组是否有外部脚本，都会出现较为频繁的角色转换。结合技术供给与合作成效的相关关系可以发现，角色转换并不一定会改变小组的行动导向，而是为改进小组合作进行内部协调。群体规则的调整不一定会引起行动导向。需要指出的是，核心成员，即相对局部内中心度较高的这类成员，其角色越稳定，其所在小组的行动导向也越稳定。而这类成员通常也是小组中行动频次较高的组员（大多为组长），在小组中具有较高的话语地位。由此可见，小组中话语地位较高的成员的职责越固定，小组的行动导向也越稳定，适当地进行其他成员的职能调整并不一定会改变小组行动导向。

4. 密切交互并不能反映高效合作

网络密度反映了小组成员之间交互的密切程度。在 1∶m 条件下且有外部脚本的小组中成员之间交互的密切程度明显低于其他情况，且有外部脚本的小组的网络密度低于无外部脚本的小组。对录制组的小组结构进行分析，也发现有外部脚本的小组的网络密度低于无外部脚本的小组。可见，外部脚本在一定程度上降低了小组成员的交互密切程度。结合技术供给对学习成效的影响可以发现，小组成员之间主观上认为的密切交互并不代表会带来更好的探究效果。同时，结合视频分析可知，密切交互更多代表着小组成员间零散的、围绕个人兴趣的互动，难以对小组任务起到推动作用。有研究者（Lin，Wang，& Shao，2012）指出，在面对面合作中所谓"理想的"，即成员间有密切交互的小组并不能有更好的合作产出，但该研究却未对此做出进一步解释。本研究则能够从交互内容与质量上对他人的研究（Lin，Wong，& Shao，2012）予以回应和补充。斯特格曼等人（Stegmann，Kollar，Weinberger et al.，2016）在研究中指出借助外部脚本的小组能够提升沉浸性交互技巧，本研究则发现小组的密切交互并不是发展这一合作技巧的必要条件，组内小团体的密切交互并不一定代表着整个小组的沉浸交互。在本研究中，外部脚本降低了小组成员的交互密切程度，同时也带来了更为稳定的小组行动导向。由此可见，在真实科学课堂的小组合作中，稳定的行动导向和遵循小组规则进行互动会有更好的学习成效。特别是在 1∶m 条件下且提供外部脚本的技术供给，小组能够更多地出现稳定的行动导向且遵循规则的互动，因而获得更好的学习成效。

（二）技术供给通过群体信息交互来影响行为模式

1. 小组规则作用下合作探究的共同特征

通过滞后序列分析可以发现，虚拟教具的供给比例和外部脚本的提供与否均会对小组的行为转换模式产生影响，但也保留着合作探究的本质特征。信息提供、实验执行、现象分析属于合作学习中与实验探究密切相关的行动。各录制组均形成了信息提供→实验执行和实验执行→现象分析的显著行为转换。其中，信息提供指小组成员在合作过程中主动提供信息的行动，如识别变量、实验假设、解决办法等，能够为实验执行起到先导和铺垫作用。在实验执行后紧跟着现象分析，也是合作探究中最为常见的行为转换。

此外，各录制组均反映了结论得出受小组规则的指导，并不总是出现在现象描述或差异协商之后这一规律。小组实验单主要由记录员完成，小组长期合作而形成的内部脚本，使得记录员的记录行为与填写内容被小组成员普遍认可。能力较强的小组成员通常会有较高的社会地位，更容易提出信息或重复未被共享的信息（Theiner，2014，p. 352）。本研究进一步指出，当小组共享集体工作记忆时，社会地位较高的成员的行为得到其他成员的默许，因而无须进行过多确认和协商。例如，记录员较少与其他成员进行内容核对或获得其他组员的许可，便能够将相应的结论记录在实验单上。

2. 虚拟教具通过资源协调和信息交互来影响行为模式

在 1∶m 条件下，小组会出现任务引导→进度检查、现象分析自重复、差异协商自重复以及技术问题自重复的行为转换。任务引导→进度检查行为转换反映了小组成员的任务意识。在 1∶m 条件下，小组共享同一工作界面，根据同一个参考锚点来开展实验现象相关的会话，形成共享事务空间。成员能否形成集体注意力更易受到任务引导的影响，从而对小组任务的进展予以关注，共同推进探究任务。更高的元认知水平，能够对合作学习进行及时的监控与管理（Antle，2014，pp. 55-56）。可见，1∶m 条件更能够在合作中培养成员的小组意识，使成员密切地关注小组任务的推进。现象分析自重复和差异协商自重复则反映了小组信息的充分交换。成员之间通过现象分析建立群体交互记忆系统，有助于通过信息交换来促进集体信息处理。此外，在 1∶m 条件下，成员更容易围绕某一个具有争议的现象或解释进行商讨，有助于小组得出更为全面和正确的实验结论。

在 1∶1 条件下，小组会出现信息提供→差异协商以及实验执行自重复的行为转换。前面提到在 1∶1 条件下个体获得了对可触控工具的所有权意识（Antle，2014，p. 61），有更多的学生认为自己承担着重要的探究任务。结合会话内容可以发现，信息提供→差异协商行为转换在某种程度上反映了个体意识对群体规则的超越。具体而言，对工具所有权的意识有时会阻碍探究的进行，出现小组成员反对他人提议或不遵循小组规则的现象。而实验执行自重复则反映着小组的分布式操作。在 1∶1 条件下，组员通常是小组成员通过出声思维描述自己的实验操作，其他小组成员受到该行动的影响后，也进行相关的实验操作。在这一过程中，小组成员的实验操作是在独立空间中进行的，虚拟教具操作阶段不同带来的外部表征不同步，会造成信息交换不完整的现象。但从另一个角度来看，在 1∶1 条件下，当小组中的平板电脑出现问题时，集体注意力无须投入技术问题的解决上，即不会出现 1∶m 条件下的技术问题自重复的行为转换。一部分成员解决问题，另一部分成员继续进行探究任务，这也是 1∶1 条件相比于 1∶m 条件的优势。

3. 外部脚本通过合作氛围和任务意识来影响行为模式

外部脚本通过合作氛围和任务意识来影响行为模式，这种影响最终还是作用于群体信息交互上，进而对合作效果产生影响。有外部脚本时，小组会出现问题提出→行动回应、进度检查→问题提出、问题提出自重复、进度检查自重复的行为转换。问题提出→行动回应表明在外部脚本的作用下，小组成员间具有更为积极、友好的合作氛围（Wang，Fang，&Miao，2020）。进度检查→问题提出表明在外部脚本的作用下，小组长具有较强的行动力和任务意识，能够在进度检查后，快速进入探究任务中。问题提出自重复、进度检查自重复也表明，在外部脚本的作用下小组会更多地围绕任务识别与推进发起行动。此外，无外部脚本的小组并未形成独特的行为转换。但问题提出这一行动在无外部脚本的两个录制组中，均没有其他行动与它们相连，这从侧面证明了外部脚本对小组合作氛围的形成和成员对小组任务意识的建立的重要性。

外部脚本对小组互动的促进作用还受到虚拟教具供给比例的影响。在 1∶m 条件下，外部脚本对探究进程具有的正向促进作用，体现在现象分析→信息提供和实验执行→社交连接的独特行为转换上。在 1：m 条件下应用外部脚本，有助于小组将信息从实验空间之内传递至实验空间之外，即实现从围绕虚拟教具进行现象分析到在成员之间进行信息提供的转换；也能够促进小组良好合作氛围的形成，提高小组效能感。相反，在 1：1 条件下共享事务空间的形成因分布式操作而受阻，信息滞留在成员各自的实验空间中，成员间难以在实验空间外进行有效的信息传递。个体意识与临时兴趣替代了小组规则与任务意识，使得小组在使用外部脚本时出现信息沟通不畅、应用不灵活的问题，不利于合作过程的监控与调节。前人研究指出，面对面合作的外部脚本应重视对个体知识获得的引导，在线合作的外部脚本应重视对交流协调过程的引导（Kollar，Fischer，& Hesse，2006）。本研究则认为对于面对面合作的外部脚本设计，交流协调过程同样重要，并且需要结合资源配置条件，为学生提供更为细致且具有针对性的合作支持。

三、合作探究中的具身参与

具身参与指在技术供给的作用下，身体及其经验在合作探究中的作用和体现。在合作探究中，互动协调的行动背后体现着小组的具身参与。本研究设计的合作探究中具身参与的认知框架包含合作探究和具身参与两个维度，基于认知框架进行认知网络分析可以发现，合作探究中的具身参与有四种体现形式：在线行动、离线认知、认知卸载、经验调取。在认知网络建模所得的离线整合—在线操作和任务协调—合作共享二维空间中：1：1 条件下的小组的认知参与偏向于离线整合，而 1：m 条件下的小组认知参与偏向于在线操作。同时，外部脚本使 1：1 条件下的小组更偏向于合作共享，使 1：1 条件下的小组更偏向于任务协调。

（一）具身参与受技术供给和认知发展阶段共同影响

行动背后反映的是个体的认知参与，结合录制组合作视频，本研究设计的认知框架包含合作探究和具身参与两个维度。合作探究维度包含合作支持、实验操作、分析整合、任务协调四个认知元素。合作支持，指维持小组机能正常运转的认知参与；实验操作，指与探究任务相关的提议或操作的认知参与；分析整合，指根据实验现象进行现象描述或问题解决的认知参与；任务协调，指与探究任务相关的工作协调的认知参与。从整体上看，合作探究中的实验操作占比最高，其次是合作支持和分析整合，任务协调的占比则相对较低。在合作探究的认知参与中，任务协调和合作支持受技术供给的交互作用：在 1∶m 条件下，有外部脚本的小组比无外部脚本的小组有更多任务协调的认知参与；在 1∶1 条件下，有外部脚本的小组比无外部脚本的小组有更多合作支持的认知参与。

具身参与包括在线行动、离线认知、认知卸载、经验调取四个认知元素。在线行动，指基于虚拟教具执行动作以推进探究任务；离线认知，指脱离虚拟教具进行现象分析与意义共建；认知卸载，指借助虚拟教具或身体来进行交流与思维；经验调取，指调取以往经验来理解当前实验现象。其中，认知卸载涉及两种类型：借助虚拟教具的认知卸载和借助身体动作的认知卸载。前者指学生通过平板电脑向他人传递信息，后者指学生使用身体动作尤其是手势来进行表达与思维扩展，手势可分为表征类手势和隐喻类手势。从整体来看，在具身参与中在线行动占比最高，离线认知则略高于认知卸载和经验调取，并且将认知卸载到虚拟教具的情况多于将认知卸载到身体动作的情况。这表明，在虚拟教具在场的情境中，通过虚拟实验工具执行动作并得到反馈是小组合作中最常见的具身参与。

1∶1 条件下的小组成员在互动过程中体现了更多的离线认知，即在吸引他人注意的同时，脱离平板电脑表达信息。结合先前结论可以发现，对于基础教育阶段的合作探究，离线认知更多并不代表有高于在线行动的认知水平。两者皆为具身认知中身体及其经验在活动参与中的体现，并无孰优孰劣之分。认知往往会以任何一种混合的方式调用解决问题的各种资源，以最小的努力产生可接受的结果（Clark，2008，p. 13）。在线行动是离线认知的先导认知参与。前人研究认为，离线认知体现了从依赖外部资源到依赖内部资源的转换（Pouw，van Gog，& Paas，2014），而离线认知在本研究中更多地反映了将个体空间的信息向小组空间进行输入的心智投入。相应地，在 1∶m 条件下，由于小组共享工作界面，因此相比于 1∶1 条件有较少的离线认知，反而是在线行动的占比更多。

此外，本研究的研究对象处于皮亚杰发生认识论中从具体运算阶段到形式运算阶段的过渡时期，更多地关注于当下的实验现象，借助虚拟教具的操作过程进行思维，较少借助过往经验来进行实验现象的理解。可见，经验调取受限于个体的认知发展阶段和先前经验，也受到探究主题和内容的影响。

（二）技术供给对具身参与的认知网络具有动力作用

采用认知网络分析方法，本研究建构了合作探究中具身参与的认知网络二维模型：X 轴从左到右形成离线整合与在线操作的连续统，Y 轴从上至下形成任务协调与合作共享的连续统。前者反映了探究内容相关的具身参与，后者反映了任务合作相关的具身参与。通过对各录制组在不同探究主题中的认知网络的对比分析，研究探讨了技术供给对具身参与认知网络的影响。一方面，虚拟教具供给比例对离线整合—在线操作维度认知参与的影响较为稳定，不受外部脚本的影响。具体地，在 1：1 条件下，小组的认知参与更偏向于离线整合，而在 1：m 条件下，小组的认知参与更偏向于在线操作。另一方面，在任务协调—合作共享维度上，提供外部脚本对不同供给比例小组的认知参与影响更大。有外部脚本的情况下，1：1 条件下的小组偏向于合作共享，1：m 条件下的小组偏向于任务协调。此外，无外部脚本的情况下，虚拟教具供给比例对任务协调—合作共享维度认知参与的影响并不稳定，未形成一定规律。

在 1：1 条件下，学生通过更多的信息共享行为来获得其他成员的注意，有着更多的将信息从个体空间向群体空间进行输入的认知投入，也伴随着更多的分析整合。但如果小组没有将认知资源合理地分配到学习任务上，学习效果将会被削弱（Sweller，van Merriënboer，& Paas，1998）。结合先前分析可以发现，外部脚本促使 1：1 条件有更多的信息共享行为，但因其他成员处于各自的操作空间内，集体注意力难以实现，因而未能进行有效的信息交互和意义生成。由此可以解释，外部脚本使 1：1 条件下的小组围绕合作共享投入了更多的心理努力，但由于无效的信息交互，因此这部分认知资源没有被合理利用，因此对学习成效有负面作用。

在 1：m 条件下，小组认知网络偏向在线操作，也能够反映在共享事务空间下，集体注意力使学生围绕探究实验进行更多的认知投入。可见，信息共享的有效性取决于集体注意力，而高效的信息交互才能够促进合作成效。此外，外部脚本使 1∶m 条件下的小组有更强的任务意识来监控和推进探究工作。结合先前分析，在 1∶m 条件下通用型外部脚本能够提升小组的任务意识、围绕任务识别与推进的认知参与，对合作探究起到正向促进作用。

最后，用图 7-1 所示的"技术供给对具身参与的动力作用"来进一步总结。在具身参与的二维认知网络模型中，从离线整合—在线操作维度来看，1∶1 条件下的小组的认知参与偏向于离线整合，而 1∶m 条件下的小组认知参与偏向于在线操作。从任务协调—合作共享维度来看，在虚拟教具供给比例作用的基础上，外部脚本对认知网络起到动力作用。外部脚本作用下的认知网络质心位移，1∶1 条件下的小组有更多的合作共享行为，1∶m 条件下的小组有更多的任务协调行为。

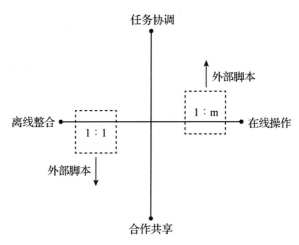

图 7-1　技术供给对具身参与的动力作用

简言之，偏向合作共享的 1∶1 条件下的小组和偏向任务协调的 1∶m 条件下的小组，在外部脚本的作用下偏向程度更大。这也能够解释，为什么提供外部脚本的小组，在三轮探究实验之后小组效能均有显著提升。尽管通用型外部脚本对虚拟教具供给比例的适应性存在差异，外部脚本仍能够提升小组的合作氛围。但是对于不同供给比例，实际影响合作成效的仍是集体注意力所带来的有效信息交互。

第二节　结论探讨：技术供给作用于合作探究的本质

本研究从具身认知理论中人与技术的供给关系出发，探讨了技术供给对合作探究的影响。技术供给作用下小组协调模式和具身参与所反映的差异化互动过程，对合作效果的产生提供了解释依据。那么，技术供给作用于合作探究的本质是什么呢？对于小组这一有机整体，技术供给中虚拟教具的供给比例和外部脚本的提供与否，是小组在探究任务过程中能够借助的人工制品。人工制品构成良好的约束条件，才能够使小组形成有效的协调模式。同时，人工制品得到合理运用时，才算在实践中完成了工具化的使命。工具化的过程，使人工制品融为合作探究的具体参与形式。可以说，技术不仅仅作为预备上手的工具而存在，更是在实践过程中改变着人的认知状态。认知与行动密不可分，行动是认知的外在表征。技术供给正是在知觉—行动循环中影响着个体和群体的认知。

合作探究，一方面需要小组成员共同参与活动，另一方面小组活动是围绕特定探究主题进行的。虚拟教具是学生根据探究任务进行实验操作、现象分析、结论得出的探究工具。对于个体学习来说，大部分的认知活动都是在个体空间中进行的。**个体空间**，不仅包括学习者的大脑，更包括学生在使用虚拟教具时，身体与环境的互动，认知是嵌入在个体空间中的。对于合作学习，认知活动需要在个体空间和群体空间中共同进行。**群体空间**，涉及集体注意力、共享事务空间、交互记忆系统、集体信息处理等由小组成员共同进行的认知活动。个体通过言语、表情、身体动作等行动，将个体认知扩展到群体空间中，小组成员通过共同的意义建构形成群体认知，进而完成探究任务。

与其他类型的合作学习相比，探究性学习的独特之处在于，信息需要依靠小组自身来实现其完整性。也可以说，并不是所有小组都能够在任务中发现全部信息或者合理地处理信息。信息并不是在合作活动一开始就完整地、结构化地交给小组，供小组进行加工、交流和意义建构的。科学探究涉及的实验操作与现象分析，是对当前信息予以思考和判断，再进行下一步行动以获取新信息的过程。在科学合作探究中，小组成员需要不断地进行信息识别、传递、更新。信息交互的及时和有效对合作探究的任务完成具有重要作用。相比于个体探究学习，合作探究涉及信息从个体空间到群体空间的传递，传递的有效性决定了群体认知能否发生并起作用。

在本研究中，角色互动反映着个体意识和群体规则的权衡结果，稳定的行动导向和遵循小组规则进行互动，能够带来有效的信息交互。有效的信息交互实现了信息从个体空间向群体空间的流动，使群体空间具备认知加工的条件，进而产生更好的合作效果。总的来说，技术供给对协调模式和具身参与的影响，最终都可以归结为一点——**信息交互**。由此可知，技术供给对合作探究的作用在本质上是通过信息交互实现的。

如图 7-2 所示，本文采用图示化的方式来进一步解读技术供给如何通过信息交互作用于合作探究。实线表示信息源，在本研究中指虚拟教具。通过操作虚拟教具，个体或群体获得相应的实验信息，对信息的加工处理发生在个体空间或群体空间中。虚线表示合作过程中的信息流，信息是多模态的。箭头表示某一元素对另一元素的作用力。图 7-2 仅强调了具有明显作用力的关系。例如，个体兴趣和群体规则在各种情境下都存在，但在部分情境中对个体空间的作用力并不明显，因而未被强调。阴影表示该元素相较于其他元素，受个体或群体的关注程度不高，因而退居于合作背景中。图 7-2A 至图 7-2D 分别反映本研究中 A～D 班的技术供给设计和相应的信息交互情况。

在图 7-2A 中，信息源分布于个体空间中，个体对虚拟教具的操作不同步，会使个体空间内获得的信息不一致。个体能够凭借自身探究兴趣对信息源进行自由操控。这种自主权使合作探究中的个体兴趣被放大了，小组任务关注度降低，从而退居到合作背景中。个体空间的信息受个体探究兴趣主导，使得分布式个体空间的信息差异化程度变大。同时，对可操作物的所有权意识，使得个体会认为自身有着重要的作用，不再妥协于群体规则。所有权意识和个体兴趣作用于个体空间，导致了两种结果。

第一种结果是**信息滞留**，指个体从信息源中获取的信息滞留在个体空间中。一方面，个体共享信息的意愿不强烈，即使主动共享信息，也只是想吸引他人注意到自己的探究兴趣。这类信息流动通常发生在邻近空间中，邻近主要指社会关系上的邻近。个体空间随身体及其对信息源的处理而移动，形成邻近个体空间的部分融合，实现以兴趣为主的信息共享。但邻近空间的信息共享，并没有实现信息到群体空间的有效传递。另一方面，个体也会意识到小组任务，但当个体想要将信息传递到群体空间时，其他人的注意停留在自己的信息源上。群体空间中未能形成集体注意力来接收信息。信息从个体空间中发出去，兜转一圈却未形成有效交互，结果仍旧是滞留在个体空间中。

第二个结果是**信息异步**，指当信息成功地从个体空间传递到群体空间时，群体空间的信息与个体空间的信息可能是不同步的。一方面，分布式个体空间对自身信息源的处理步调不一致；另一方面，个体对信息源的处理能力和对所获得信息的分析能力不同。两者导致个体空间所获得的信息在数量和质量上有所不同。信息异步影响了群体空间的集体信息处理，群体认知受阻。信息在到达群体空间时，难以被有效地加工为合作产出。

信息滞留和信息异步，使群体空间缺乏认知加工所需的集体注意力，群体认知难以形成。与此同时，群体空间在整个合作过程中，随着集体注意力的消减而退居合作背景中。从信息滞留和信息异步的情况来看，个体空间的信息源，有时只是满足了个体的探究兴趣，对于小组而言仅是一个封闭的信息源——**信息孤岛**，并没有被合理地利用以实现人工制品的工具化。

在图 7-2B 中，信息源位于群体空间中，共享事务空间贯穿整个合作过程而存在。受群体规则和信息源配置的作用，小组中的部分成员对信息源进行处理。根据镜像神经元的相关研究，共享操作界面时，即便只是观看他人进行操作，自身执行该操作所激活的神经元也会被激活，相应地也会取得同样的学习效果（van Gog & Rummel，2010；Brucker，Ehlis，Häußinger et al.，2015）。由此来看，从群体空间到各个体空间的信息不仅是同步的，而且具有相同的质量。图 7-2A 体现了信息从个体空间向群体空间的传递过程，以及在群体空间中可能的认知加工。而在图 7-2B 中，信息先是经由群体空间的信息源传递到个体空间中，个体空间对信息进行加工，加工后的信息再由个体空间传递到群体空间。群体空间对原有信息和个体加工后的信息进行再加工。在图 7-2B 中，小组任务意识被激活，与群体规则共同作用于个体空间中，使个体能够将个人兴趣暂时搁置，将注意集中于群体空间。因而，在图 7-2B 中技术供给作用的结果更多地体现为信息流通。**信息流通**，指信息在共享事务空间内的高效流通，集体信息处理的有效进行，使群体认知活动得以实现。集体注意力使内部协调得以作用于群体空间中，促进信息在个体空间和群体空间的有序流通。有效信息交互总量的增加，体现了认知资源的合理利用。与此同时，个体空间退居于合作背景中，当需要进行个体空间与群体空间之间的有效信息交互时才会显现。此外，从个体空间发出的信息是有序的，是依照群体规则来进行的，围绕个体兴趣的邻近个体空间交互较少发生。

在对图 7-2A 和图 7-2B 进行解释之后，再来看外部脚本如何通过信息交互作用于合作探究。图 7-2C 和图 7-2D 分别代表增加了外部脚本的图 7-2A 和图 7-2B。在图 7-2C 中，外部脚本促进了个体空间向群体空间的信息传递。但这种信息传递的结果，往往是信息滞留或邻近空间的信息交互。首先是信息滞留这一结果。当个体通过外部脚本意识到小组任务时，增加了从个体空间向群体空间的信息传递。但其他成员仍聚焦于自身的个体空间中，传递到群体空间的信息又回到个体空间中。个体空间向群体空间信息传递的增加，不但没有促进有效的信息交互，反而使得这部分认知资源被浪费了。认知资源是有限的，外部脚本增进了信息滞留，也使本应投入到集体信息处理的认知资源减少了，因而对合作效果有负面作用。另一个结果是邻近空间的信息交互。邻近个体空间的信息交互增多了，对于个体而言合作体验变好了，但这种信息交互更多地围绕个体兴趣。可见，图 7-2C 中的外部脚本虽然提升了合作氛围，但群体中有效的信息交互却未实现。近邻空间的密切交互并不能带来更好的合作成效。而对于图 7-2D，外部脚本则通过提高任务意识，促进了信息在个体空间和群体空间内的有序流通与高效交互。与此同时，群体规则和内部协调对个体空间与群体空间的促进作用增强，使共享事务空间中的集体信息处理更为有效。可以看到，在应用通用型外部脚本时，信息源的总量和所处空间会使个体与群体对外部脚本有不同的适应性。适应性随时间变化而变化，进而表现为外部脚本对合作效果促进程度的变化。总的来说，不同的适应性本质上还是作用于信息交互，从而表现出不同的合作效果。

需要指出的是，图 7-2 反映的是合作探究中信息交互受技术供给影响的典型特征。图 7-2A 与图 7-2C 和图 7-2B 与图 7-2D 都存在有效的信息交互，以形成群体认知来完成探究任务。但并不是所有的技术供给都能够形成良好的约束条件，以促进有效信息交互的总量的提升。有效信息交互的总量不同，使得合作成效有所不同。此外，技术供给的具体设置，尤其是虚拟教具的供给比例，在本小节中由个体空间和群体空间中的信息源来代指。这样做的目的，是更好地从信息交互的角度来看待合作探究，并且能够从更一般化的角度来看待技术供给之于合作探究的作用。从这个意义上来说，正是因为有技术供给的具体设置，才能够让研究者关注到协调模式、具身参与背后所反映的信息交互。

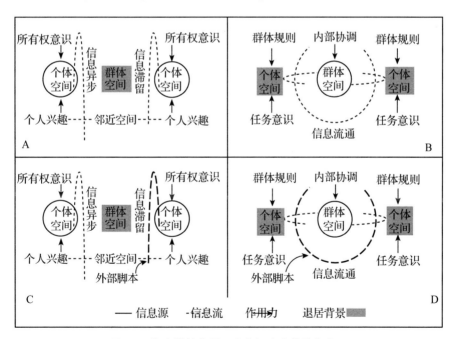

图 7-2 技术供给作用下合作探究中的信息交互

综上，本小节探讨了个体认知与群体认知在信息交互过程中的动态演化，揭示了技术供给作用下的群体认知协调规律。通过对信息源和信息流的分析与讨论，本研究进一步证实了信息交互是影响合作探究的根本原因。在本研究中，技术供给的不同带来了不同的小组协调模式，但协调模式并不都是有效的。合理的资源配置有助于实现有效的信息交互，进而提高合作效果。具身认知不仅重视身体及其经验在认知过程中的作用，而且强调认知是嵌入在小组交互中的。但仅仅关注认知是如何发生的、在哪儿发生的还不够。学习是有机体中导向持久性改变的过程（R. M. 加涅，W. W. 韦杰，K. C. 戈勒斯等，2007，p. 5）。通过合理的技术供给，在合作探究中实现有效的信息交互，认知才能完成它的最终使命——有意义学习的发生。

第三节　研究创新与不足

一、研究创新点与价值

（一）理论层面

1. 检验具身认知理论对合作学习的解释作用

具身认知理论强调身体及其经验对认知的作用，前人研究大多以学习者个体为研究对象来关注具身认知的理论应用（例如，Price，Roussos，Falcão et al.，2009；Black，2010；Koning & Tabbers，2011；Abrahamson & Lindgren，2014；Flood，2018）。具身认知领域对合作学习的关注尚停留在对个体和群体关系的讨论层面（Stahl，2014），缺乏实证研究对合作过程中身体及其经验认知作用的阐释，也尚未结合交互过程对个体与群体认知进行深入分析。具身认知关注人与技术的供给关系，本研究通过分析技术供给对合作探究的影响，来探讨具身认知对合作学习的解释作用。研究描绘了技术供给如何通过作用于个体意识和主体间的互动来影响合作效果，而个体意识和主体间的互动正是通过技术使用过程中的具身经验和知觉行动来体现的。研究还结合认知资源分配、分布式认知系统、群体交互记忆系统对不同虚拟教具供给比例下的群体认知进行了分析。通过对合作探究过程性特征的实证分析，研究验证了具身认知相关观点对合作探究情境的解释作用，从实践层面加强了具身认知与合作学习的联系。

2. 借助技术供给探讨合作探究中的小组协调模式

纽厄尔（Newell，1996）提出的行动约束下的协调模式，是指个体在环境、任务、生物体的约束下感知可供性，通过知觉—行动循环实现自身对外部世界的适应。本研究对该模型的应用创新体现在将小组看成一个有机整体，关注技术供给所代表环境、任务约束对合作探究的影响。以往学者在研究技术作用下的小组互动过程时，尤其是研究面对面的合作学习时，大多关注小组成员之间互动的频次或类型（Lin，Wong，& Shao，2012；Olympiou & Zacharia，2018），并未结合互动内容进行深入分析，也尚未关注互动背后的社会文化因素以及个体和群体认知的协调参与。技术供给的具体设置，丰富了研究对互动过程的分析视角。通过关注不同技术供给情境下小组的角色互动和行为模式，研究者从时间维度上对角色转换与交互进行了分析，还结合具体会话内容对行为转换背后的群体认知协调进行了探讨。

具体而言，虚拟教具的供给比例会影响个体的角色定位和物质所有权意识，进而影响个体探究兴趣能否妥协于小组探究任务；外部脚本通过合作氛围和任务意识来影响协调模式，但外部脚本能否起到正向促进作用，还主要受到虚拟教具作用下的集体注意力的影响。通过差异化技术供给，研究揭示了个体意识、话语地位、群体规则、集体注意力、共享事务空间等元素对小组认知协调的重要作用和元素间的相互作用机制。这些元素及元素间的相互作用，能够为解释其他技术供给情境中小组的认知与行动提供参考。可供迁移的情境不仅包括有关资源配置设计问题的面对面合作，而且可以包括在线合作情境。例如，当小组成员完全通过信息技术来实现共享事务空间时，所遇到的个体分布式操作和集体注意力形成等问题。

3. 从信息交互探讨技术供给作用于合作探究的本质规律

前人关于虚拟教具在合作探究中的应用研究大多关注单一科学探究内容（例如，Olympiou & Zacharia，2012；Yuan，Lee，& Wang，2010；

Wang & Tseng，2018)，且大部分研究仅停留在对学习成效的结果对比层面（例如，Zacharia & Michael，2016；Ha & Fang，2017；Kapici，Ak-cay，& de Jong，2019)，却很少关注学生在探究过程的具体交互行为，也未将交互过程与学习成效建立联系。技术对于科学合作探究，不仅是学习资源和过程支持，更是小组成员之间围绕实验现象进行信息交互与知识建构的认知工具。本研究综合运用多个探究主题的实证数据，对技术供给产生的差异化结果和过程进行连续性解读，从小组互动所反映出的行为与认知特征对合作效果的产生进行原因分析。基于科学合作探究特征，本研究从信息交互的角度探讨了技术供给作用于合作探究的本质规律，具体阐述了资源有限条件下的信息流通、资源充足条件下信息滞留和信息异步在合作探究中的表现形式，以及相应情境下的从个体空间到群体空间的认知规律。这些研究发现，能够从信息交互和群体认知的角度，为此后关于技术设计之于合作成效和感知体验的相关研究提供参考。此外，信息交互中信息滞留与信息异步等相关规律不仅可以用于面对面情境，也可以迁移至在线合作学习的研究情境。

4. 基于面对面小组互动建构行动引导的合作探究编码体系

具身认知强调人在环境中主动发起的行动，以及行动所带来的知觉对接下来行动的影响。在实际研究中，研究者难以从视频分析中捕捉并呈现学生的知觉，因而本研究提出了以"行动"来提炼"行为"的操作方式，通过小组中成员之间行动的连贯性、即时性间接地反映出知觉—行动循环在合作探究中的快速更迭。研究者（Wang，Fang，& Gu，2020）基于其他研究（Gunawardena，Lowe，& Anderson，1997；Hou & Wu，2011）设计的"动词引导的同步互动"编码表，较为符合本研究对合作过程中行动的关注，但该编码表仅适用于在线合作学习情境，且缺乏对探究学习特征的关注。因此，本研究在对学生面对面合作探究中的具体行动进行分析后，结合前人研究对探究学习阶段的梳理和相关编码表，设计了行动引导的合作探究编码体系。编码体系以学生发起的"行动"类型为指标，强调了互动过程中的合作探究特征。进一步地，研究还通过对行动的内容分析和滞后序列分析得出小组的行为模式，验证了编码体系在面对面合作探究情境中的适用性。

5. 发掘并具体化合作探究中具身参与的体现形式

具身参与如何在主体间互动中体现，技术又在何种程度上促进合作学习中具身交互，尚未得到具身认知领域的深入探讨。本研究梳理了具身认知领域中身体及其经验对认知的作用，在此基础上通过基于移动设备的虚拟教具发掘具身参与在合作中的体现形式。触控平板电脑涉及可触控的虚拟操作，其知觉和交互上的丰富性能带来更多任务相关认知行为和灵活的面对面的交互行为。此外，基于移动设备的虚拟教具，能够从教学模拟和言伴手势等方面发掘具身交互理念在日常学习环境中的体现形式。通过对合作视频进行分析，本研究将具身参与的体现形式归为四类：在线行动、离线认知、认知卸载、经验调取。通过将具身参与各维度进行概念化和实例化，细化了身体及其经验在日常学习情境中的体现形式。结合虚拟教具的在场特征和学生的认知发展阶段，本研究还对合作探究中具身参与认知网络进行了差异分析，丰富了具身认知在科学合作探究中的理论应用。

（二）方法层面

本研究在纵向混合的研究范式下，通过对教育准实验和认知民族志两种研究方法的混合应用，来关注技术供给对长期合作小组探究活动的影响，体现了研究方法整合的创新。前人关于虚拟教具在合作探究中的应用研究大多关注单一科学探究内容（例如，Olympiou & Zacharia，2012；Yuan，Lee，& Wang，2010；Wang & Tseng，2018），研究结果可能会受到探究内容独特性的影响而不具备普遍性。本研究从多轮实验中的多个时间点进行数据采集，有助于形成对研究资料的发展性解读，更能够从多个科学探究主题上得出一般性规律，有助于提升研究效度。本研究所设计的三因素混合设计的重复测量实验，在方法和范式上更偏向于传统的心理学。认知民族志则主张采用质性的数据来分析人的行为与认知，是质性研究方法在心理学中的应用（Kaur，2018），有助于从具身认知视角对合作探究进行探讨。本研究在认知民族志研究方法方面的创新体现在以下的数据分析方法的整合运用。

首先，本研究将视频辅助的多模态会话分析和行为转换分析进行定性与定量的结合，体现了数据分析方法运用的创新性。行为转换分析多用于在线学习情境下基于文本的合作互动研究（Hou & Wu，2011；Lan，Tsai，Yang et al.，2012；Zhang，Liu，Chen et al.，2017；Wang，Ma，& Wu，2020），少有研究使用该方法对视频数据进行分析。"行动引导的合作探究编码表"的设计与开发，细化了合作探究中"行动"在视频数据中的体现形式与维度。本研究通过小组行为模式的建构，验证了编码表和数据分析方法的适用性，能够为未来研究，尤其是关注科学合作探究互动过程的相关研究，提供研究工具与方法上的参考。行动转换分析的运用有助于提炼小组行为模式，多模态会话分析则能够深入互动过程，为行为模式提供解释依据。

其次，对于小组互动在面对面课堂中的表现形式，前人研究主要采用观察法描述成员之间相互交流的情况（Lin，Wang，& Shao，2012），或者仅从互动类型的时长分布进行描述分析（Olympiou & Zacharia，2018）。本研究则通过收集学生自我报告和合作视频，基于更为丰富、全面的分析资料对小组互动进行解读，弥补了前人研究中对小组互动过程分析不够深入的局限。本研究还提出了行动导向成分这一指标，并结合网络密度共同描述小组在技术供给下所形成的小组结构。通过内容分析、社会网络分析方法的综合运用，本研究对社会化互动所体现的角色协调进行了分析，体现了数据分析方法的创新运用。

最后，本研究采用认知网络分析（又被称为量化民族志）的数据分析方法对合作探究中的具身参与进行分析。在认知框架中对合作探究维度和具身参与维度中认知元素的建构，能够为相关研究提供资料分析的研究工具。对小组探究中所体现的具身参与进行认知网络建模和比较分析，能够反映邻近时间的上下文中小组的整体认知参与。本研究在行为转换分析的基础上，对认知网络分析的应用进一步拓展了具身认知领域对视频资料的解读方式。总的来说，提出编码框架并对视频定性资料进行量化处理与分析，综合体现了本研究对研究资料梳理和分析上的创新，能够为相关研究提供方法上的参考。

（三）实践层面

实验探究活动是科学教育中的重要教学方法，通过教具的上手活动，有助于促进学生对科学概念的理解。对于教具在合作学习中的应用，前人研究仅从学习成效的角度进行了分析，较少关注教具使用过程中的小组交互与认知参与（例如，Marshall & Young，2006；Zacharia & Olympiou，2011；Kapici，Akcay，& de Jong，2019）。对互动过程的分析与理解，能够揭示技术供给对合作效果产生影响的本质原因，有助于从信息交互的过程性视角，优化科学合作探究中的技术设计。对于科学合作探究，技术设计既包括资源的设计，也包括关于合作学习支持和引导的设计。本研究从合作效果和互动过程关注科学合作探究中的技术供给，多轮合作探究活动则能够从发展变化的角度来分析技术供给的交互效应。总的来说，本研究在实践层面的研究贡献体现在，从学习技术相关的资源配置、方法策略、认知发展等方面，为真实教学情境合作探究学习提供设计参考。下面结合研究结论提出在科学合作探究中使用基于移动设备的虚拟教具的实践建议。

首先，虚拟教具供给比例应结合探究任务和学生合作技能设计。在合作探究活动中应用基于移动设备的虚拟教具，涉及资源分配和使用的实际问题。对于观察理解这类探究难度相对低一些的任务，小组共同使用同一台虚拟教具，有助于对知识概念的理解和共识的达成；对于问题解决这类探究难度相对高一些的任务，小组成员各自操作虚拟教具可能会得到更多的问题解决方案，但在实际过程中学生会因个人兴趣而忽视小组目标，往往没能体现出多种解决方案的优势。归根结底，这还是合作技能与技术供给相适应的问题。因此，在日常教学中教师应加强对学生合作技能和团队意识的培养，并结合学生实际合作能力和探究任务类型，灵活地进行教学资源配置及相应的学习环境设计。

其次，外部脚本需要根据任务类型、资源配置及合作经验进行调整。基于移动设备的虚拟教具被证明能够用于真实科学课堂的合作探究活动中。在应用过程中除了需要考虑供给比例的设计外，外部脚本的设计对促进有效的信息交互同样重要。对于不同类型的探究任务，教师应给予不同类型或程度的外部脚本。例如，根据小组现有资源为其提供资源使用和任务分配的指导。对于面对面合作学习的外部脚本，不仅要关注知识获取方面的引导，还要重视有关信息传递和交流协商有效性的过程建议。对于长期合作的小组，教师为学生提供外部脚本时，应结合学生对资源配置和外部脚本的适应性，适当调整外部脚本的内容，为学生提供更好的过程支持，同时也应考虑适当地减少外部脚本的内容来降低学生在应用外部脚本时的认知负荷。

最后，科学教育应重视学生的社会化技能和具身参与。科学教育能够从科学素养、科学思维与方法方面对学生进行培养。本研究关注了真实情境下长期合作小组在技术供给作用下的多轮探究实践活动。研究发现，科学教育不仅需要重视科学概念，更需要关注学生在合作过程中的责任意识、合作技能、问题解决等社会技能。身体及其经验在科学教育中，不仅能够促进学生对概念的理解，更能够通过对技术的合理利用，使技术成为小组内部的互动资源，促进小组的合作共享和社会化发展。总的来说，科学教育应重视通过技术设计更好地发展学生的合作技能，进而从长远的角度来培养学生的社会化能力。

二、研究局限性与不足

教育准实验应尽可能地在真实教学情境下控制实验因素，使研究结果较容易与现实情况相联系。为探究真实科学课堂中技术供给对合作探究的影响，本研究的研究对象来自实验学校的四个班级。四个班级的学生在科学课堂中原本就归属于某一个长期的、异质的、具有稳定合作关系的小组，即长期合作的小组。本研究仅关注了小组内部的社会文化因素，班级的氛围、风格等社会文化因素并未被研究所探讨。教室本身是一个社会系统（大卫·约翰逊和罗杰·约翰逊，2004，p. 181），在合作过程中，其他小组的表现或多或少会影响到小组成员的内部互动。尽管本研究通过期末成绩和综合前测，证明了四个班级在学业水平上无显著性差异，相应测试题和量表的信效度分析也能够反映教育准实验部分的研究效度，但班级的社会文化因素仍然可能会对小组互动产生影响。

对于移动学习的小组规模，前人研究指以 4 人为一组是最理想的（Fu & Hwang，2018）。由于本研究的对象属于长期合作的小组，小组人数为 5~6 人，研究者通过对合作视频进行分析，可以发现这样的小组规模会使得一部分学生主动或被动地处于边缘位置。但相比于采用 4 人小组的研究（Lin，Wong，& Shao，2012），多人小组成员间的交互所形成的社会网络更具有多样性，进而促使了本研究采用网络密度和成分来对小组结构进行分析。这种真实的小组互动，也促使本研究对角色互动中的个人意识和群体规则的权衡进行了思考。与此同时，在真实情境下进行教育准实验研究，因不可控因素而引起的实验对象流失与再加入是难以避免的。例如，部分学生未参与光的折射探究活动，这增加了本研究关于角色在多轮实验中转换特征的分析难度。在真实情境的教学中，实验对象的缺席或重新加入，也会对小组合作过程及相应的合作效果产生影响。

　　本研究的研究对象处于基础教育阶段，对于反思报告中的开放式问题，存在回答简短的现象。在反思报告中，本研究还对合作改进情况进行了调查，但该部分的填答质量较低，因而未被本研究纳入资料分析中。开放式问题的填写质量在相关研究中也有体现（汪琼，欧阳嘉煜，范逸洲，2019）。为弥补此类研究局限，研究者需要结合视频、实验单等结果进行相关信息的补充。此外，在对录制组合作过程视频进行行为模式分析时，由于数据分析方法的规则，行动数量需要达到一定的标准，因此本研究需使用三轮实验总的行动编码来建立录制组的行为模式，未能从时序上对行为模式的变化展开讨论。为弥补这一研究局限，本研究结合了视频辅助的多模态会话分析，从录制组多轮实验的会话内容中，寻找技术供给在时序上作用于学习成效的解释依据。并且，具身参与的认知网络分析，也能够从作用力的视角分析技术供给在时序上对认知网络质心的影响。

第四节　研究展望

一、供给置换对小组协调模式的影响

　　本研究通过三轮探究活动，从结果和过程层面对技术供给对合作探究的影响进行了探讨。虚拟教具的供给比例和外部脚本的提供与否，作为本研究的预设自变量——技术供给，对三轮探究实验中的合作探究产

生了时序上的影响。通过三轮探究实验，本研究发现经过技术供给在三轮探究实验中对小组的作用，小组在一定程度上形成了对技术供给的适应，尤其是对于虚拟教具的供给比例，小组在资源分配和任务协调上达成了某种共识。常见的教育准实验类型除了包含本研究的非等组后测设计之外，还包括轮组实验设计。轮组实验设计指将实验组和对照组的控制条件进行对换开展实验（Shadiev，Hwang，Huang et al.，2015），在移动学习领域仅有少部分研究采用了轮组实验设计（王辞晓，董倩，吴峰，2018）。轮组实验设计能够抵消班级层面社会文化等因素对研究结果的干扰，也能够对实验条件总的效应进行比较分析。为保证时序邻近上的实验效度，本研究在光的折射、简单电路、电磁感应三轮探究实验之后，还以摩擦起电为探究主题，对实验对象进行了轮组实验——供给置换。供给置换，指将原本为 1∶1 条件下的小组，变换为 1∶m 条件，同时，原本为 1∶m 条件下的小组，变换为 1∶1 条件。一方面，供给置换的设计能够进一步验证技术供给对合作探究的影响；另一方面，小组对技术供给的适应与相应协调模式的发展，能否迁移到新的供给置换后的情境，也是未来研究中值得关注的。知识内容在新情境中的应用涉及学习迁移，小组对技术供给的适应在新情境中的迁移，或者说小组如何协调以适应新情境，也值得进一步探讨。改变对合作探究的技术供给，探究学习者在约束变化的新情境中，资源协调、任务分配、角色发展是如何变化的，外部脚本在新情境中如何与小组内部脚本相适应或排斥，是未来研究可以继续发掘的。

二、具身参与的个体迁移与认知互赖

具身认知强调身体及其经验在学习与认知过程中的作用，本研究探讨了具身参与在科学合作探究活动中的体现形式。受技术供给尤其是虚拟教具供给比例的影响，小组具身参与中在线行动、离线认知、认知卸载、经验调取各认知元素的体现有所差异。尤其是在线行动与离线认知的差异主要受共享注意力和群体信息交换的影响。合作学习最终的落脚点仍是个体对知识与技能的习得。在小组合作中，在线行动与离线认知等具身参与对个体知识理解上有怎样的作用，离线认知所涉及的从依赖外部资源到依赖内部资源的转化，对个体的记忆保持和知识迁移会有怎样的作用，是未来研究可以继续关注的。在合作学习中，认知互赖指个体的贡献取决于其他人的贡献（Theiner，2014，p. 351）。本研究关注了小组中成员之间进行信息交互时的共同知识建构，而未来研究中则可以关注具身参与的认知互赖。比如，在本研究中，光的折射探究主题下，某个小组发生了这样的对话："对，他们都是同一种物质在走。""同一种物质直接融合成，融合了，融合就成一个了。"前一位学生用"走"来描述光线在同一种物质中的路径，而后一位同学则可能受前者启发，使用"融合"来描述在虚拟教具中上、下介质是同一种物质时的状态。日常生活中的感知觉经验有助于我们形成对科学现象的理解（Flood，2018）。经验调取在合作过程中是否或者在何种程度上影响认知互赖，即身体及其经验如何在小组成员的交互过程中相互激活，是未来研究可以讨论的。此外，前人研究结合认知语言学对动词在具身认知、在科学概念学习中的作用进行了分析（Barrios，2014），因此，对学生在学习过程中的言语信息进行重点分析，能够继续探讨具身参与的体现形式。

三、在线合作中共享事务空间的形成

个体能够通过技术实现知觉的延伸，所发生的场域正是我们的生活世界（唐·伊德，2012，pp. 60-61）。在合作过程中，具身知觉的获得受到技术供给的影响，进而会影响个体在群体中的身份意识和人际视角。在本研究所设置的面对面学习情境中，在 1∶1 条件下，因学生对技术的所有权意识，使得成员间更多地用"你""你们"第二人称来进行表达，而 1∶m 条件下的小组则常使用"咱们""我们"这样的第一人称。具身知觉所带来的身份意识和角色视角也能够在技术支持的在线合作学习中有所体现。例如，小组成员通过电脑对某一任务进行集体执行时，如共同编写一个程序，程序为团队提供了一个共享的第三人称视角，使得小组成员能够从程序的"内部"被赋予一个新的看待问题的视角（Lee，2014，p. 146）。可见，技术具身对于学习的促进作用，不仅体现在概念理解和内容解读上，而且体现在个体以何种身份进入学习情境中。此外，在线合作环境中，个体既能够通过技术形成对虚拟空间的感知，也能够凭借想象能力和学习支持在虚拟空间中与他人进行互动，在互动的过程中获得在场的体验。不同在线学习模式中学习者的学习动机存在差异，学习动机会影响学习者的学习成效（吴峰，王辞晓，2016），在线学习模式的不同之处体现在活动设计、交互类型与学习支持等方面。在线合作情境中，小组成员需要完全地借助信息技术来实现共享事务空间的形成，学习活动与相应的技术供给应如何相适配，才能够使学生获得更好的在场体验并形成集体注意力，而不是在"看不见的"个体空间中游荡；学习支持应如何设计才能够促进具身知觉的获得，进而使小组成员能够形成良好的合作氛围和共建意识，均是未来研究可以继续探讨的。

参考文献

Abrahamson, D. (2009). Embodied design: constructing means for constructing meaning. *Educational Studies in Mathematics*, 70 (1), 27-47.

Abrahamson, D. (2012). Rethinking intensive quantities via guided mediated abduction. *Journal of the Learning Sciences*, 21 (4), 626-649.

Abrahamson, D. (2014). Building educational activities for understanding: An elaboration on the embodied-design framework and its epistemic grounds. *International Journal of Child-Computer Interaction*, 2 (1), 1-16.

Abrahamson, D., & Sánchez-García, R. (2016). Learning is moving in new ways: The ecological dynamics of mathematics education. *Journal of the Learning Sciences*, 25 (2), 203-239.

Abrahamson, D., Sánchez-García, R., & Smyth, C. (2016). Metaphors are projected constraints on action: an ecological dynamics view on learning across the Disciplines. In C. K. Looi, J. L. Polman, U. Cress & P. Reimann (Eds.), *"Transforming learning, empowering learners," Proceedings of the International Conference of the Learning Sciences (ICLS 2016)* (Vol. 1, pp. 314-321). Singapore: International Society of the Learning Sciences.

Abrahamson, D., & Lindgren, R. (2014). Embodiment and embodied design. In R. K. Sawyer (Ed.), *The Cambridge handbook of the learning sciences* (2nd ed.) (pp. 358-376). Cambridge, UK: Cambridge University Press.

Abrahamson, D., & Trninic, D. (2015). Bringing forth mathematical concepts: signifying sensorimotor enactment in fields of promoted action. *ZDM*, 47 (2), 295-306.

Alibali, M. W., & Nathan, M. J. (2012). Embodiment in Mathematics Teaching and Learning: Evidence from Learners' and Teachers' Gestures. *Journal of the*

Learning Sciences, 21 (2), 247-286.

Alrasheedi, M. , & Capretz, L. F. (2015). Determination of critical success factors affecting mobile learning: A meta-analysis approach. *Turkish Online Journal of Educational Technology*, 14 (2), 41-51.

Anderson, R. C. (2018). Creative engagement: Embodied metaphor, the affective brain, and meaningful learning: Creative engagement. *Mind, Brain, and Education*, 12 (2), 72-81.

Antle, A. N. (2013). Exploring how children use their hands to think: An embodied interactional analysis. *Behaviour & Information Technology*, 32 (9), 938-954.

Antle, A. N. (2014). Scratching the surface: Opportunities and challenges from designing interactive table tops for learning. In V. R. Lee (Ed.), *Learning technologies and the body: Integration and implementation in formal and informal learning environments* (pp. 55-73). New York: Routledge.

Azizzadeh, L. , & Damasio, A. (2008). Embodied semantics for actions: Findings from functional brain imaging. *Journal of Physiology Paris*, 102 (1-3), 35-39.

Bakeman, R. , & Gottman, J. M. (1997). *Observing interaction: An introduction to sequential analysis* (2nd ed.). Cambridge: Cambridge university press.

Banchi, H. , & Bell, R. (2008). The many levels of inquiry. *Science and children*, 2 (46), 26-29.

Barrios, I. E. (2014). *Embodied experiences for science learning: A cognitive linguistics exploration of middle school students' language in learning about water.* (Doctoral dissertation, The University of Arizona).

Barsalou, L. W. , Simmons, W. K. , Barbey, A. K. , & Wilson, C. D. (2003). Grounding conceptual knowledge in modality-specific systems. *Trends in cognitive sciences*, 7 (2), 84-91.

Barsalou, L. (1999). Perceptions of perceptual symbols. *Behavioral and Brain Sciences*, 22 (4), 637-660.

Belbin, R. (1997). *Management teams*. New York: Wiley.

Bell, T. , Urhahne, D. , Schanze, S. , & Ploetzner, R. (2010). Collaborative inquiry learning: Models, tools, and challenges. *International Journal of Science*, 32 (3), 349-377.

Biddle, B. J. (1986). Recent developments in role theory. *Annual Review of Sociology*, 12, 67-92.

Black, J. B. (2010). An embodied/grounded cognition perspective on educational technology. In M. S. Khine and I. Saleh (Eds.). *New science of learning: Cognition, Computers and Collaboration in Education* (pp. 45-52). Berlin: Springer Science & Business Media.

Blumenfeld, P., Kempler, T., & Krajcik, J. (2006). Motivation and cognitive engagement in learning environments. In *The Cambridge handbook of the learning sciences* (pp. 475-488). Cambridge: Cambridge University Press.

Bouck, E. C., & Flanagan, S. M. (2009). Virtual manipulatives. *Intervention in School and Clinic*, 45 (3), 186-191.

Branon, R. F., & Essex, C. (2001). Synchronous and asynchronous communication tools in distance education. *TechTrends*, 45 (1), 36-42.

Bratfisch, O. (1972). Perceived item-difficulty in three tests of intellectual performance capacity. *Difficulty Level*, 1-16.

Braun, V., & Clarke, V. (2006). Using thematic analysis in psychology. *Qualitative Research in Psychology*, 3 (2), 77-101.

Brucker, B., Ehlis, A., Häußinger, F. B., Fallgatter, A. J., & Gerjets, P. (2015). Watching corresponding gestures facilitates learning with animations by activating human mirror-neurons: An fNIRS study. *Learning and Instruction*, 36, 27-37.

Cáceres, M., Nussbaum, M., Marroquín, M., Gleisner, S., & Marquínez, J. T. (2018). Building arguments: Key to collaborative scaffolding. *Interactive Learning Environments*, 26 (3), 355-371.

Cesareni, D., Cacciamani, S., & Fujita, N. (2016). Role taking and knowledge building in a blended university course. *International Journal of Computer-supported Collaborative Learning*, 11, 9-39.

Chang, C., Shih, J. L., & Chang, C. K. (2017). A mobile instructional pervasive game method for language learning. *Universal Access in the Information Society*, 16, 1-13.

Chang, Y. S., Chien, Y. H., Yu, K. C., Lin, H. C., & Chen, Y. C. (2016). Students' innovative environmental perceptions and creative performances in cloud-based m-learning. *Computers in Human Behavior*, 63, 988-994.

Chemero, A. (2009). *Radical embodied cognitive science*. Cambridge: MIT press.

Choi, H., van Merriënboer, J. J. G., & Paas, F. (2014). Effects of the Physical Environment on Cognitive Load and Learning: Towards a New Model of Cognitive Load. *Educational Psychology Review*, 26 (2), 225-244.

Chu, H. C. , Hwang, G. J. , Tsai, C. C. , & Tseng, J. C. R. (2010) . A two-tier test approach to developing location-aware mobile learning systems for natural science courses. *Computers & Education*, 55 (4), 1618-1627.

Chu, M. , Meyer, A. , Foulkes, L. , & Kita, S. (2014) . Individual differences in frequency and saliency of speech-accompanying gestures: The role of cognitive abilities and empathy. *Journal of Experimental Psychology: General*, 143 (2), 694-709.

Clark, A. (2005) . Beyond the flesh: Some lessons from a mole cricket. *Artificial Life*, 11 (1-2), 233-244.

Clark, A. (2008) . *Supersizing the mind: Embodiment, action, and cognitive extension.* New York: Oxford University Press.

Clark, J. M. , & Paivio, A. (1991) . Dual coding theory and education. *Educational Psychology Review*, 3 (3), 149-210.

Clark, R. E. (1999) . Yin and yang cognitive motivational processes operating in multimedia learning environments. *Cognition and multimedia design*, 73-107.

Cohen, E. G. (1994) . Restructuring the classroom: Conditions for productive small groups. *Review of Educational Research*, 60 (1), 1-35.

Cohen, J. (1988) . *Statistical power analysis for the behavioral sciences* (2nd ed.) . Hillsdale, NJ: Lawrence Erlbaum Associates, Publishers.

Crompton, H. , Burke, D. , Gregory, K. H. , & Gräbe, C. (2016) . The use of mobile learning in science: A systematic review. *Journal of Science Education and Technology*, 25 (2), 149-160.

Crompton, H. , Burke, D. , & Gregory, K. H. (2017) . The use of mobile learning in PK-12 education: A systematic review. *Computers & Education*, 110, 51-63.

Csikszentmihalyi, M. (2014) . Toward a psychology of optimal experience. In *Flow and the foundations of positive psychology* (pp. 209-226) . New York: Springer Publishing.

Danish, J. A. , Enyedy, N. , Saleh, A. , & Humburg, M. (2020) . Learning in embodied activity framework: A sociocultural framework for embodied cognition. *International Journal of Computer-Supported Collaborative Learning*, 15 (1), 49-87.

De Jong, T. , Linn, M. C. , & Zacharia, Z. C. (2013) . Physical and virtual laboratories in science and engineering education. *Science*, 340, 305-308.

De Wever, B. , Van Keer, H. , Schellens, T. , & Valcke, M. (2010) . Roles as a structuring tool in online discussion groups: The differential impact of different roles on social knowledge construction. *Computers in Human Behavior*, 26 (4), 516-523.

Dillenbourg, P. , & Jermann, P. (2007) . Designing integrative scripts. In F. Fisher, I. Kollar, H. Mandl, & J. M. Haake (eds.), *Scripting computer-supported collaborative learning: Cognitive, computational and educational perspectives* (pp. 275-301) . New York: Springer.

Dillenbourg, P. , & Evans, M. (2011) Interactive tabletops in education. *International Journal of Computer-Supported Collaborative Learning*, 6, 491-514.

Dubbels, B. (2011) . Cognitive ethnography: A methodology for measure and analysis of learning for game studies. *International Journal of Gaming and Computer-Mediated Simulations*, 3 (1), 68-78.

Duijzer, C. A. C. G. , Shayan, S. , Bakker, A. , Van der Schaaf, M. F. , & Abrahamson, D. (2017) . Touch screen tablets: Coordinating action and perception for mathematical cognition. *Frontiers in Psychology*, 8, Article 144.

Dunleavy, M. , Dexter, S. , & Heinecke, W. F. (2007) . What added value does a 1 : 1 student to laptop ratio bring to technology-supported teaching and learning? *Journal of Computer Assisted Learning*, 23 (5), 440-452.

Durán, E. B. , & Amandi, A. (2011) . Personalised collaborative skills for student models. *Interactive Learning Environments*, 19 (2), 143-162.

Fingerhut, J. , & Heimann, K. (2017) . Movies and the mind: On our filmic body. In C. Durt, T. Fuchs & C. Tewes (Eds.), *Embodiment, enaction, and culture: Investigating the constitution of the shared world* (pp. 353-377) . Cambridge: The MIT Press.

Fischer, F. , Kollar, I. , Haake, J. M. , & Mandl, H. (2007) . Perspectives on collaboration scripts. In F. Fisher, I. Kollar, H. Mandl, & J. M. Haake (eds.), *Scripting computer-supported collaborative learning: Cognitive, computational and educational perspectives* (pp. 1-10) . New York: Springer.

Flood, V. J. (2018) . Multimodal revoicing as an interactional mechanism for connecting scientific and everyday concepts. *Human Development*, 61 (3), 145-173.

Fokides, E. , & Mastrokoukou, A. (2018). Results from a study for teaching human body systems to primary school students using tablets. *Contemporary Educational Technology*, 9 (2), 154-170.

Fu, Q. , & Hwang, G. (2018). Trends in mobile technology-supported collaborative learning: A systematic review of journal publications from 2007 to 2016. *Computers & Education*, 119, 129-143.

Fuster, J. (2004). Upper processing stages of the perception-action cycle. *Trends in cognitive sciences*, 8 (4), 143-145.

Gegenfurtner, A. , Veermans, K. , & Vauras, M. (2013). Effects of computer support, collaboration, and time lag on performance self-efficacy and transfer of training: A longitudinal meta-analysis. *Educational Research Review*, 8, 75-89.

Gibbons, A. S. , Mcconkie, M. , Seo, K. K. , & Wiley, D. A. (2009). Simulation approach to instruction. In C. M. Reigeluth & A. A. Carr-Chellman (Eds.), *Instructional-design theories and models*, *volume* Ⅲ: *Building a common knowledge base* (pp. 167-191). New York: Routledge.

Gibson, C. B. , Randel, A. E. , & Earley, P. C. (2000). Understanding Group efficacy: an empirical test of multiple assessment methods. *Group & Organization Management*, 25 (1), 67-97.

Gibson, J. J. (1977). The theory of affordances. In R. E. Shaw & J. Bransford (Eds.), *Perceiving, acting and knowing* (pp. 67-82). Hillsdale: NJ: Erlbaum.

Gibson, J. J. (1979/1986). *The ecological approach to visual perception: classic edition*. USA: Houghton Mifflin Company.

Glenberg, A. M. (2008). Embodiment for education. In C. P & G. A (Eds.), *Handbook of cognitive science: An embodied approach* (pp. 355-372). London: Elsevier Science.

Glenberg, A. M. , Goldberg, A. B. , & Zhu, X. (2011). Improving early reading comprehension using embodied CAI. *Instructional Science*, 39 (1), 27-39.

Glenberg, A. M. , & Robertson, D. A. (2000). Symbol grounding and meaning: A comparison of high-dimensional and embodied theories of meaning. *Journal of memory and language*, 43 (3), 379-401.

Glynn, S. M. , Taasoobshirazi, G. , & Brickman, P. (2009). Science motivation questionnaire: Construct validation with nonscience majors. *Journal of Research in Science Teaching*, 46 (2), 127-146.

Glynn, S. M. , & Koballa, T. R. J. (2006) . Motivation to learn in college science. *In handbook of college science teaching* (pp. 25-32) . Arlington, VA: National Science Teachers Association Press.

Goldman, A. , & Vignemont, F. D. (2009) . Is social cognition embodied? *Trends in Cognitive Sciences*, 13 (4), 154-159.

Gunawardena, C. N. , Lowe, C. A. , & Anderson, T. (1997) . Analysis of a global online debate and the development of an interaction analysis model for examining social construction of knowledge in computer conferencing. *Journal of Educational Computing Research*, 17 (4), 397-431.

Guzzo, R. A. , Yost, P. R. , Campbell, R. J. , & Shea, G. P. (1993) . Potency in groups: Articulating a construct. *British Journal of Social Psychology*, 32 (1), 87-106.

Ha, O. , & Fang, N. (2017) . Interactive Virtual and Physical Manipulatives for Improving Students' Spatial Skills. *Journal of Educational Computing Research*, 55 (8), 1088-1110.

Hatfield, G. (2014) . Cognition. In L. Shapiro (Eds.), *The Routledge handbook of embodied cognition* (p. 366) . New York: Routledge.

Newen, A. , De Bruin, L. , & Gallagher, S. (Eds.) . (2018) . The Oxford handbook of 4E cognition. Oxford University Press.

Higgins, S. E. , Mercier, E. , Burd, E. , & Hatch, A. (2011) . Multi-touch tables and the relationship with collaborative classroom pedagogies: A synthetic review. *International Journal of Computer-Supported Collaborative Learning*, 6 (4), 515-538.

Hilpert, J. C. , & Marchand, G. C. (2018) . Complex Systems Research in Educational Psychology: Aligning Theory and Method. , 53 (3), 185-202.

Hoffmann, S. , Borges, U. , Bröker, L. , Laborde, S. , Liepelt, R. , & Lobinger, B. H. , et al. (2018) . The psychophysiology of action: A multidisciplinary endeavor for integrating action and cognition. *Frontiers in Psychology*, 9, Article 1423.

Hou, H. , Wang, S. , Lin, P. , & Chang, K. (2015) . Exploring the learner's knowledge construction and cognitive patterns of different asynchronous platforms: comparison of an online discussion forum and Facebook. *Innovations in Education and Teaching International*, 52 (6), 610-620.

Hou, H. , & Wu, S. (2011) . Analyzing the social knowledge construction behavioral patterns of an online synchronous collaborative discussion instructional activity using an instant messaging tool: A case study. *Computers & Education*, 57 (2), 1459-1468.

Hwang, G. J., Yang, L. H., & Wang, S. Y. (2013). A concept map-embedded educational computer game for improving students' learning performance in natural science courses. *Computers & Education*, 69, 121-130.

Ibáñez, M. B., Di Serio, Á., Villarán, D., & Kloos, C. D. (2014). Experimenting with electromagnetism using augmented reality: Impact on flow student experience and educational effectiveness. *Computers & Education*, 71 (2), 1-13.

Jackson, S. A., & Marsh, H. (1996). Development and validation of a scale to measure optimal experience: the Flow State Scale. *Journal of Sport & Exercise Psychology*, 18 (1), 17-35.

Jefferson, G. (2004). Glossary of transcript symbols with an introduction. In G. H. Lerner (Ed.), *Conversation Analysis: Studies from the First Generation* (pp. 13-31). Amsterdam: Benjamins.

Jeong, H., & Hmelo-Silver, C. E. (2016). Seven affordances of computer-supported collaborative learning: How to support collaborative learning? How can technologies help? *Educational Psychologist*, 51 (2), 247-265.

Johnson, D. W., Johnson, R. T., & Smith, K. (2007). The state of cooperative learning in postsecondary and professional settings. *Educational Psychology Review*, 19 (1), 15-29.

Johnson, D. W., & Johnson, R. T. (1987). *Learning together and alone: Cooperative, competitive, and individualistic learning* (2nd ed.). NJ: Prentice-Hall Inc.

Johnson, D. W., & Johnson, R. T. (1999). Making cooperative learning work. *Theory Into Practice*, 38 (2), 67-73.

Kalyuga, S. (2013). Enhancing transfer by learning generalized domain knowledge structures. *European Journal of Psychology of Education*, 28 (4), 1477-1493.

Kapici, H. O., Akcay, H., & de Jong, T. (2019). Using hands-on and virtual laboratories alone or together — Which works better for acquiring knowledge and Skills? *Journal of Science Education and Technology*, 28 (3), 231-250.

Kapur, M., & Bielaczyc, K. (2012). Designing for productive failure. *Journal of the Learning Sciences*, 21 (1), 45-83.

Kaur, G. D. (2018). Situated and distributed cognition in artifact negotiation and trade-specific skills: A cognitive ethnography of Kashmiri carpet weaving practice. *Theory & Psychology*, 28 (4), 451-475.

Khaddage, F., Müller, W., & Flintoff, K. (2016). Advancing mobile learning in formal and informal settings via mobile app technology: Where to from here, and how? *Journal of Educational Technology & Society*, 19 (3), 16-26.

King, A. (2007). Scripting collaborative learning processes: A cognitive perspective. In F. Fisher, I. Kollar, H. Mandl, & J. M. Haake (eds.), *Scripting computer-supported collaborative learning: Cognitive, computational and educational perspectives* (pp. 13-37). New York: Springer.

Kirschner, F., Paas, F., & Kirschner, P. A. (2009a). Individual and group-based learning from complex cognitive tasks: Effects on retention and transfer efficiency. *Computers in Human Behavior*, 25 (2), 306-314.

Kirschner, F., Paas, F., & Kirschner, P. A. (2009b). A cognitive load approach to collaborative learning: United brains for complex tasks. *Educational Psychology Review*, 21 (1), 31-42.

Kirschner, F., Paas, F., & Kirschner, P. A. (2011). Task complexity as a driver for collaborative learning efficiency: The collective working-memory effect. *Applied Cognitive Psychology*, 25 (4), 615-624.

Kirschner, P. A., Sweller, J., Kirschner, F., & Zambrano R., J. (2018). From cognitive load theory to collaborative cognitive load theory. *International Journal of Computer-Supported Collaborative Learning*, 13 (2), 213-233.

Kiverstein, J. (2012). The meaning of embodiment. *Topics in Cognitive Science*, 4 (4), 740-758.

Kiverstein, J., & Clark, A. (2009). Introduction: Mind embodied, embedded, enacted: One church or many? *Topoi*, 28 (1), 1-7.

Klahr, D., Triona, L. M., & Williams, C. (2007). Hands on what? The relative effectiveness of physical versus virtual materials in an engineering design project by middle school children. *Journal of Research in Science Teaching*, 44 (1), 183-203.

Kollar, I., Fischer, F., & Hesse, F. W. (2006). Collaboration scripts: A conceptual analysis. *Educational Psychology Review*, 18 (2), 159-185.

Kollar, I., Fischer, F., & Slotta, J. (2005). *Internal and external collaboration scripts in web-based science learning at schools*. Paper presented at the International

Conference on Computer Supported Collaborative 2005: The next 10 years, Mahwah, NJ.

Koning, B. B. D. , & Tabbers, H. K. (2011). Facilitating understanding of movements in dynamic visualizations: An embodied perspective. *Educational Psychology Review*, 23 (4), 501-521.

Kukulska-Hulme, A. , & Traxler, J. (2007). Designing for mobile and wireless learning. In H. Beetham & R. Sharpe (Eds.), *Rethinking Pedagogy for a Digital Age: Designing and Delivering e-Learning* (pp. 180-192). London: Roultedge.

Lakoff, G. , & Johnson, M. (1980a). The metaphorical structure of the human conceptual system. *Cognitive science*, 4 (2), 195-208.

Lakoff, G. , & Johnson, M. (1980b). *Metaphors we live by*. Chicago: The University of Chicago Press.

Lakoff, G. , & Johnson, M. (1999). *Philosophy in the flesh: The embodied mind and its challenge to western thought* (Vol. 4). New York: Basic books.

Lan, Y. , Tsai, P. , Yang, S. , & Hung, C. (2012). Comparing the social knowledge construction behavioral patterns of problem-based online asynchronous discussion in e/m-learning environments. *Computers & Education*, 59 (4), 1122-1135.

Lazonder, A. W. , & Harmsen, R. (2016). Meta-analysis of inquiry-based learning: Effects of guidance. *Review of Educational Research*, 86 (3), 681-718.

Lee, V. R. (2014). *Learning technologies and the body: Integration and implementation in formal and informal learning environments*. New York: Routledge.

Liaw, S. S. , Hatala, M. , & Huang, H. M. (2010). Investigating acceptance toward mobile learning to assist individual knowledge management: Based on activity theory approach. *Computers & Education*, 54 (2), 446-454.

Lin, C. P. , Wong, L. H. , & Shao, Y. J. (2012). Comparison of 1 : 1 and 1 : m CSCL environment for collaborative concept mapping. *Journal of Computer Assisted Learning*, 28 (2), 99-113.

Lin, N. (1999). Social networks and status attainment. *Annual Review of Sociology*, 25, 467-87.

Lin, Y. T. , & Lin, Y. C. (2016). Effects of mental process integrated nursing training using mobile device on students' cognitive load, learning attitudes, acceptance, and achievements. *Computers in Human Behavior*, 55 (PB), 1213-1221.

Lombardo, T. J. (1987). *The reciprocity of perceiver and environment: The evolution of James J. Gibson's ecological psychology*. Hillsdale: NJ: Erlbaum.

Looi, C. K., Ogata, H., & Wong, L. H. (2010a). Technology transformed learning: going beyond the one-to-one model. In T. Hirashima, A. F. Mohd Ayub, L. Kwok, S. L. Wong, S. C. Kong, & F. Yu (Eds), *Workshop Proceedings of the 18th International Conference on Computers in Education* (pp. 175-176). Putrajaya, Malaysia: Asia-Pacific Society for Computers in Education.

Looi, C. K., Seow, P., Zhang, B. H., So, H. J., Chen, W., & Wong, L. H. (2010b). Leveraging mobile technology for sustainable seamless learning: A research agenda. *British Journal of Educational Technology*, 41 (2), 154-169.

Looi, C. K., Song, Y., Yun, W., & Chen, W. (2013). Identifying pivotal contributions for group progressive inquiry in a multi-modal interaction environment. In D. Suthers, K. Lund, C. Rosé, C. Teplovs & N. Law (Eds.), *Productive multivocality in the analysis of group interactions. Computer-supported collaborative learning series* (Vol. 15, pp. 265-289). Boston: Springer.

Looi, C. K., Zhang, B., Chen, W., Seow, P., Chia, G., & Norris, C., et al. (2011). 1:1 mobile inquiry learning experience for primary science students: A study of learning effectiveness. *Journal of Computer Assisted Learning*, 27 (3), 269-287.

Macedonia, M. (2019). Embodied learning: Why at school the mind needs the body. *Frontiers in Psychology*, 10, Article 2098

Marquart, C. L., Hinojosa, C., Swiecki, Z., Eagan, B., & Shaffer, D. W. (2018). *Epistemic Network Analysis* (Version 1.5.2).

Marshall, J. A., & Young, E. S. (2006). Preservice teachers' theory development in physical and simulated environments. *Journal of Research in Science Teaching*, 43 (9), 907-937.

Martin, T., & Schwartz, D. L. (2005). Physically distributed learning: Adapting and reinterpreting physical environments in the development of fraction concepts. *Cognitive Science*, 29 (4), 587-625.

McNeill, D. (1992). *Hand and mind: What gestures reveal about thought*. Chicago, IL: University of Chicago Press.

Menary, R., & Gillett, A. J. (2016). Embodying culture: Integrated cognitive systems and cultural evolution. In *The routledge handbook of philosophy of the social mind* (pp. 88-103): London: Routledge.

Mende, S., Proske, A., Körndle, H. et al. (2017). Who benefits from a low versus high guidance CSCL script and why? *Instructional Science*, 45, 439-468.

Mesulam, M. M. (1998). From sensation to cognition. *Brain*, 121 (6), 1013-1052.

Min, J., Lin, Y. T., & Tsai, H. C. (2016). Mobile App for motivation to learning: An engineering case. *Interactive Learning Environments*, 24 (8), 2048-2057.

Moyer, P. S. (2001). Are we having fun yet? How teachers use manipulatives to teach mathematics. *Educational Studies in mathematics*, 47 (2), 175-197.

Moyer, P. S., Bolyard, J. J., & Spikell, M. A. (2002). What are virtual manipulatives? *Teaching children mathematics*, 8 (6), 372-377.

Mulet, J., van de Leemput, C., & Amadieu, F. (2019). A critical literature review of perceptions of tablets for learning in primary and secondary schools. *Educational Psychology Review*, 31 (3), 631-662.

Muntanyola-Saura, D., & Sánchez-García, R. (2018). Distributed attention: A cognitive ethnography of instruction in sport settings. *Journal for the Theory of Social Behaviour*, 48 (4), 433-454.

Myers, R. D., & Reigeluth, C. M. (2017). Designing games for learning. In C. M. Reigeluth, B. J. Beatty & R. D. Myers (Eds.), *Instructional-Design Theories and Models*, Volume Ⅳ: *The Learner-Centered Paradigm of Education* (pp. 206-242). London & New York: Routledge.

Newell, A. (1980). Physical symbol systems. *Cognitive science*, 4 (2), 135-183.

Newell, K. M. (1996). Change in movement and skill: Learning, retention, and transfer. In M. L. Latash & M. T. Turvey (Eds.), *Dexterity and its development* (pp. 393-429). Mahwah: NJ: Erlbaum.

Newen, A., De Bruin, L., & Gallagher, S. (2018). *The Oxford handbook of 4E cognition*: Oxford University Press.

Noë, A. (2006). *Action in Perception*. Cambridge: The MIT Press.

Noroozi, O., Weinberger, A., Biemans, H. J. A., Mulder, M., & Chizari, M. (2012). Argumentation-based computer supported collaborative learning (ABCSCL): A synthesis of 15 years of research. *Educational Research Review*, 7 (2), 79-106.

Olympiou, G., & Zacharia, Z. C. (2012). Blending physical and virtual manipulatives: An effort to improve students' conceptual understanding through science laboratory experimentation. *Science Education*, 96 (1), 21-47.

Olympiou, G., & Zacharia, Z. (2018). Examining student' actions while experimenting with a blended combination of physical manipulatives and virtual manipulatives in physics. In T. A. Mikropoulos (Ed.), *Research on e-Learning and ICT in Education* (pp. 257-278) . Cham: Springer International Publishing.

Paas, F. G. (1992) . Training strategies for attaining transfer of problem-Solving skill in statistics: A cognitive-load approach. *Journal of Educational Psychology*, 84 (4), 429-434.

Paas, F. , & van Merriënboer, J. (1994) . Instructional Control of Cognitive Load in the Training of Complex Cognitive Tasks. *Educational Psychology Review*, 6 (4), 351-371.

Paivio, A. (1991) . Dual coding theory: Retrospect and current status. *Canadian journal of psychology*, 45 (3), 255-287.

Plass, J. L. , Homer, B. D. , & Hayward, E. O. (2009) . Design factors for educationally effective animations and simulations. *Journal of Computing in Higher Education*, 21 (1), 31-61.

Pouw, W. T. J. L. , van Gog, T. , & Paas, F. (2014) . An embedded and embodied cognition review of instructional manipulatives. *Educational Psychology Review*, 26 (1), 51-72.

Pozzi, F. (2011) . The impact of scripted roles on online collaborative learning processes. *International Journal of Computer-Supported Collaborative Learning*, 6, 471-484.

Price, S. , Roussos, G. , Falcão, T. P. , & Sheridan, J. G. (2009) . Technology and embodiment: Relationships and implications for knowledge, creativity and communication. *Beyond Current Horizons*, 1-22.

Prilleltensky, I. (1990) . On the social and political implications of cognitive psychology. *Journal of Mind & Behavior*, 11 (2), 127-136.

Prinz, J. J. (2012) .*Beyond Human Nature: How Culture and Experience Shape the Human Mind* . New York: W. W. Norton & Company.

Pulvermüller, F. (2005) . Brain mechanisms linking language and action. *Nature Reviews Neuroscience*, 6, 576-582.

Radkowitsch, A. , Vogel, F. , & Fischer, F. (2020) . Good for learning, bad for motivation? A meta-analysis on the effects of computer-supported collaboration scripts. *International Journal of Computer-Supported Collaborative Learning*, 15 (1), 5-47.

Ramirez, H. J. M., & Monterola, S. L. C. (2019). Co-creating scripts in computer-supported collaborative learning and its effects on students' logical thinking in earth science. *Interactive Learning Environments*, 1-14.

Reychav, I., & Wu, D. (2015). Mobile collaborative learning: The role of individual learning in groups through text and video content delivery in tablets. *Computers in Human Behavior*, 50, 520-534.

Reychav, I., & Wu, D. (2016). The interplay between cognitive task complexity and user interaction in mobile collaborative training. *Computers in Human Behavior*, 62, 333-345.

Rietveld, E., & Kiverstein, J. (2014). A rich landscape of affordances. *Ecological Psychology*, 26 (4), 325-352.

Rizzolatti, G., & Craighero, L. (2004). The mirror-neuron system. *Annual Review of Neuroscience*, 27 (1), 169-192.

Rourke, L., & Anderson, T. (2004). Validity in quantitative content analysis. *Educational technology research and development*, 52 (1), 5-18.

Salomon, G. (1984). Television is "easy" and print is "tough": The differential investment of mental effort in learning as a function of perceptions and attributions. *Journal of Educational Psychology*, 76 (4), 647-658.

Savicki, V., Kelley, M., & Lingenfelter, D. (1996). Gender, group composition, and task type in small task groups using computer-mediated communication. *Computers in Human Behavior*, 12 (4), 549-565.

Seijts, G. H., Latham, G. P., & Whyte, G. (2000). Effect of self- and group efficacy on group performance in a mixed-motive situation. *Human Performance*, 13 (3), 279-298.

Shadiev, R., Hwang, W. Y., Huang, Y. M., & Liu, T. Y. (2015). The impact of supported and annotated mobile learning on achievement and cognitive load. *Educational Technology & Society*, 18 (4), 53-69.

Shaffer, D. W. (2012). Models of situated action: Computer games and the problem of transfer. In C. Steinkuehler, K. D. Squire & S. A. Barab (Eds.), *Games, learning, and society: Learning and meaning in the digital age* (pp. 403-433). Cambridge, UK: Cambridge University Press.

Shaffer, D. W. (2017). *Quantitative ethnography*. Madison, WI: Cathcart Press.

Shaffer, D. W., Collier, W., & Ruis, A. R. (2016). A tutorial on epistemic network analysis: Analyzing the structure of connections in cognitive, social, and interaction data. *Journal of Learning Analytics*, 3 (3), 9-45.

Shaffer, D. (2018). Epistemic network analysis: Understanding learning by using big data for thick description. In F. Fischer, C. E. Hmelo-Silver, S. R. Goldman & P. Reimann (Eds.), *International Handbook of the Learning Sciences* (pp. 520-531): Routledge.

Shaffer, D., & Ruis, A. (2017). Epistemic network analysis: A worked example of theory-based learning analytics. In C. Lang, G. Siemens, A. F. Wise & D. Gasevic (Eds.), *Handbook of learning analytics* (pp. 175-187): Society for Learning Analytics Research.

Shapiro, L. (2011). *Embodied Cognition*. London and New York: Routledge.

Shapiro, L. (2014). *The Routledge handbook of embodied cognition*. London & New York: Routledge.

Shapiro, L., & Stolz, S. A. (2019). Embodied cognition and its significance for education. *Theory and Research in Education*, 17 (1), 19-39.

Sharples, M., Taylor, J., & Vavoula, G. (2007). A Theory of learning for the mobile age. In R. Andrews & C. Haythornthwaite (Eds.), *The Sage Handbook of E-learning Research* (pp. 221-247). London: SAGE.

Simpson, A., Bannister, N., & Matthews, G. (2017). Cracking her codes: Understanding shared technology resources as positioning artifacts for power and status in CSCL environments. *International Journal of Computer-Supported Collaborative Learning*, 12 (3), 221-249.

Skulmowski, A., & Rey, G. D. (2017). Measuring cognitive load in embodied learning settings. *Frontiers in Psychology*, 8, Article 1191.

Stahl, G. (2000). A model of collaborative knowledge-building. In B. Fishman & S. O'Connor-Divelbiss (Eds.), *Fourth International Conference of the Learning Sciences* (pp. 70-77). Mahwah, NJ: Erlbaum.

Stahl, G. (2014). The constitution of group cognition. In L. Shapiro (Ed.), *The Routledge Handbook of Embodied Cognition* (pp. 335-346). London & New York: Routledge.

Stegmann, K., Kollar, I., Weinberger, A., & Fischer, F. (2016). Appropriation from a script theory of guidance perspective: A response to Pierre Tchounikine. *International Journal of Computer-Supported Collaborative Learning*，11（3），371-379.

Strijbos，J. W.，& Weinberger，A.（2010）. Emerging and scripted roles in computer-supported collaborative learning. *Computers in Human Behavior*，26，491-494.

Stull，A. T.，Barrett，T.，& Hegarty，M.（2013）. Usability of concrete and virtual models in chemistry instruction. *Computers in Human Behavior*，29（6），2546-2556.

Stull，A. T.，Hegarty，M.，Dixon，B.，& Stieff，M.（2012）. Representational translation with concrete models in organic chemistry. *Cognition and Instruction*，30（4），404-434.

Suárez，Á.，Specht，M.，Prinsen，F.，Kalz，M.，& Ternier，S.（2018）. A review of the types of mobile activities in mobile inquiry-based learning. *Computers & Education*，118，38-55.

Sung，H. Y.，Hwang，G. J.，Liu，S. Y.，& Chiu，I. H.（2014）. A prompt-based annotation approach to conducting mobile learning activities for architecture design courses. *Computers & Education*，76（7），80-90.

Sung，Y.，Chang，K.，& Liu，T.（2016）. The effects of integrating mobile devices with teaching and learning on students' learning performance：A meta-analysis and research synthesis. *Computers & Education*，94，252-275.

Suthers，D. D.（2005）. *Technology affordances for intersubjective learning：A thematic agenda for CSCL*. Paper presented at the Proceedings of the 2005 conference on Computer support for collaborative learning.

Suthers，D. D.（2006）. Technology affordances for intersubjective meaning making：A research agenda for CSCL. *International Journal of Computer-Supported Collaborative Learning*，1（3），315-337.

Suthers，D. D.，& Hundhausen，C. D.（2003）. An experimental study of the effects of representational guidance on collaborative learning processes. *The Journal of the Learning Sciences*，12（2），183-218.

Suthers，D.，Girardeau，L.，& Hundhausen，C.（2003）. Deictic roles of external representations in face-to-face and online collaboration. In B. Wasson，S. Ludvigsen & U. Hoppe（Eds.），*Designing for change in networked learning environments*（pp. 173-182）. Boston：Kluwer Academic Publishers.

Sweller，J.，van Merriënboer，J.，& Paas，F.（1998）. Cognitive architecture and instructional design. *Educational Psychology Review*, 10 (3), 251-296.

Taylor, J., Sharples, M., Malley, C., Vavoula, G., & Waycott, J. (2006). Towards a task model for mobile learning: a dialectical approach. *International Journal of Learning Technology*, 2 (2), 138-158.

Tchounikine, P. (2019). Learners' agency and CSCL technologies: Towards an emancipatory perspective. *International journal of computer-supported collaborative learning*, 14 (2), 237-250.

Theiner, G. (2014). Varieties of group cognition. In L. Shapiro (Ed.), *The Routledge Handbook of Embodied Cognition* (pp. 354). London & New York: Routledge.

Tobias, S. (2010). Generative Learning Theory, Paradigm Shifts, and Constructivism in Educational Psychology: A Tribute to Merl Wittrock. *Educational Psychologist*, 45 (1), 51-54.

van Gog, T., Kester, L., & Paas, F. (2011). Effects of concurrent monitoring on cognitive load and performance as a function of task complexity. *Applied Cognitive Psychology*, 25 (4), 584-587.

van Gog, T., Paas, F., Marcus, N., Ayres, P., & Sweller, J. (2009). The mirror neuron system and observational learning: Implications for the effectiveness of Dynamic Visualizations. *Educational Psychology Review*, 21 (1), 21-30.

van Gog, T., & Rummel, N. (2010). Example-based learning: Integrating cognitive and social-cognitive research perspectives. *Educational Psychology Review*, 22 (2), 155-174.

van Merriënboer, J. J., & Sweller, J. (2005). Cognitive load theory and complex learning: Recent developments and future directions. *Educational Psychology Review*, 17 (2), 147-177.

Varela, F. J., Thompson, E. T., & Rosch, E. (1991). *The Embodied Mind: Cognitive Science and Human Experience*. Cambridge: The MIT Press.

Varma, K., & Linn, M. C. (2012). Using interactive technology to support students' Understanding of the greenhouse effect and global warming. *Journal of Science Education and Technology*, 21 (4), 453-464.

Verillon, P., & Rabardel, P. (1995). Cognition and artifacts: A contribution to the study of though in relation to instrumented activity. *European journal of psychology of education*, 10 (1), 77-101.

Vogel, F. , Wecker, C. , Kollar, I. , & Fischer, F. （2017）. Socio-cognitive scaffolding with computer-supported collaboration scripts: A meta-analysis. *Educational Psychology Review*, 29（3）, 477-511.

Vyas, D. , Chisalita, C. M. , & Veer, G. （2006）. Affordance in interaction. In E. Hollnagel（Ed.）, *the 13th Eurpoean Conference on Cognitive Ergonomics: Trust and Control in Complex Socio-technical Systems*（pp. 92-99）. New York: ACM.

Walker, C. O. , Greene, B. A. , & Mansell, R. A. （2006）. Identification with academics, intrinsic/extrinsic motivation, and self-efficacy as predictors of cognitive engagement. *Learning and Individual Differences*, 16（1）, 1-12.

Wang, C. , Fang, T. , & Gu, Y. （2020）. Learning performance and behavioral patterns of online collaborative learning: Impact of cognitive load and affordances of different multimedia. *Computers & Education*, 143, 103683.

Wang, C. , Fang, T. , & Miao, R. （2018）. Learning performance and cognitive load in mobile learning: Impact of interaction complexity. *Journal of Computer Assisted Learning*, 34（6）, 917-927.

Wang C. , Ma Y. , & Wu F. （2020）. Comparative performance and involvement in collaborative inquiry learning: Three modalities of using virtual lever manipulative. *Journal of Science Education and Technology*, 29, 587-596.

Wang, H. , Duh, H. B. , Li, N. , Lin, T. , & Tsai, C. （2014）. An investigation of university students' collaborative inquiry learning behaviors in an augmented reality simulation and a traditional simulation. *Journal of Science Education and Technology*, 23（5）, 682-691.

Wang, T. , & Tseng, Y. （2018）. The comparative effectiveness of physical, virtual, and virtual-physical manipulatives on third-grade students' science achievement and conceptual understanding of evaporation and condensation. *International Journal of Science and Mathematics Education*, 16（2）, 203-219.

Wang, X. , Kollar, I. , & Stegmann, K. . （2017）. Adaptable scripting to foster regulation processes and skills in computer-supported collaborative learning. *International Journal of Computer-Supported Collaborative Learning*, 12（2）, 153-172.

Wilson, M. （2002）. Six views of embodied cognition. *Psychonomic Bulletin & Review*, 9（4）, 625-636.

Wong, L. , & Looi, C. （2011）. What seams do we remove in mobile-assisted seamless learning? A critical review of the literature. *Computers & Education*, 57（4）,

2364-2381.

Yang，Q.，Hwang，G.，& Sung，H.（2018）. Trends and research issues of mobile learning studies in physical education: A review of academic journal publications. *Interactive Learning Environments*，1-19.

Yang，X.，Li，J.，& Xing，B.（2018）. Behavioral patterns of knowledge construction in online cooperative translation activities. *The Internet and Higher Education*，36，13-21.

Yoshida，C. M.（2002）. The relationship between self-efficacy and amount of mental effort invested in mathematics problem solving by adults（Order No. 3054914，University of Southern California）. ProQuest Dissertations.

Yuan，Y.，Lee，C. Y.，& Wang，C. H.（2010）. A comparison study of polyominoes explorations in a physical and virtual manipulative environment. *Journal of Computer Assisted Learning*，26（4），307-316.

Zacharia，Z. C.，Olympiou，G.，& Papaevripidou，M.（2008）. Effects of experimenting with physical and virtual manipulatives on students' conceptual understanding in heat and temperature. *Journal of Research in Science Teaching*，45（9），1021-1035.

Zacharia，Z. C.，& Michael，M.（2016）. Using physical and virtual manipulatives to improve primary school students' understanding of concepts of electric circuits. In M. Riopel & Z. Smyrnaiou（Eds.），*New developments in science and technology education*（pp. 125-140）. Switzerland: Springer.

Zacharia，Z. C.，& Olympiou，G.（2011）. Physical versus virtual manipulative experimentation in physics learning. *Learning and Instruction*，21（3），317-331.

Zhang，S.，Liu，Q.，Chen，W.，Wang，Q.，& Huang，Z.（2017）. Interactive networks and social knowledge construction behavioral patterns in primary school teachers' online collaborative learning activities. *Computers & Education*，104，1-17.

B. A. 苏霍姆林斯基.（1984）. 给教师的建议（杜殿坤，编译）. 北京：教育科学出版社.

B. R. 赫根汉，马修·H. 奥尔森.（2011）. 学习理论导论（郭本禹，崔光辉，朱晓红，等译）. 上海：上海教育出版社.

D. A. 库伯.（2008）. 体验学习：让体验成为学习和发展的源泉（王灿明，朱水萍，等译）. 上海：华东师范大学出版社.

J. 莱夫，E. 温格.（2004）. 情境学习：合法的边缘性参与（王文静，译）. 上海：华东师范大学出版社．

R. M. 加涅，W. W. 韦杰，K. C. 戈勒斯，等．（2007）．教学设计原理（第五版）（王小明，庞维国，陈保华，等译）．上海：华东师范大学出版社．

艾尔·巴比．（2009）．社会研究方法（第 11 版）（邱泽奇，译）．北京：华夏出版社．

鲍贤清．（2013）．博物馆场景中的学习设计研究．（博士学位论文）．上海：华东师范大学．

曹继东．（2013）．伊德技术哲学解析．沈阳：东北大学出版社．

陈醒，王国光．（2019）．国际具身学习的研究历程、理论发展与技术转向．现代远程教育研究，31（6），78-88.

大卫·约翰逊（Johnson，D. W.），罗杰·约翰逊（Johnson，R. T.）．（2004）．合作学习．（伍新春，郑秋，张洁，译）．北京：北京师范大学出版社．

大卫·约翰逊，罗杰·约翰逊．（2012）．合作技术与应用（任友群、焦建利、刘美凤等，主译；斯伯克特等，主编）教育传播与技术研究手册（第三版）（pp. 451-470）．上海：华东师范大学出版社．

戴海崎，张锋．（2018）．心理与教育测量（第四版）．广州：暨南大学出版社．

冯晓英，王瑞雪，曹洁婷，等．（2020）．国内外学习科学、设计、技术研究前沿与趋势——2019"学习设计、技术与学习科学"国际研讨会述评．开放教育研究，26（1），21-27.

郭文革．（2014）．中国网络教育政策变迁——从现代远程教育试点到 MOOC. 北京：北京大学出版社．

何吴明，郑剑虹．（2019）．心理学质性研究：历史、现状和展望．心理科学，42（4），1017-1023.

胡艺龄，雕心悦，顾小清．（2019）．文化、学习与技术——AECT 学术年会主题解析．开放教育研究，25（4），31-42.

贾积有．（2019）．平板电脑在中小学英语课堂教学中的应用探究——基于 6 个省市 9 节中小学英语课程视频的分析．现代教育技术，29（11），74-79.

克努兹·伊列雷斯．（2017）．我们如何学习：全视角学习理论（孙玫璐，译）．北京：教育科学出版社．

李树玲，吴筱萌，尚俊杰．（2018）．学习科学研究的重点领域与热点探析——以 2003～2017 年美国国家科学基金会资助项目为据．现代教育技术，28（2），12-18.

李玉顺，史鹏越，杨莹，等．（2015）．平板电脑教学应用及其在我国的发展．电化教育研究，36（6），80-86.

林崇德．（2009）．发展心理学（第二版）．北京：人民教育出版社．

刘美凤，李璐，刘希，等．（2017）．人际交往领域教育目标——教育目标分类理论的新发展．中国电化教育，（1），105-111.

马丁·海德格尔．（1999）．存在与时间（陈嘉映，王庆节，译）．北京：生活·读书·新知三联书店．

马兰，盛群力．（2008）．究竟是什么促成了合作——合作学习基本要素之比较．教育发展研究，（18），29-34.

马歇尔·麦克卢汉．（2000）．理解媒介——论人的延伸（何道宽，译）．北京：商务印书馆．

马秀麟，梁静，李小文，等．（2019）．群体感知效应促进线上协作学习成效的实证研究．电化教育研究，40（5），81-89.

迈克尔·穆尔，格雷格·基尔斯利．（2008）．远程教育系统观（王一兵，主译）．上海：上海高教电子音像出版社．

孟伟．（2015）．身体、情境与认知——涉身认知及其哲学探索．北京：中国社会科学出版社．

庞丹．（2006）．杜威技术哲学思想研究．沈阳：东北大学出版社．

彭聃龄，陈宝国．（2019）．普通心理学学习手册．北京：北京师范大学出版社．

彭凯平．（1989）．心理测验——原理与实践．北京：华夏出版社．

皮连生．（2000）．教学设计——心理学的理论与技术．北京：高等教育出版社．

皮亚杰．（1981a）．教育科学与儿童心理学（傅统先，译）．北京：文化教育出版社．

皮亚杰．（1981b）．发生认识论原理（王宪钿，等译）．北京：商务印书馆．

皮亚杰．（2015）．皮亚杰教育论著选（卢濬选，译）．北京：人民教育出版社．

乔治·莱考夫，马克·约翰逊．（2015）．我们赖以生存的隐喻（何文忠，译）．杭州：浙江大学出版社．

塞缪尔·早川，艾伦·早川．（2015）．语言学的邀请（柳之元，译）．北京：北京大学出版社．

尚俊杰，裴蕾丝．（2018）．发展学习科学若干重要问题的思考．现代教育技术，28（1），12-18.

束定芳．（2013）．认知语言学研究方法．上海：上海外语教育出版社．

唐·伊德．（2012）．技术与生活世界——从伊甸园到尘世（韩连庆，译）．北京：北京大学出版社．

唐·伊德．（2017）．技术哲学导论（骆月明，欧阳光明，译）．上海：上海大学出版社．

唐·伊德．(2008)．让事物"说话"：后现象学与技术科学（韩连庆，译）．北京：北京大学出版社．

田阳，陈鹏，黄荣怀，等．(2019)．面向混合学习的多模态交互分析机制及优化策略．电化教育研究，(9)，67-74.

托尼·贝茨．(2008)．技术、电子学习与远程教育（祝智庭，主译）．上海：上海高教电子音像出版社．

汪琼，欧阳嘉煜，范逸洲．(2019)．MOOC同伴作业互评中反思意识与学习成效的关系研究．电化教育研究，(6)，58-67.

王辞晓，董倩，吴峰．(2018)．移动学习对学习成效影响的元分析．远程教育杂志，36(2)，67-75.

王辞晓．(2018)．具身认知的理论落地：技术支持下的情境交互．电化教育研究，(7)，20-26.

王辞晓．(2019)．具身设计：在感知运动循环动态平衡中发展思维——访美国具身认知领域著名专家多尔·亚伯拉罕森教授．现代远程教育研究，(2)，3-10.

王辞晓，李贺，尚俊杰．(2017)．基于虚拟现实和增强现实的教育游戏应用及发展前景．中国电化教育，(8)：99-107.

王辞晓，吴峰．(2018)．国际移动学习研究的认识取向与主题演化．现代远程教育研究，(4)，22-33.

王美倩，郑旭东．(2016)．基于具身认知的学习环境及其进化机制：动力系统理论的视角．电化教育研究，(6)，54-60.

王志军，杨阳．(2019)．认知网络分析法及其应用案例分析．电化教育研究，(6)，27-34.

温忠麟．(2016)．心理与教育统计．广州：广东高等教育出版社．

吴忭，王戈．(2019)．协作编程中的计算思维发展轨迹研究——基于量化民族志的分析方法．现代远程教育研究，(2)，76-84.

吴峰，王辞晓．(2016)．五种不同模式下学习者在线学习动机测量比较．现代远程教育研究，(1)，78-84＋95.

武法提，牟智佳．(2014)．电子书包中基于大数据的学生个性化分析模型构建与实现路径．中国电化教育，(3)，63-69.

西恩·贝洛克．(2016)．具身认知：身体如何影响思维和行为（李盼，译）．北京：机械工业出版社．

夏皮罗．(2014)．具身认知（李恒威，董达，译）．北京：华夏出版社．

徐献军．(2009)．具身认知论——现象学在认知科学研究范式转型中的作用．

杭州：浙江大学出版社.

杨开城.（2016）.以学习活动为中心的教学设计实训指南.北京：电子工业出版社.

叶浩生.（2017）.具身认知的原理与应用.北京：商务印书馆.

於文苑，刘烨，傅小兰.（2018）.可操作物体识别过程中的两种操作动作表征.心理科学进展，26（2），229-240.

约翰·W.克雷斯威尔.（2007）.研究设计与写作指导：定性、定量与混合研究的路径（崔延强，译）.重庆：重庆大学出版社.

约翰·杜威.（2005）.我们怎样思维·经验与教育（姜文闵，译）.北京：人民教育出版社.

约翰·斯科特.（2007）.社会网络分析法（第2版）（刘军，译）.重庆：重庆大学出版社.

张铁山.（2016）.当代哲学与认知科学视域中的认知表征问题研究.北京：科学出版社.

张文彤，董伟.（2013）.SPSS统计分析高级教程（第2版）.北京：高等教育出版社.

赵艳芳.（2001）.认知语言学概论.上海：上海外语教育出版社.

郑旭东，王美倩，饶景阳.（2019）.论具身学习及其设计：基于具身认知的视角.电化教育研究，（1），25-32.

朱建军，吴建平.（2009）.生态环境心理研究.北京：中央编译出版社.

附　录

附录 A：问卷

科学探究感知问卷（实验前）

亲爱的同学，你好：

我是北京大学教育学院教育技术学的博士生。在科学老师的带领下，你和同学们将在本学期开展一系列合作探究活动，活动期间的视频图像文本资料将在匿名化处理后用于后续研究。这份问卷想了解你对科学探究的认识和感知，这对于我们之后的研究以及教学改进非常重要。本次问卷为匿名填写，内容仅用作研究使用，不会影响你的学习成绩和学业评价。

请以对题目的第一感觉和反应为主来填写这份问卷，真诚感谢你的支持！

一、背景信息

班级：_____，学号：_____

性别：男（　）女（　），年龄：_____

使用平板电脑有多长时间了？

少于1年（　）　1～3年（　）　3～5年（　）　5年及以上（　）

每周使用平板进行学习的时长？

少于1小时（　）　1～3小时（　）　3～5小时（　）　5小时及以上（　）

二、量表测试

这部分调查你对自己及你所在的科学探究小组的认识。1 到 7 表示符合的程度，1 表示"非常不符合"，7 表示"非常符合"，请根据你的真实情况作答。

学习动机

我喜欢学习科学知识。

我学习到的科学知识要比我取得的成绩重要。

我觉得学习科学知识是有趣的。

我喜欢探索具有挑战性的科学知识。

理解科学知识让我有成就感。

自我效能

我认为我能在科学课上比其他同学表现得好。

我相信我能在科学探究任务中表现出色。

我确信我能掌握科学课的知识和技能。

我认为我能在科学课小测验中取得好成绩。

我相信我能在科学课期末考试中取得好成绩。

焦虑程度

我担忧我在科学探究活动中的表现。

当参加科学探究活动时我感到紧张。

我担心我在科学探究活动中表现不好。

我担心其他同学都比我表现得好。

我不喜欢参与科学探究活动。

小组效能

我所在的小组总是有信心能够完成任务。

我所在的小组通常会成为表现很好的小组。

我所在的小组被认为是表现出色的小组。

我所在的小组能够解决遇到的大多数问题。

我所在的小组在遇到困难时总有解决办法。

问卷到此结束，非常感谢你的参与，祝你学业进步，成长快乐！

科学探究感知问卷（实验后）

亲爱的同学，你好：

在科学老师的带领下，你和同学们已经完成了一系列科学探究活动。同学们在合作探究过程中的视频图像文本资料将在匿名化处理后用于后续研究。现在想了解一下你对科学探究的认识和经历，这对于我们之后的研究以及教学改进非常重要。本次问卷为匿名填写，内容仅用作研究使用，不会影响你的学习成绩和学业评价。

请以对题目的第一感觉和反应为主来填写这份问卷，真诚感谢你的支持！

一、背景信息

班级：＿＿＿＿＿＿＿＿＿，学号：＿＿＿＿＿＿＿＿

二、量表测试

注：量表测试内容同《科学探究感知问卷（实验前）》。

问卷到此结束，非常感谢你的参与，祝你学业进步，成长快乐！

科学探究主题活动的反思问卷

亲爱的同学，你好：

非常感谢你在课堂中的积极参与！接下来，还需要同学们填写这份问卷，填写的内容仅用于研究和课程改进，不会影响你的学业成绩和学习评价。

请以对题目的第一感觉和反应为主来填写这份问卷，真诚感谢你的支持！

一、背景信息

班级：＿＿＿＿＿＿＿＿＿，学号：＿＿＿＿＿＿＿＿

二、量表测试

你在这次学习任务中的表现：1 到 7 表示表现的程度，1 表示"非常差"，7 表示"非常好"。

在本次任务中，我认为我在小组合作中的表现情况

在本次任务中，我认为我所在的小组在班级中的表现情况

　　你认为这次学习任务的难度：1 到 7 表示难度的程度，1 表示"非常容易"，7 表示"非常难"。

　　这次学习任务中学习活动的难度。

　　这次学习任务中探究内容的难度。

　　这次学习任务中相关知识的难度。

　　这次学习任务中合作学习的难度。

　　你对这次学习任务的感受：1 到 7 表示感知的程度，1 表示"非常低"，7 表示"非常高"。

　　这次学习任务让我投入心理努力的程度。

　　这次学习任务让我耗费精力的程度。

　　这次学习任务让我感觉时间不够用的程度。

　　这次学习任务让我紧张的程度。

　　你在这次学习任务中的合作情况：1 到 7 表示符合的程度，1 表示"非常不符合"，7 表示"非常符合"。

　　当我对探究活动有想法时，我可以表达出来。

　　当我表达想法时，小组其他人会给予关注。

　　当我表达想法时，小组其他人能够理解并采纳。

　　在得出探究结论时，我对自己的表现感到满意。

　　三、任务反思

　　（1）在本次任务中，你在合作中扮演什么角色？具体做了哪些呢？（提示：可以从小组分工的角度来谈。）

　　（2）在本次任务中，小组是如何使用平板电脑进行合作的？（提示：平板操作、实验记录等。）

　　（3）在本次任务中，你与哪几个组员交流得比较多？（提示：包含语言或其他形式的交流。）

　　问卷到此结束，非常感谢你的参与，祝你学业进步，成长快乐！

附录 B：量表

附表 1 科学探究合作体验量表

维度	题号	题项	参考原文	参考来源
自我效能 (Self-Efficacy)	SE	在本次任务中，我认为我在小组合作中的表现情况。	Estimate the perceived difficulty of the individual items immediately after they had finished an item/ In solving or studying the preceding problem I invested.	Bratfisch，1972；Paas，1992
小组效能 (Group Efficacy)	GE	在本次任务中，我认为我所在的小组在班级中的表现情况。	Estimate the perceived difficulty of the individual items immediately after they had finished an item/ In solving or studying the preceding problem I invested.	Bratfisch，1972；Paas，1992
心理负荷 (Mental Load)	ML1	这次学习任务中学习活动的难度。	The difficulty of this learning activity for me.	Wang，Fang，& Miao，2018
	ML2	这次学习任务中探究内容的难度。	The difficulty of this learning content for me.	
	ML3	这次学习任务中相关知识的难度。	The difficulty of this related knowledge for me.	
	ML4	这次学习任务中合作学习的难度。	The difficulty of this learning process for me.	

维度	题号	题项	参考原文	参考来源
心理努力（Mental Effort）	ME1	这次学习任务让我投入心理努力的程度。	The degree of mental effort I invested into the learning activity.	Wang, Fang, & Miao, 2018
	ME2	这次学习任务让我耗费精力的程度。	The degree of energy I devoted into the learning activity.	
	ME3	这次学习任务让我感觉时间不够用的程度。	The degree of time tension during the learning activity.	
	ME4	这次学习任务让我紧张的程度。	The degree of nervous during the learning activity.	
合作满意（Group-process Satisfaction）	GS1	当我对探究活动有想法时，我可以表达出来。	I felt that I could express my thoughts when I had an idea about the problem.	Savicki, Kelley, & Lingenfelter, 1996
	GS2	当我表达想法时，小组其他人会给予关注。	I felt that people listened to my thoughts when I expressed.	
	GS3	当我表达想法时，小组其他人能够理解并采纳。	I felt that people understood my thoughts and feelings after I expressed them while solving this problem.	
	GS4	在得出探究结论时，我对自己的表现感到满意。	I felt good that I could participate with my group in coming into a conclusion about the problem.	

附表 2　科学探究感知量表

维度	题号	题项	参考原文	参考来源
学习动机（Learning Motivation）	IM1	我喜欢学习科学知识。	I enjoy learning the science.	Glynn & Koballa，2006
	IM2	我学习到的科学知识要比我取得的成绩重要。	The science I learn is more important to me than the grade I receive.	
	IM3	我觉得学习科学知识是有趣的。	I find learning the science interesting.	
	IM4	我喜欢探索具有挑战性的科学知识。	I like science that challenges me.	
	IM5	理解科学知识让我有成就感。	Understanding the science gives me a sense of accomplishment.	
自我效能（Self-Efficacy）	SE1	我认为我能在科学课上比其他同学表现得好。	I expect to do as well as or better than other students in the science course.	Glynn & Koballa，2006
	SE2	我相信我能在科学探究任务中表现出色。	I am confident I will do well on the science labs and projects.	
	SE3	我确信我能掌握科学课的知识和技能。	I believe I can master the knowledge and skills in the science course.	
	SE4	我认为我能在科学课小测验中取得好成绩。	I am confident I will do well on the science tests.	
	SE5	我相信我能在科学课期末考试中取得好成绩。	I believe I can earn a grade of "A" in the science course.	

维度	题号	题项	参考原文	参考来源
焦虑水平 (Anxiety Level)	AL1	我担忧我在科学探究活动中的表现。	I am nervous about how I will do on the science tests.	Glynn & Koballa, 2006
	AL2	当参加科学探究活动时我感到紧张。	I become anxious when it is time to take a science test.	
	AL3	我担心我在科学探究活动中表现不好。	I worry about failing the science tests.	
	AL4	我担心其他同学都比我表现得好。	I am concerned that the other students are better in science.	
	AL5	我不喜欢参与科学探究活动。	I hate taking the science tests.	
小组效能 (Group Efficacy)	GE1	我所在的小组总是有信心能够完成任务。	My group has confidence in itself.	Gibson, Randel, & Earley, 2000
	GE2	我所在的小组通常会成为表现很好的小组。	My group believes it can become unusually good at producing high-quality work.	
	GE3	我所在的小组被认为是表现出色的小组。	My group expects to be known as a high-performing team.	
	GE4	我所在的小组能够解决遇到的大多数问题。	My group feels it can solve any problem it encounters.	
	GE5	我所在的小组在遇到困难时总有解决办法。	My group can get a lot done when it works hard.	

附录 C：实验单

光的折射实验单

班级：_____，组别：_____

按照座位邻近关系，画出座次图并填写姓名。

探究任务 1

光线从空气射入水中，会发生什么样的变化？用光路图进行解释。（提示：光的走向用箭头表示。）

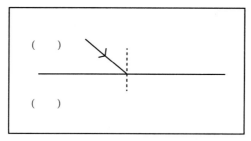

探究任务 2

光线从空气射入水中，改变入射光线的角度，折射光线的角度会发生什么变化？有什么规律？

简单电路实验单

班级：_____，组别：_____

按照座位邻近关系，画出座次图并填写姓名。

探究任务 1

实验器材：1 个小灯泡、1 节电池、若干导线、1 个开关，连入电路，使灯泡发光。

请回答：

1）缺少电池，小灯泡会发光吗？电池的作用是什么？

2）缺少导线，小灯泡会发光吗？导线的作用是什么？

3）分析开关在电路中的作用是什么？（提示：结合开关、电流、灯泡的状态来分析。）

探究任务2

在电路中增加1个小灯泡，使2个小灯泡能够同时发光或熄灭。

画出你们设计的电路图：

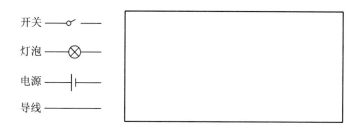

电磁感应实验单

班级：＿＿＿＿＿＿＿＿＿＿　组别：＿＿＿＿＿＿＿＿＿＿

按照座位邻近关系，画出座次图并填写姓名。

探究任务1

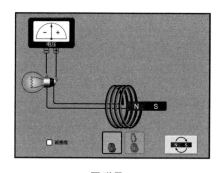

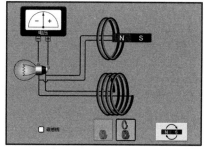

图附录-1　　　　　　　　　　　图附录-2

在线圈匝数为4的条件下（见图附录-1），将磁铁插入或拔出线圈。观察磁铁插入、拔出、停留在线圈时，灯泡的状态。

请回答：在什么情况下，线圈中会产生电流，小灯泡会亮？亮度如何变化？

探究任务2

切换不同的线圈匝数，观察实验现象，你们的实验假设是：

线圈匝数越＿＿＿＿＿＿＿＿（"多"或"少"），电流越＿＿＿＿＿＿＿＿（"大"或"小"），灯泡越＿＿＿＿＿＿＿＿（"亮"或"暗"）。

数据记录：记录当磁铁插入线圈时，电流大小和灯泡亮度。

线圈匝数	电流 （填"较大"或"较小"）	灯泡亮度 （填"很亮"或"微亮"）
匝数为 2		
匝数为 4		

假设验证：分析记录的数据，你们的假设成立吗？请说明理由。

实验单评分标准

光的折射实验单评分标准

探究任务 1（满分 50 分）

上括号为空气。——5 分

下括号为水。——5 分

反射光线光路图标注箭头。——5 分

折射光线光路图标注箭头。——5 分

反射光线与入射光线对称。——10 分

折射光线向内偏折。——20 分

探究任务 2（满分 50 分）

能够思考入射光线角度的变化所带来的影响。——10 分

正确指出当入射光线角度改变时，所发生的变化。——10 分

正确指出当入射光线角度改变时，折射光线角度的变化。——20 分

全面指出当入射光线角度改变时，折射光线角度的变化（如入射光线垂直时）。——10 分

简单电路实验单评分标准

探究任务 1（满分 50 分）

缺少电池不会发光。——5 分

电池的作用。——10 分

缺少导线不会发光。——5 分

导线的作用。——10 分

开关的作用。——20 分（强调电路连通 10 分，指出电路断开与连通 20 分。）

探究任务2（满分50分）

两个小灯泡。——10分

电路中的灯泡能够同时发光或熄灭。——20分

尝试多种连接方式，且正确。——10分

包含并联电路，且正确。——10分

电磁感应实验单评分标准

探究任务1（满分50分）

正确描述灯泡何时会亮——10分

全面描述灯泡何时会亮——10分

指出何时灯泡亮度发生变化——10分

指出灯泡亮度如何变化——10分

指出停留或静止时灯泡不亮——10分

探究任务2（满分50分）

填空题每空5分，研究假设具有一致性的表达，共15分。

表格题每栏5分，根据现象能够填写正确，共20分。

根据现象能够判断假设是否成立。——5分

正确陈述进行判断假设的理由。——10分

附录 D：测试题

综合前测

光的折射部分

海市蜃楼是光的折射现象。（ √ ）

透过放大镜，可以看到字变大了，这是因为发生了光的反射现象。

（ × ）

在晴朗的夜空中我们能看到月亮，这是因为月亮能发光。（ × ）

影子形成的条件是：（ D ）

A. 有光，有透明的物体　　　　B. 没有光，有挡光的物体

C. 有光，有物体　　　　　　　D. 有光，有挡光的物体

在下列现象中，属于光的折射现象的是：（ B ）

A. 路灯下、地面上出现人的影子。

B. 水池看起来比实际浅。

C. 平静的水面上映出桥的"倒影"。

D. 在白天，浓密的树荫下出现很多圆形光斑。

简单电路部分

容易导电的物体叫导体。（ √ ）

把两个灯泡串联起来，一个灯泡灭了以后，另一个灯泡还亮

着。（ × ）

在下列物体中，属于绝缘体的是：（ C ）

A. 湿布　　　　　　　　　　　B. 铁丝

C. 干木棒　　　　　　　　　　D. 人体

用金属做导线，利用了金属的_____性质：（ A ）

A. 导电　　　　　　　　　　　B. 传热

C. 延展

干电池的一端标有"＋"，表示：（ A ）

A. 正极　　　　　　　　　　　B. 负极

C. 南极　　　　　　　　　　　D. 北极

电磁感应部分

磁铁的磁性永远不会消失。（ × ）

如果某块磁铁不小心被摔断了，一分为二，那么磁铁的断裂处无磁性。（ × ）

在通电线圈内放一个铁芯，就做成了电磁铁。（ √ ）

当电磁铁通电时，就会产生磁性，它的磁性比空心通电线圈：（ A ）

A. 磁性强　　　　　　　　B. 磁性弱

C. 不一定

磁极之间存在相互作用，异种磁极相互：（ A ）

A. 吸引　　　　　　　　　B. 排斥

光的折射后测

光从一种介质斜射入另一种介质中时，传播方向会发生_____偏折，这种现象叫光的折射。

光从空气射入水，会向内偏折。（ √ ）

在下列现象中，属于光的折射现象的是：（ B ）

A. 阳光照射浓密的树叶，在地上出现光斑。

B. 潜水员在水中看到岸上的人变高了。

C. 人们在湖边看到"白云"在水中飘动。

D. 我们能从各个方向看见本身不发光的物体。

上题选择该选项的原因：（ D ）

A. 因为光发生折射时会挡住光线。

B. 因为镜面可以折射倒映出物体。

C. 因为光线可以通过反射来使人眼看到物体。

D. 因为光线会在不同介质中发生偏折。

下列现象中不属于光的折射现象的是：（ B ）

A. 透过放大镜看人。

B. 哈哈镜照人。

C. 斜插在水里的筷子在水面处"弯折"。

D. 水中的石头看起来变浅。

上题选择该选项的原因：（ A ）

A. 因为镜面照人是发生了反射。

B. 因为光线发生偏折形成了虚像。

C. 因为光线从空气射入水中会发生偏折。

D. 因为光的折射只能发生在透明物体中。

简单电路后测

一个完整的电路包括：电源、用电器、_____开关、_____和导线。

把两个完好的小灯泡串联起来，一个小灯泡亮了，另一个小灯泡也会亮。（ √ ）

下列属于开关的作用的是：（ D ）

A. 持续供电　　　　　　　　B. 连接电路

C. 消耗电能　　　　　　　　D. 控制电路通断

上题选择该选项的原因：（ C ）

A. 因为开关是用电器的一种。

B. 因为开关能够提供电能。

C. 因为开关能够控制电流的流通。

D. 因为开关能够防止漏电。

下列描述正确的是：（ B ）

A. 只要开关闭合，小灯泡就会亮。

B. 导线能够连接电路。

C. 电源能够消耗电能。

D. 小灯泡中的灯丝断了仍能发光。

上题选择该选项的原因：（ D ）

A. 小灯泡不需要电流就能发光。

B. 电源也是用电器。

C. 开关与小灯泡是连接的。

D. 导线使电流在电路中流通。

电磁感应后测

在闭合电路中连接电压表，当电压表指针变化时，说明电路中有_____电流_____通过。

将磁铁静止地放在线圈中，就会产生电流。（ × ）

下列关于磁铁描述正确的是：（ A ）

A. 磁铁在闭合电路的线圈中运动，灯泡会发光。

B. 磁铁在闭合电路的线圈中运动，不会改变电压。

C. 磁铁的磁性永远不会消失。

D. 磁铁分为南极和北极。

上题选择该选项的原因：（ B ）

A. 因为磁铁两端的磁性不同。

B. 因为磁铁在闭合电路的线圈中运动，会产生电流。

C. 因为磁铁都是永磁铁。

D. 因为磁铁在闭合电路的线圈中运动，电流不变。

在电磁感应探究实验中，下列描述正确的是：（ C ）

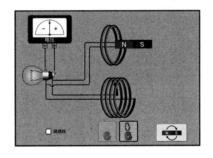

A. 线圈匝数越少，灯泡越亮。

B. 线圈匝数变化，灯泡亮度不变。

C. 线圈匝数越多，灯泡越亮。

D. 线圈匝数越多，灯泡越暗。

上题选择该选项的原因：（ B ）

A. 线圈匝数越多，感应电流越小。

B. 线圈匝数越多，感应电流越大。

C. 线圈匝数越少，感应电流越大。

D. 线圈匝数变化，感应电流不会变化。

附录 E：数据分析附表

附表 3　光的折射中合作体验与学习成效的相关分析

	L_SE	L_GE	L_ML	L_ME	L_GS	L_ei1	L_ei2	Post_L
L_SE								
L_GE	0.636**							
L_ML	−0.081	−0.055						
L_ME	0.105	−0.016	0.051					
L_GS	0.410**	0.362**	−0.183*	0.160				
L_ei1	0.203*	0.178	−0.080	−0.072	0.037			
L_ei2	0.066	0.137	0.138	0.079	0.000	−0.302**		
Post_L	0.244**	0.173	−0.099	−0.188*	0.160	0.056	0.124	

注：* 表示 $p<0.05$；** 表示 $p<0.01$；*** 表示 $p<0.001$；

ei1 代表探究任务 1 的成绩，ei2 代表探究任务 2 的成绩，Post 代表后测成绩。

附表 4　简单电路中合作体验与学习成效的相关分析

	E_SE	E_GE	E_ML	E_ME	E_GS	E_ei1	E_ei2	Post_E
E_SE								
E_GE	0.657**							
E_ML	−0.137	−0.132						
E_ME	−0.157	−0.096	0.402**					
E_GS	0.453**	0.522**	−0.170	−0.133				
E_ei1	0.000	−0.046	0.151	0.009	−0.121			
E_ei2	0.015	0.060	0.026	0.005	0.080	0.061		
Post_E	0.174*	0.017	−0.181*	−0.218*	0.155	0.114	0.007	

附表 5　电磁感应中合作体验与学习成效的相关分析

	M_SE	M_GE	M_ML	M_ME	M_GS	M_ei1	M_ei2	Post_M
M_SE								
M_GE	0.694**							
M_ML	−0.224*	−0.263**						
M_ME	0.140	0.187*	0.132					
M_GS	0.486**	0.675**	−0.160	0.239**				
M_ei1	0.094	0.020	0.094	0.076	0.026			
M_ei2	−0.081	−0.154	−0.056	−0.214*	−0.060	0.094		
Post_M	−0.030	−0.145	−0.012	−0.358**	−0.067	0.169	0.105	

附表 6　B-05 组行为转换频率表

	A1	A2	A3	A4	A5	A6	A7	A8	A9	S1	T1	O1	总计
A1	5	6	8	5	2	0	3	4	1	4	0	2	40
A2	3	4	14	11	3	1	4	9	0	5	0	6	60
A3	4	12	45	37	18	10	16	22	1	9	0	6	180
A4	1	8	25	25	25	2	9	12	3	19	2	9	140
A5	3	7	27	7	14	3	5	7	2	11	0	2	88
A6	1	3	5	5	5	6	4	3	2	1	0	0	35
A7	2	6	12	12	4	5	13	14	0	1	0	4	73
A8	10	13	19	17	4	7	7	43	7	14	0	8	149
A9	4	0	2	0	1	0	0	8	2	0	0	3	20
S1	2	1	18	14	10	1	8	7	0	8	0	11	80
T1	0	0	1	0	0	0	0	1	0	1	9	0	12
O1	5	0	5	8	2	1	4	16	2	7	1	58	109
总计	40	60	181	141	88	36	73	146	20	80	12	109	986

附表 7　C-06 组行为转换频率表

	A1	A2	A3	A4	A5	A6	A7	A8	A9	S1	T1	O1	总计
A1	6	8	11	2	6	2	10	7	1	5	1	0	59
A2	8	10	16	8	24	3	9	8	1	5	0	4	96
A3	2	14	17	15	29	13	11	7	4	5	0	4	121
A4	3	6	8	11	20	0	5	1	1	3	0	1	59
A5	8	25	29	8	34	8	14	7	3	7	1	4	148
A6	1	6	9	1	10	9	2	9	0	2	0	3	52
A7	10	13	6	3	14	4	19	6	1	3	0	5	84
A8	11	7	9	3	2	11	7	32	1	3	0	4	90
A9	2	2	5	0	1	0	1	6	7	0	0	3	27
S1	3	4	6	4	4	2	3	6	3	4	0	2	41
T1	0	0	1	0	0	0	0	0	0	0	1	1	3
O1	4	1	4	3	5	0	4	2	4	4	0	31	62
总计	58	96	121	58	149	52	85	91	26	41	3	62	842

附表 8　D-03 组行为转换频率表

	A1	A2	A3	A4	A5	A6	A7	A8	A9	S1	T1	O1	总计
A1	2	6	8	4	4	1	0	2	0	0	0	1	28
A2	4	13	24	7	25	5	3	12	0	4	1	6	104
A3	6	17	27	51	18	8	4	9	2	4	0	2	148
A4	7	12	26	17	31	2	3	5	0	3	0	4	110
A5	5	27	30	9	50	13	5	4	2	7	0	3	155
A6	1	1	11	5	9	8	1	0	1	2	1	1	41
A7	1	6	3	4	4	1	1	0	1	2	1	0	24
A8	0	7	10	5	6	1	1	5	5	3	2	5	50
A9	0	3	1	1	1	0	3	1	3	2	1	1	17
S1	1	9	4	1	6	2	2	3	0	4	2	0	34
T1	0	2	0	1	0	0	0	2	3	1	8	0	17
O1	1	1	4	4	1	0	1	6	1	2	1	56	78
总计	28	104	148	109	155	41	24	49	18	34	17	79	806

后　记

　　这本书的内容是基于我的博士学位论文研究工作完善而得，在此要特别感谢我国互联网教育专业的学科带头人陈丽教授，她向北京师范大学出版社推荐了我的博士论文，极大地促进了本书的顺利出版。陈老师对我的指导、帮助与包容给予我前行的方向与力量。感谢北京师范大学教育技术学院的武法提院长，他曾担任我的博士学位论文答辩委员会主席，更是我学术职业的伯乐，他的肯定和支持给予我迎接挑战的信心与勇气。感谢教育技术学院、远程教育研究中心每一位老师对我的关心和指导。感谢北京师范大学和学部给予青年教师的人文关怀、治学氛围和广阔天地。

　　博士论文得以完成，离不开北京大学教育学院对我的培养和教育。首先我要感谢的是我的导师吴峰老师。在我硕士和博士求学期间，吴老师给予我最大程度的包容和支持，在大方向上给予我宝贵的引导和建议，同时使我能够围绕自己的研究兴趣自由发展。每当我处于学业关键阶段时，吴老师总是会为我考虑、给我帮助，经常到了深夜还在给我回复邮件；每当我取得成绩或遇到挫折时，吴老师总是会鼓励我继续前进。汪琼老师是我读博士期间的第二导师。从提醒我要把文章讲出层次感到让我多读书不要着急开题，再到博士论文的成稿反馈，汪老师总是会以长远的眼光给我引导和建议。尚俊杰老师给予我许多宝贵的锻炼机会，还多次在会议论坛、朋友圈、微信公众号上为我宣传，这么多年下来怕是欠了尚老师不少"广告费"。我也没少给尚老师添麻烦，但每次请尚老师帮忙，他都会不遗余力地给我提供支持，同学们私下里总是感叹尚老师对后辈们实在太好了。贾积有老师多次在校级评选和求职的过程中为我写推荐信，还在新加坡 NIE 团队来访的时候，为我创造与前辈们交流的机会。无论是数字化阅读助教项目，还是在线学习活动设计，郭文革老师总是会给我鼓励和肯定。在博士生综合考试前，吴筱萌老师对我理论综述文章的认可，让我获得了在《电化教育研究》上投关于理论探讨文章的勇气。赵国栋老师使我有机会将我自己的设计技能成书出版。缪蓉老师的鼓励和支持让我有动力在英文期刊上发表文章。王爱华老师专门在学术十杰的评选现场为我助力，让我在答辩时信心倍增。教育技术系的每一位老师，都在我成长过程中给予我太多的支持和帮助。

在教育学院学习，视野是开阔的。除了教育技术之外，还能够受到教育经济、教育原理的研究熏陶，这得益于学院的课程设置和老师们的学术自由与兼容并包。阎凤桥老师、丁小浩老师、岳昌君老师、丁延庆老师、杨钋老师、蒋凯老师、哈巍老师等在学业和求职上，给予我许多关心和建议。在学院老师们的推荐下，我的博士论文被推荐到第四届全国教育实证研究优秀学位论文奖的评选中。在华东师范大学接过获奖证书的那一刻，我才觉得自己的博士学习生活画上了句号——给学院，也是给自己最后的答卷。

国家留学基金委的资助让我得以在加利福尼亚大学伯克利分校访学一年。在此还要感谢外导多尔·亚伯拉罕森接受我的访学申请，让我能够在具身设计研究实验室（ERDL）度过新鲜又充实的一年。正是这段学习经历，使我进一步了解了学习科学的研究范式与方法，也在与外导的探讨下逐步地确立了博士论文的选题。同时也要感谢戴维（David）、维尔吉尼娅（Virginia）、利娅（Leah）、达里尔（Darryl）、米利（Milly）等实验室成员，与我一同分析预实验的视频数据、细化博士论文的研究计划。此外，硕博期间的成长与收获，也离不开母校北京师范大学对我的培养。本科期间的技能掌握、学术训练，让我在研究生阶段无缝衔接，迅速地投入感兴趣的研究中。北京师范大学教育技术学院的老师们，也一直在我求学的过程中给予我帮助和引导。有幸回到母亲任校，在北京师范大学校训"学为人师，行为世范"的指引下，我将身体力行，努力成为学生口中的好老师。

书稿的完成，除了老师们的指导之外，还离不开同伴的支持和帮助。

　　特别要感谢的是我开展实验的学校里的科学授课教师马玉莹。玉莹师姐是我在北京师范大学学习期间结识的老乡兼好友，当我在为博士选题和实验场所犯愁时，她全力地支持我开展预实验，在正式实验阶段的一整个学期，每周帮我收集四个班的视频、音频、图片、文本等各类数据。如果没有玉莹师姐的帮助，我的博士论文是难以有丰富的数据支持的。在博士论文选题和研究设计阶段，技术系博士毕业生缪静敏师姐、王宇师兄等人也给了我许多建议，令我非常受用。在数据分析阶段，同门王珺师妹、王浩师弟帮助我从庞杂的数据中厘清思路，使我得以高效地完成数据分析工作。北京师范大学的王琦师兄、韩雨婷同学，则在研究思路、数据处理方面给我建议。学院的419教室是教育技术系同学的大本营，早已成为我心中的一个符号，承载着与同伴嬉戏打闹、学习探讨的美好记忆。感谢在这里共同学习的伙伴，以及曾经一起为理想奋斗的301教室的博士同学们。还要感谢我在美国访学时的室友，中国传媒大学的艺术理论博士刘岩，她鼓励我、包容我，陪我度过了充实、愉快的访学生活，更能够与我一起探讨具身认知在各自领域的应用。

　　感谢我的家人，是他们给予我毫无保留的支持和陪伴，让我拥有源自内心深处的力量，在学生阶段的每一步，我都能听从内心、无所畏惧。妈妈已经离开我快八年了。大三下学期的暑假，我失去了那个让我依偎在怀里撒娇、给我无限温柔与爱的人，我仿佛一下子就长大了。妈妈以前总是会说"你边玩边学，就很好了"，可我却没能让她看到我全力以赴的样子。爸爸也从未对我提出过严格的要求，无论是在学业上还是生活上都尊重我的选择，给予我温暖的大后方。小的时候爸妈工作忙，都是奶奶在带我。童年记忆里的秋千、池塘、蜻蜓、大黄狗，以及睡前奶奶那些数不尽的神话故事，让我至今对生活充满热情。儿时的玩伴我的堂妹婷婷，她纯真善良、细致体贴、勇敢、有闯劲儿。当我读博的时候，她在北京上班，给我带来了很多快乐和温暖，令我甚是怀念。

王辞晓

初稿于北京大学燕园校区教育学院301室34号工位 2020年5月18日

修订于北京师范大学科技楼C区907室 2021年12月20日